Lehrbuch des mittelalterlichen Lateins

MONIQUE GOULLET | MICHEL PARISSE

Lehrbuch des mittelalterlichen Lateins

für Anfänger

Aus dem Französischen übertragen
und bearbeitet von
Helmut Schareika

BUSKE

Diesem erstmals 1996 unter dem Titel »Apprendre le latin médiéval« im Verlag Picard, Paris, erschienenen Lehrwerk liegt die Fassung der 3., durchgesehenen und korrigierten Auflage 2005 zugrunde. Die vorliegende deutsche Ausgabe wurde, soweit erforderlich, an die sprachlichen und grammatischen Gegebenheiten der Zielsprache Deutsch sowie an die Lehr- und Lernbedingungen des deutschsprachigen Unterrichts angepasst. Nur Fußnoten mit vom Bearbeiter hinzugefügtem Inhalt wurden entsprechend gekennzeichnet.

Bibliografische Information der Deutschen Nationalbibliothek

Die Deutsche Nationalbibliothek verzeichnet diese Publikation in der Deutschen Nationalbibliografie; detaillierte bibliografische Daten sind im Internet abrufbar über ‹http://dnb.d-nb.de›.
ISBN 978-3-87548-514-1

Umschlagabbildung: Illustration (Ausschnitt) aus einer Handschrift des 12. Jahrhunderts mit der Darstellung von Ärzten (Archiv textus: VerlagsService).

Inhalt

Vorwort 7

Einführung 10
Das mittelalterliche Latein 10
Die Aussprache des Lateinischen 12
Die Textlektüre 16
Die Übersetzung 19

Lektionen

1 Die erste (a-) und zweite (o-) Deklination der Substantive 22
Die Adjektive der a- und o-Deklination 22

2 Die a- und e-Konjugation: Die Tempora des Präsensstammes 30
Die beiordnenden Konjunktionen 30

3 Die Tempora des Perfekt- und des Supinstamms (Indikativ Aktiv und Passiv) 38
Das Verbum *sum (esse)* und seine Komposita 38
Die unterordnenden Konjunktionen mit Indikativ 38

4 Die dritte Deklination 45
Die Verneinung (Negation) 45

5 Die Adjektive der 3. Deklination 51
Adverbien der Art und Weise 51
Die Apposition 51

6 Die Personalpronomina 58
Das anaphorische Pronomen *is, ea, id* 58
Ausdruck des Besitzes 58

7 Die 3. und 4. Konjugation 63
Relativpronomen und Relativsatz 63

8 Die Partizipien 70
Der Ablativus absolutus 70

9 Die Deponentien 75
Die semantischen Funktionen des Ablativs 75

10 Der Infinitiv 81
Der ›Akkusativ mit Infinitiv‹ (AcI) 81

11 Wichtige Verben mit Besonderheiten 89
Unpersönliche Verben 89
Verben mit unvollständigen Formen 89

12 Das Supinum 95
   Das Gerundium (nd-Formen I) 95
   Das Gerundivum (nd-Formen II) 95
13 Die u- und e-Deklination 100
   Akkusativ, Genitiv, Dativ: Funktionen im Satz 100
14 Die Demonstrativpronomina 107
   Die Identitätspronomina 107
15 Die unbestimmten Pronomina *alius* und *alter* 113
   Ortsergänzungen und Ortsadverbien 113
16 Die Zahlen 118
   Zeitangaben 118
   Der Kalender 118
17 Die Indefinitpronomina (II), Interrogativ- und Exklamativpronomina 127
18 Der Konjunktiv 133
19 Konjunktionalsätze 141
20 Der Konjunktiv (Fortsetzung) 148
21 Direkte und indirekte Frage 152
22 Der Imperativ 156
   Ausdrucksweisen des Befehlens und Verbietens 156
23 Die indirekte (berichtete) Rede 160

Praktische Exerzitien zur Lektüre 165

1 Historische Texte 165
2 Urkundentexte 169
3 Hagiografische Texte 178
4 Texte aus dem liturgischen Bereich 186
5 Inventarien 189
6 Korrespondenz 192
7 Poetische Texte 194

Wörterverzeichnis 200

Verzeichnis der Eigennamen und geografischen Namen 226

Grammatischer Index 228

Vorwort

Unsere Methode, das Latein des Mittelalters zu lehren, ergibt sich aus dem Umstand, dass auf dem Markt kein einfaches, einer größeren Zahl Interessierter zugängliches Lehrbuch existiert, das demjenigen, der nicht über Kenntnisse des klassischen Lateins verfügt, die Möglichkeit gibt, sich in relativ kurzer Zeit – etwa einem Jahr – die Grundlagen der Sprache anzueignen. Wenn man nun aber dahin gelangen will, die Texte mit Erfolg zu lesen, muss man der Spracherlernung den Status einer ganz eigenen Disziplin zugestehen. Es sei erlaubt, hier K. Strecker zu zitieren: »Alle Disziplinen [...], die ständig aus den mittelalterlichen Quellen schöpfen müssen, haben das Studium der mittellateinischen Sprache nach sich gezogen. Doch haben sie dieses Studium ihren eigenen Aktivitäten untergeordnet, haben seine Schwierigkeiten unterschätzt, so dass die Idee entstand, dass die Philologie des Mittelalters ein allen offen stehender Bereich ist, in dem sich alle hervortun könnten. Und doch kann man nicht genug auf der Tatsache insistieren, dass das mittelalterliche Latein keine Hilfswissenschaft ist, sondern vielmehr eine unabhängige Disziplin, die mit dem gleichen Anspruch studiert werden muss wie die anderen Wissenszweige.«[1]

Es könnte als gewagtes Unterfangen erscheinen, das mittelalterliche Latein in seinen Besonderheiten erlernen zu wollen, ohne mit dem klassischen Latein zu beginnen; es ist offenkundig, dass das weder am logischsten noch am leichtesten ist, wo doch die mittelalterlichen Autoren selbst in der Schule des klassischen Lateins ausgebildet wurden. Da wir den Bedürfnissen eines Publikums von Nicht-Spezialisten entsprechen möchten, das schnell Zugang zu den mittelalterlichen Quellen finden möchte, legen wir daher in jeder Lektion die Grundzüge des klassischen Lateins dar, das die Basis des mittelalterlichen Lateins bildet, darauf die sprachlichen Veränderungen, die sich im Laufe des Mittelalters ergeben haben. Wenn wir – zur Erleichterung für diejenigen Lernenden, die während ihres Studiums schon eine Einführung in das klassische Latein genossen haben – meistenteils die Paradigmen[2] des klassischen Lateins beibehalten haben, haben wir zum Ausgleich dafür unsere Beispiele und Übungen mittelalterlichen Texten[3] entnommen, denn die Unterschiede der mittelalterlichen Sprache von der klassischen spiegeln sich, wenigstens im 13. Jahrhundert, vor allem im Bereich der Lexikografie und der Begriffe.

---

[1] K. Strecker, *Einführung in das Mittellatein*, 3., erw. Aufl. Berlin 1939; hier zitiert nach: *Introduction à l'étude du latin médiéval (traduite de l'allemand par P. van de Woestijne)*, Paris, 1946, p. 10.

[2] Als Paradigma bezeichnet man ein Deklinations- oder Konjugationsbeispiel.

[3] Um unsere Darstellung nicht zu belasten, geben wir keine Belege anhand isolierter Einzelsätze, wie sie in Beispielen oder Übungen häufig benutzt werden. Der erbauliche Charakter vieler unserer Beispiele und Übungen erklärt sich genau aus unserer Absicht, sie direkt mittelalterlichen Quellen zu entnehmen, innerhalb derer Texte mit religiösen oder moralischen Absichten überrepräsentiert sind.

Dieses Werk ist das Ergebnis pädagogischer Erfahrungen, die im Laufe der Universitätsjahre 1993–1995 bei Studenten begannen, die noch keine Lateinkurse besucht hatten. Die Lehrbücher zur Einführung in das klassische Latein, ansonsten hervorragend, doch für Studenten der Geisteswissenschaften oder der Philologien konzipiert, hatten sich aufgrund ihrer Zielsetzungen, ihrer Methodik und der erforderlichen Zeit als ungeeignet herausgestellt.

Tatsächlich sollte die vorliegende Unterweisung im Lateinischen im Zeitplan des Geschichtsstudenten keinen zu großen Raum einnehmen. Das Ideal wären zwei Wochenstunden: eine zur Erklärung der Lektion, der Wiederholung von Deklinationen und Konjugationen, zur Formbestimmung; die andere zur Begegnung mit den Texten. Auch eine Stunde mag genügen, ergänzt um gewöhnlich zwei Stunden persönlicher Arbeit, gelegentlich auch etwas mehr. Lateinkenntnisse aus der Schule sind natürlich förderlich, doch hängt das stark von der dort erfahrenen Methode ab. In einem Jahr lässt sich so viel an Kenntnissen in dieser Sprache erwerben, dass man ›etwas von ihr‹, nicht jedoch ›sie‹ gelernt hat und so darin verfasste Texte keinesfalls mehr fürchten muss. Verfügt man nur über sehr wenig Zeit, kann der Lernende die Lektion und die Übungen allein vorbereiten, und gemeinsam konzentriert man sich auf die Lösung von Verständnisschwierigkeiten und gibt ergänzende Erklärungen. Am Ende jeder Lektion findet sich eine Aufstellung von etwa einem Dutzend Wörtern zum Lernen; dabei handelt es sich natürlich um ein Minimum, mit dem man das Vokabellernen trainiert: Selbstverständlich sind die Fortschritte umso schneller, je eher der Lernende sich das Vokabular der Lektionen aneignet, das in seiner Gesamtheit so etwas wie einen *Grundwortschatz zum mittelalterlichen Latein* darstellt.

Dieser Lehrgang allein kann für eine vertiefende Aneignung der mittellateinischen Sprache letztlich nicht genügen, trotz aller Hinweise auf Morphologie und Syntax, trotz Vokabelkästen und Lexikon. Die systematische, regelmäßige Hinzuziehung eines Wörterbuchs und einer Grammatik des klassischen Lateins bleibt unverzichtbar; dazu sind die Erklärungen insgesamt nicht systematisch und detailliert genug. Ein Zugang zum präzisen Übersetzen bedarf in jedem Fall langjähriger Übung; in den hier vorliegenden Grundzügen ist der Rahmen dafür angelegt.

Neben manchen anderen zuständigen Menschen, die dieses Projekt durch Kritik und Anregungen, besonders aber auch bei seiner Realisierung in der Lehre praktisch gefördert haben, danken wir in erster Linie sehr den Studenten, die als ›Versuchskaninchen‹ dienten und uns dabei ihre Eindrücke geliefert und uns stets ermutigt haben.

Monique Goullet und Michel Parisse

Vorbemerkung des Übersetzers und Bearbeiters

Nicht anders als vor seinem Erscheinen in Frankreich, dem Ursprungsland dieses Lehrwerks, existiert in Deutschland keinerlei moderne knappe Einführung in das Latein des Mittelalters, dieser jahrhundertelangen *lingua franca* Europas, das in dieser Rolle das klassische Latein ablöste und das diesem gegenüber so viele Besonderheiten aufweist, dass man es zu Recht als historisch eigene Sprachform des Lateinischen ansieht. Die Autoren haben es gewagt, ein Lehrwerk zu schaffen, das Kenntnisse im Lateinischen *nicht* zur Voraussetzung macht: Darin liegen eine Besonderheit und ein großer Verdienst dieses Lehrgangs, der sich damit für Interessenten am Mittellateinischen in vielen Bereichen anbietet: für Studenten (z.B. der Geschichte oder Germanistik) genauso wie für allgemein kulturkundlich am Mittelalter Interessierte oder für solche, die auf der Basis von Kenntnissen des klassischen Lateins einmal einen Ausflug in die diesem nachfolgenden Jahrhunderte seiner Wirksamkeit unternehmen möchten. In dieser Zeit war das sog. Mittellatein nicht nur in der Literatur, sondern auch im Alltag an vielen Orten, insbesondere kirchlichen und universitären, fast genauso (allerdings weitestgehend in passiver Verwendung) lebendig wie die jeweiligen Volkssprachen, unter ihnen die eigentlichen Nachfolgerinnen der Sprache des Römischen Reiches – nur dass es keine mittellateinischen ›Muttersprachler‹ gab. Ein weiterer Vorzug dieses Lehrbuchs liegt darin, dass es gemäß dem ›internationalen‹ Charakter des Mittellateins als *lingua franca* seine Texte aus dem gesamten europäischen Raum schöpft.

Ohne Weiteres ist der vorliegende Lehrgang auch für das Selbststudium bzw. die Selbstbeschäftigung mit dem Mittellatein geeignet, erst recht für Kurse jeder Art auch außerhalb der Universitäten. Zur sinnvollen systematischen Vertiefung oder Erweiterung Ihrer Kenntnisse im Sinne der obigen Worte der Autoren finden sich in der Einführung Hinweise auf einige geeignete Lehrwerke.

Es ist klar, dass die deutsche Version des Buches keine einfache ›Übersetzung‹ aller einzelnen Teile im Detail sein kann, vielmehr handelt es sich um eine ›Übertragung‹ auf die Verhältnisse und Gegebenheiten der deutschen Sprache – jedes Sprachlehrwerk basiert auf einem Geflecht spezieller Bezüge zwischen Ausgangs- und Zielsprache –, aber auch auf die hierzulande üblichen Darstellungsweisen sowie Lehr- und Lerngewohnheiten einschließlich ggf. abweichender Terminologien; hier sollen Inkompatibilitäten mit anderen deutschsprachigen Lehrwerken tunlichst vermieden werden, auch wenn in diesen ein normierter Begriffsstandard nicht unbedingt vorhanden ist. Das heißt: Diese Version gibt das Werk der Autoren in Intention und Inhalt getreulich wieder und verfährt nur dort anders (eingeschlossen eventuelle Ergänzungen oder Weglassungen), wo es als Resultat der genannten Kriterien billig bzw. erforderlich schien.

Beibehalten wurden (hier in die Anmerkungen aufgenommen) bibliografische Hinweise der Autoren auch auf französischsprachige (und andere) Werke, die kaum durch andere zu ersetzen sind und immerhin speziell Interessierten nützlich sein können.

Es versteht sich von selbst, dass für die angesprochenen Modifikationen gegenüber der Originalausgabe nicht die Autoren, sondern nur der Übersetzer und Bearbeiter verantwortlich ist.

Helmut Schareika

Einführung

1 Das mittelalterliche Latein

Die Geschichte des mittelalterlichen Lateins erstreckt sich vom 5. bis zum 15. Jahrhundert. In tausend Jahren erlebte diese Sprache eine langsame Entwicklung und bietet darin so viel Mannigfaltigkeit wie während der acht Jahrhunderte, die wir als klassische Antike, darauf als Spätantike bezeichnen (vom 3. Jh. v. Chr., dem Zeitpunkt der ersten literarischen Zeugnisse, bis zum 5. Jh. n. Chr.). Durch die missbräuchliche Gleichsetzung des klassischen Lateins mit dem Latein Ciceros vergisst man, dass die Sprache des Plautus (3. Jh. v. Chr.) sich von der des Plinius (1. Jh. n. Chr.) stark unterschied und dass sich in zeitlicher und ästhetischer Hinsicht beide von derjenigen Ciceros (1. Jh. v. Chr.) oder seines Zeitgenossen Lukrez unterschieden, die wiederum voneinander verschieden waren. Schon am Ende des Römischen Reiches hatten zahlreiche Veränderungen in dem stattgefunden, was man manchmal noch niederes Latein nennt. Darüber hinaus blieb Latein nach dem 15. Jahrhundert weiter lebendig, die Literatur bis zum 18. Jahrhundert kennt zahlreiche Gedichte und Theaterstücke, die in Latein verfasst sind. Schließlich war die Kraft dieses Neulateins derart, dass bis zum Beginn des 20. Jahrhunderts Dissertationen auf Latein eingereicht wurden: Man sieht, dass das Mittellatein in der langen Geschichte der lateinischen Sprache nur *eine* Etappe darstellt.

Es ist daher nicht angebracht, das Mittellatein dem klassischen Latein gegenüberzustellen und es als dessen Verfall hinzustellen. Zunächst könnten die Eigentümlichkeiten, die das Lateinische die Jahrhunderte über prägten, seine philologische Kontinuität nicht verhüllen: Zwischen den verschiedenen Zuständen des Lateinischen gibt es eine langsame Differenzierung und keine abgegrenzten Oppositionen. Mittelalterliches Latein zu verstehen verlangt, dass man die Beiträge des christlichen Lateins der Zeit der sogenannten Spätantike berücksichtigt, in deren Verlauf sich im Universum des Christentums ein regelrechtes, spezifisches Idiom herausbildet, dessen neue Begriffe es übernimmt: Die mittelalterliche Sprache hat sich mehr durch sukzessive Bereicherungen als durch Brüche konstituiert. Überdies war es das klassische Latein, das den ›Lehrern‹ Karls des Großen als Modell und Ideal diente, denen wir die Neubelebung der Produktion lateinischer Werke verdanken, die während der Zeit, die wir karolingische Renaissance nennen, verfasst wurden und die mehrere Jahrhunderte einer lebendigen lateinischen Literatur eröffnen. In bestimmtem Maße ist daher die Lektüre mittelalterlichen Lateins von der des klassischen Lateins nicht wesensmäßig verschieden, umso mehr, als die Texte, die dem Historiker vorliegen, nur selten aus der Zeit vor dem 9. Jahrhundert stammen.

Dagegen wäre es auch nicht richtig, den fehlerhaften, verwunderlichen, ja sogar abwegigen Charakter bestimmter merowingischer Texte zu bestreiten, die böswillige Köpfe als ›Küchenlatein‹ bezeichnet haben, das sich gleichzeitig ebenso durch den kulturellen Niedergang erklären lässt, welcher der Übermittlung der Tradition des Lateins geschadet hat, wie durch den Einfluss der gesprochenen Sprache.[4] Es ist sicher dieser Verfallszustand, der die Bemühungen der karolingischen Renaissance um eine Vereinheitlichung notwendig gemacht hat. Im selben gedanklichen Zusammenhang steht, dass das Mittellatein, das nur unter sehr besonderen Umständen gesprochen wurde[5], niemals Muttersprache war und – vor allem ab dem 13. Jahrhundert – öfter nur die ›Transkription‹ von Gedanken darstellte, deren natürlicher Ausdruck eine Regionalsprache gewesen wäre wie beispielsweise Französisch, Italienisch oder Deutsch. Das Mittellatein hörte auf, Muttersprache zu sein, um (in der Formulierung eines Linguisten) zur »Vatersprache der Republik des Klerus« zu werden, d. h. ein übernationales Idiom, das im gesamten Europa ausschließlich als Sprache der Wissenschaft, Literatur, Verwaltung, des Rechts und als Fachsprache diente und bekannt war; wenn Mittellatein dieselbe Korrektheit wie das klassische Latein aufweist, verdankt es das mehr den Kursen der Grammatiker und ihren Nachahmungsübungen als dem freien Lauf seines natürlichen Genies. Man muss sich daher hinter dem gemeinsamen linguistischen Hintergrund bemühen, sich mit den Besonderheiten der Epochen, der literarischen Genres und der Autoren vertraut zu machen, v. a. auf der Ebene des Vokabulars, das zu verstehen die Kenntnis der Realien und der Begriffe des gesamten Mittelalters voraussetzt.

Doch es gibt noch etwas anderes. Im Gegensatz zu den Texten der Antike können die mittelalterlichen Texte direkt in den Manuskripten gelesen werden, deren Niederschrift zeitgleich oder fast zeitgleich mit ihrer Abfassung erfolgte. Mittellatein zu lesen und zu verstehen bedeutet, direkt Urkunden, Predigten, Gebete, Chroniken durchzugehen und dabei Abkürzungen korrekt aufzulösen und die Schreibweisen angemessen zu entziffern. Das erklärt bestimmte Besonderheiten dieses Buches, das ein Lehrbuch für diejenigen sein will, die sich nicht nur mit gedruckten Ausgaben, sondern auch mit den Originalquellen befassen, Archive besuchen und mittelalterliche Manuskripte lesen möchten.

Bibliografische Hinweise

— D. Kolschöwsky: *TIRO. Curriculum breve Latinum. Ein Lehrwerk für Erwachsene.* Teil I: Texte – Grammatik – Übungen; Teil II: Vokabularien – Übersichten – Lösungen, Hamburg (Buske) 2008 (Einführung in das klassische Latein, zum Selbststudium geeignet)
— J. F. Collins, *A Primer of Ecclesiastical Latin*, Washington D. C. (CUA) Press, 1985
— P. Bouet, D. Conso, F. Kerlouegan, *Initiation au système de la langue latine, Du latin classique aux langues romanes*, Paris (Nathan), 1975 (der synchronische Ansatz wird durch

---

[4] So beschreibt es D. Norberg, *Manuel pratique de latin médiéval*, S. 31: »Das geschriebene Latein der Merowingerzeit ist ein Kunstprodukt, in dem sich bunt durcheinander Reminiszenzen an die literarische Sprache, aus den vorhergehenden Epochen stammende erstarrte Formeln, Züge aus der gesprochenen Sprache, verdrehte Schreibweisen oder Hyperurbanismen, nicht zuletzt reine Fehler finden. Gegen 700 war diese Sprache vollkommen chaotisch geworden.«

[5] Zu der sehr kontrovers diskutierten Frage des Zeitpunkts, an dem man aufhörte, Latein zu sprechen, vgl. den knappen, aber erhellenden Überblick in P. Bouet, D. Conso, F. Kerlouegan, *Initiation au système de la langue latine*, Paris, Nathan, 1975, S. 17–30.

eine diachronische Untersuchung ergänzt, welche das System des literarischen klassischen Lateins, des sog. Vulgärlateins und des gesprochenen Lateins des hohen Mittelalters berücksichtigt)

— B. Auernheimer: *Die Sprachplanung der karolingischen Bildungsreform im Spiegel von Heiligenviten*, Berlin (de Gruyter) 2003

— A. Blaise, *Manuel du latin chrétien*, Straßburg, 1955

— D. Norberg, *Manuel pratique de latin médiéval*, Paris (Picard) 1968 (enthält eine kurze Geschichte des Mittellateins und eine Sammlung – zumeist literarischer – Texte)

— ders., *A Practical Handbook of Medieval Latin*, engl. von R.H. Johnson, Paris 1980; am 2.6.2009 vorhanden auf: http://homepages.wmich.edu/~johnsorh/MedievalLatin/Norberg/index.html (»for non-commercial use only«, die Seite enthält auch eine breite Auswahl kurzer mittellateinischer Texte)

— K. Sidwell, *Reading Medieval Latin*, Cambridge (University Press) 1995 (Anthologie von Texten mit Erläuterungen)

— P. Stotz, *Die lateinische Sprache im Mittelalter*, am 2.6.2009 vorhanden auf: http://www.uzh.ch/mls/onlinepub.html#onlinepub_sprache

— K. Strecker, *Einführung in das Mittellatein*, 3. erw. Aufl., Berlin 1939

2   Die Aussprache des Lateinischen

2.1   Die ›pronuntiatio restituta‹ des klassischen Lateins

Obschon es recht leicht ist, die Aussprache des Lateinischen zu den verschiedenen Zeiten, in denen es gesprochen wurde, zu rekonstruieren, wäre es sehr schwer, diese Erkenntnisse einheitlich und umfassend in die Praxis umzusetzen. Zum einen sind Lautung und Lautbestand der einzelnen heutigen Sprachen so anders als im Lateinischen, dass die Sprecher zum Teil – jeweils in ganz verschiedener Hinsicht – Mühe hätten, die antike Sprache demgemäß zu artikulieren; zum andern haben sich die Jahrhunderte über in den einzelnen Ländern Europas, in unterschiedlichem Grad bestimmt von der Artikulation der jeweiligen Muttersprachler[6], historisch ganz verschiedene Ausspracheweisen herausgebildet. Vor dem Hintergrund dieser Tatsachen hat man vor einiger Zeit eine sogenannte ›pronuntiatio restituta‹ (lat. für ›wiedergewonnene Aussprache‹) definiert, an der sich immer mehr mit dem Latein Befasste beim Sprechen orientieren. Wenngleich es sich dabei gewiss eher um eine Annäherung an die tatsächliche klassische Aussprache handelt, existiert eine derartige Aussprache-›Vulgata‹ für das Mittellatein nicht, und sie kann auch nicht existieren, weil Mittellatein eben auch durch seine regionale Vielfalt bestimmt ist.

Insofern schlagen wir aus rein praktischen Gründen vor, dass man bei der Aussprache mittellateinischer Texte die ›pronuntiatio restituta‹ des klassischen Lateins zugrundelegt

---

[6]   Eine detaillierte Darstellung des phonetischen Systems des Lateinischen und seiner Entwicklung bieten P. Bouet, D. Conso, F. Kerlouegan, *Initiation au système de la langue latine*, S. 35–64.

und diese durch einige Modifikationen abändert, die in mittellateinischer Zeit historisch gewachsen sind.

Laut, Buchstabe, Aussprache

Ein deutscher Muttersprachler hat gewöhnlich keine besonderen Schwierigkeiten mit der Aussprache des Lateinischen auf der genannten Grundlage; im Wesentlichen hat man sich die Differenzen einzuprägen, die aus den festgelegten Konventionen der Rechtschreibung im Verhältnis zur Lautung resultieren. Folgende Regeln bzw. Konventionen wären hauptsächlich zu beachten:

klassisches Latein			mittelalterliches Latein		
	Lautung	Bemerkung		Lautung	Bemerkung
Buch-stabe			Buch-stabe		
c	*immer* k (ohne Hauch)			vor e, i, y, ae, oe im Dt. wie ts	
h	h	auch stumm		je nach Region stumm	kann fortfallen
i	ĭ, ī, j	vor Vokal stets j: iacere ≈ jakere			
			j	j	häufig/meist statt klass. i
k	k	sehr selten			selten
m	m	am Wortende wie frz. Nasalierung des Vokals		immer wie dt.	
p	p (ohne Hauch)				
q	k	nur bei qu mit engl. w			
s	immer wie ß	*salve* ≈ ßalve *rosa* ≈ roßa			
t	t (ohne Hauch)	**nie** wie ts, z.B. nāti-ō		vor unbetontem i + Vokal wie ts	*caelum, coelum* wie tselum; natsio; statt -ti- oft -ci-
u/v	im Lat. ein Buch-stabe, als Vokal: u; im Wortanlaut und zw. Vokalen: wie engl. w	in Deutschland zumeist wie deutsch w			
			w	in Wörtern germa-nischer Herkunft	*werra* ≈ frz. guerre
y	ü			i	manchmal statt i verwendet
z	ds oder s wie in Rose				

Diphthonge					
ae	a-e, wie dt. ai			e	oft entspr. geschrieben: *aegrotus → egrotus*
oe	o-e, wie dt. oi	*poena ≈ poina*		e, hier auch wie ö	*poena ≈ pena*; oft *oe → e*
eu	getrennt e-u	*neuter, Eurōpa*		e-u	
Andere Vokalkombinationen					
ei	e-i; ej-	heia!; e-is, ejus			
ui	u-i; uj-	alicu-i; cujus			
Konsonantenkombinationen					
ch	wie deutsches k, *nicht* wie deutsches ch			stets wie k	bisweilen statt einfachen *c*
ph	wie deutsches p, also *nicht* f			f	
th	wie deutsches t				
gn	wie ngn	*māgnus ≈ mangnus*		im Dt. gn	
st	s-t mit stimmlosem s			s-t mit stimmlosem s	
sp	s-p mit stimmlosem s			s-p mit stimmlosem s	
			-mpn-		statt *-mn-*

2.2 Die hauptsächlichen Veränderungen der Aussprache des Mittellateins gegenüber dem klassischen Latein

ae oe Im klassischen Latein waren *ae* und *oe* Diphthonge, als solche gelten sie auch in der *pronuntiatio restituta*. Im mittelalterlichen Latein dagegen sind sie monophthongiert und werden zu *e*. Das bezeugt die Schreibweise der Manuskripte, in denen etwa *cenobium* die übliche Schreibung für *coenobium* und *ecclesie* die für *ecclesiae* ist (außerdem findet man häufig die Schreibform *æcclesie*). Es ist daher angebracht, beide Diphthonge wie *e* zu lesen. In den Manuskripten finden sich für die Endung *-ae* des klassischen Lateins regelmäßig die Schreibvarianten *-ae*, *-e* sowie dazu noch *ę* (e mit Cedille).

y Der Buchstabe *y* war im lateinischen Alphabet ursprünglich überflüssig, für seinen Laut stand ggf., im Alphabet ebenfalls auf das griechische *Y* zurückgehend, das *U*. Später entstand das Bedürfnis, den griechischen Laut (den man zunächst ebenfalls mit *U* bezeichnete) bei griechischen Namen oder Wörtern auch in der Schrift wiederzugeben, für Ciceros Zeit ist das *Y* belegt. Während daher etwa *presbyter* im klassischen Latein ›presbüter‹ gelautet hätte, sprach man *y* im Mittelalter wie *i*, hier also ›presbiter‹. Aufgrund dieser Aussprache findet sich nicht selten in mittellateinischen Wörtern eine Schreibung mit *y* statt des klassisch korrekten *i*, etwa *lacryma* statt *lacrima*.

c Im klassischen Latein wurde *c* in jeder Position wie *k* gesprochen. Im mittelalter-

lichen Latein war der Vorgang der sog. *Assibilation* vollendet, d.h. aus dem Verschluss-
laut *k* war – regional unterschiedlich – vor *e* und *i* der Zischlaut (bzw. die Affrikate) *s* oder
ts geworden. Doch muss bei bestimmten Paradigmen wie etwa *amicus* das Vorhanden-
sein nicht assibilierter Konsonanten (›amikus‹) im Wortinnern Einfluss auf Formen wie
amicis gehabt haben, die weiterhin *amikis* gesprochen wurden. Im klassischen Latein war
die Aussprache von *-tia* deutlich von derjenigen von *-cia* unterschieden. Im mittelalterlichen Latein wurde die Aussprache von *-ti* + Vokal mit derjenigen von *-ci* + Vokal identisch. Man findet daher unterschiedslos nebeneinander *patientia, patiencia, paciencia*. Andererseits kann man auch auf *k-* für *c-* treffen (*karitativus*, zu *caritas*, ›freundlich‹).

i-v Das Mittellatein besaß wie das klassische Latein kein *j* und *v* als Halbkonsonanten,
d.h. in Anfangsposition oder zwischenvokalischer Position, also etwa *iam ≈ jam, Troia ≈
Troja, uos ≈ vos, triuium ≈ trivium* usw. Gleichwohl benutzen manche Schreiber die Buchstaben *j* und *v*. Ebenso findet man *uuillelmus* wie *vvillelmus*, das manche Herausgeber mit
Wilhelmus transkribieren. Das Problem der Transkription dieser beiden Buchstaben wird
von den Spezialisten, die mittelalterliche Texte herausgeben, stark diskutiert. Auszuspre-
chen ist jedenfalls *j* wie im Wort *jeder* und *w* wie englisch *w*.

michi Manche Wörter des klassischen Lateins erfuhren während des Mittelalters eine
Veränderung in Aussprache und Orthografie, beispielsweise wurde aus *mihi* (›mir‹) *michi*,
aus *nihil* (›nichts‹) wurde *nichil*.

h-p Der Buchstabe *h* tritt bisweilen in der Kombination mit *c-* (*charitas ≈ caritas* ›Barmherzigkeit‹) auf, auch mit *t-* (*cathegoria ≈ categoria*) oder auch *p-*, doch kann er in dieser
Position auch fortfallen (*spera ≈ sphera* ›Kreis, Kugel‹). Am Wortanfang kann *h* ebenfalls
fortfallen (*ortus ≈ hortus* ›Garten‹) oder hinzutreten (*hac ≈ ac* ›sowie‹), man findet *d-* statt
t- oder umgekehrt (*set ≈ sed* ›aber‹). Oft wird ein *-p-* eingefügt, um die Angleichung zweiter Laute in der Aussprache zu verhindern (*columpna ≈ columna* ›Säule‹).

ph Im klassischen Latein bezeichnete *ph* bei der Wiedergabe griechischer Wörter ein
behauchtes *p* (wie das normale *p* im Deutschen). Im Mittellateinischen hatte sich der
Übergang zur Lautung *f* voll durchgesetzt, in der Schreibung schwankt bisweilen die Verwendung von *ph* oder *f* (*phosforus ≈ phosphorus* ›Morgenstern‹).

Vokalismus und Betonung

Von großer Bedeutung für das Lateinische, seinen spezifischen Charakter, ist die Vo-
kalquantität, d.h. die feststehende kurze oder lange **Aussprache der Vokale**, die bedeu-
tungsunterscheidend sein *kann* (z.B. *est ↔ ēst*: ›ist‹ ↔ ›isst‹). Ganz wesentlich ist dieser
Sachverhalt für die lateinischen Versmaße, die auf einer Abfolge langer und kurzer Silben gründen (und nicht auf Betonung) und ohne Beachtung der Quantitäten nicht gelesen werden können. Daher springt die ›Betonung‹ der Wörter bei deren Flexion auch
auf verschiedene Silben (z.B. *continére : cóntinens, pannículus : panniculórum*), während
das Deutsche die ›Stammbetonung‹ kennt. Die Aussprache der Vokale muss für das klassische Latein beim Lernen also mit eingeprägt werden. Dieser Sachverhalt ist der Grund
dafür, dass in Wörterbüchern des klassischen Lateins die Wörter gewöhnlich mit Zeichen für lange (Makron: ¯) und kurze (Breve: ˘) Vokalaussprache wiedergegeben werden,
etwa ănus *Ring*, ānus *alte Frau*.

Ebenso gelten im klassischen Latein feste **Regeln für die Betonung**: Für sie ist die Länge oder Kürze der Vokale bzw. Silben von maßgeblicher Bedeutung. Bei mehrsilbigen Wörtern wird nur die vor- oder drittletzte Silbe betont (die drittletzte nur bzw. stets, wenn die vorletzte lang ist). Silben gelten als lang, wenn sie einen lang gesprochenen Vokal (oder einen Diphthong) haben oder auf mindestens zwei Konsonanten (mit Modifikationen) enden, ein Vokal vor einem andern wird ggf. gekürzt.

Beispiele: *continére, testaméntum* (-ment- lang), aber: *tabernáculum* (-cu kurz), *honestíssimus*. Einsilbige oder zweisilbige Wörter tragen – bis auf wenige Funktionswörter wie etwa Präpositionen – ebenfalls eine Betonung, etwa *quod* oder *clerus*.

Aufgrund dieser klaren Gegebenheiten benötigt das Lateinische keine Akzentzeichen.

Mittellatein: Demgegenüber gilt für das Mittellatein, dass die Vokallänge und die auf ihrer Grundlage geregelte Wortbetonung ihre Bedeutung verloren haben, womit sich insgesamt auch das System der Betonung geändert hat: So kann etwa aus klassischem *continére, cóntinet* im Mittellatein *continére/contenére, conténet* werden. Diese Änderungen wirken sich auch nicht selten in ganz verschiedener Hinsicht auf die Gestalt der Wörter aus, etwa *tabla* statt *tábula* oder *domnus < dóminus*. Die neue Art der Wortbetonung lässt sich gut an der neuen Art der Versdichtung mit ihrer ›dynamischen‹ Versbetonung (statt der quantifizierenden des klassischen Lateins) beobachten. Überdies ist sie eine entscheidende Grundlage für die Weiterentwicklung der Lautung der Wörter des Lateinischen hin zu den romanischen Sprachen.

Zusamengefasst: Unsere Aussprache des Mittellateinischen kann nur eine Annäherung an die ursprüngliche (ohnehin regional unterschiedliche) sein. Mangels authentischer historischer Exaktheit ist es jedoch wichtig, ausreichende Kohärenz anzustreben.

3 Die Textlektüre

3.1 Die Textausgaben

Die meisten mittelalterlichen Textausgaben folgen in der Interpunktion den Regeln, die im nationalen bzw. wissenschaftlichen Umfeld der Herausgeber offiziell in Kraft sind, und nicht der originalen Interpunktion der Manuskripte.

Die Prinzipien der mittelalterlichen Interpunktion waren von den unseren verschieden, sowohl hinsichtlich der benutzten Zeichen als auch ihrer Verwendung. In jedem Fall ist es zu vereinfacht, angesichts einiger Texte zu behaupten, die Schreiber des Mittelalters hätten es nicht verstanden, eine Interpunktion anzuwenden, bzw. sie hätten eine solche frei nach Fantasie eingesetzt. Die mittelalterliche Praxis der Interpunktion erklärt sich oft aus der Praxis des Lesens mit lauter Stimme heraus.

Bei der Frage der Interpunktion heute geht es weniger um die Setzung des Punktes, also einer scharfen Zäsur, als um die angemessene Setzung von Komma, Semikolon oder Doppelpunkt. Hier folgen die Herausgeber einerseits den Konventionen der Rechtschreibung der eigenen Sprache (mit Abweichungen unterschiedlicher Art, die sich aus lateinischen Eigentümlichkeiten ergeben), andererseits benutzen sie die Interpunktion als Verstehenshilfe.

In der Frage der Schreibung der Nomina folgt man in Deutschland den Regeln der Länder mit Kleinschreibung, d. h. Nomina werden in der Regel kleingeschrieben, nur bestimmte, insonderheit religiöse Begriffe wie *Deus* (*Gott*), *Dominus* (*Herr*), *Virgo* (*Jungfrau*) werden zumeist großgeschrieben. Unterschiedlich gehandhabt werden von Völker-, geografischen oder manchen sonstigen Namen abgeleitete Adjektive; man findet sie meist groß-, aber auch kleingeschrieben (*Parisiensis: Pariser; Cisterciensis: Zisterzienser*). Eigennamen bzw. Ortsnamen werden großgeschrieben, nicht zuletzt auch ggf. in Unterscheidung von gewöhnlichen Nomina, etwa *vicus: Dorf* vs. *Vicus: Vic (-sur-Seille)* oder *comitissa: Gräfin* als Begriff bzw. *Comitissa* als Titel. Satzanfänge werden nicht in jeder Textausgabe großgeschrieben.

Die korrekte Silbentrennung in lateinischen Texten entspricht im Wesentlichen den früheren deutschen Regeln *vor* der Rechtschreibreform von 1996. Wichtige Regel: Gehäufte Konsonanten werden nach Wortbestandteil oder so getrennt, dass mit dem ›rechten‹ Teil ein lateinisches Wort beginnen kann.

3.2   Die Manuskripte

Ein Dokument aus Marmoutier

Siehe Faksimile auf S. 18.

Umschrift: Omnibus notum fieri volumus quod Gausfredus de Baraceio calumniabatur nobis monachis scilicet Maioris Monasterii apud Dalmariacum manentibus terram quandam quam Rainardus cognomento Choerius et uxor ejus nomine Maria de Rogeio nobis dederant pro animabus suis, propterea scilicet quod filiam eorum Richildem nomine duxerat conjugem. Postea vero propter dei et beati Martini amorem atque nostrum concessit eam nobis in perpetuum coram Girardo de Doxeio, accipiens inde quasi pro caritate centum solidos a domno Ernaldo ipsius tunc obedientiae priore, Girardo eodem concedente et propter ipsam concessionem XX solidos recipiente. Cujus utriusque concessionis testes hi sunt: Jaguelinus, Mainardus de Praia, Drogo famulus, Hubertus Nigrum Dorsum, Rainardo de Cortice. Postea quoque in die Exaltationis sanctae Crucis perrexerunt simul ad castrum quod Matefelon dicitur supradictus prior et predictus Girardus. Ubi superius memoratus Gausfredus fecit uxorem suam Richildem nomine et filium suum ac filiam concedere quod ipse prius de terra superius memorata concesserat. Quorum utrique dedit ipse monachus III denarios, testibus his Jaguelino, Algerio de Dalmariaco, Rainaldo Beichart, Drogone famulo.

Archiv des Departements Maine et Loire, 40 H 1

Übersetzung: *Wir möchten, dass allen bekannt ist, dass Geoffroi de Baracé von uns, also den Mönchen von Marmoutier, die in Daumeray ansässig sind, missbräuchlich ein Land[stück] verlangte, das Renard mit Beinamen Choère und seine Frau mit Namen Marie de Rougé uns für ihr Seelenheil gegeben hatten, und zwar deswegen, weil er deren Tochter namens Richilde geheiratet hatte. Darauf aber überließ er es uns auf ewig für die Liebe Gottes und des seligen Martin und die Unsere in Gegenwart von Girard de Doussé und empfing darauf als Dank 100 Solidi*

Dokument aus Marmoutier. Archiv des Departements Maine et Loire, 40 H 1
Siehe Umschrift und Übersetzung auf S. 17.

vom Herren Ernaud, dem Prior dieses Amtes, unter Zustimmung desselben Girards, der für diese Konzession 20 Solidi erhielt. Für diese beiden Übertragungen sind Zeugen Jaguelin, Ménard de la Prée, der Diener Drogon, Hubert Dos-Noir, Renard d'Ecorces. Darauf am Tag der Kreuzerhöhung begaben sich auch zugleich zum Schloss, das Mateflon genannt wird, der genannte Prior und der vorerwähnte Girard. Dort ließ der weiter oben erwähnte Geoffroi seine Frau namens Richilde und seinen Sohn sowie seine Tochter den Teil des weiter oben erwähnten Landes übertragen, den er schon zuvor abgetreten hatte. Beiden von diesen gab dieser Mönch 3 Denare mit diesen Zeugen: Jaguelin, Auger de Daumeray, Renaud Beichart, dem Diener Drogon.[7]

Im Folgenden zuvor einige Beobachtungen zu dem Latein, wie es ein mittelalterlicher Schreiber präsentiert:

[7] Unser Dank gilt Yves Chauvin, der uns die exakte Identifikation der hier zitierten Stellen geliefert hat.

18 | Einführung

- Die Wörter werden häufig abgekürzt geschrieben; manchmal ist – über die Abkürzungsregeln hinaus, denen man mehr oder weniger folgt, die zeitlich oder regional mehr oder weniger identisch sind – die Kenntnis des Lateinischen unverzichtbar, um einen Text korrekt zu transkribieren. So zeigt der Vergleich des Originals mit seiner Umschrift, dass *omib:* mit unterschriebenem *-s* als *omnibus* zu lesen ist, dass das End-*m* von *notum* und das End-*us* von *volumus* mit speziellen Zeichen wiedergegeben werden, ganz wie das End-*us* von *Gausfredus*, während die Verbindung von *-q* und *-d* nicht *quid*, sondern *quod* zu lesen ist. Es sind also gleichermaßen Kenntnisse des Mittellateins wie der Paläografie erforderlich.
- Wer daran gewöhnt ist, Wörterbücher des klassischen Lateins zu durchblättern, wird die entzifferten Wörter nicht immer finden: manche, weil es sich um spezielle Begriffe des Mittelalters oder um Namen bzw. Beinamen von Personen handelt; andere, weil sie lautliche Veränderungen durchgemacht haben oder weil die Orthografie verschieden ist. So liest man beispielsweise *domno* statt *domino* oder es werden *-ti-* und *-ci-* vermischt usw. Moderne Herausgeber haben Großbuchstaben eingeführt, um das Verstehen bestimmter Wörter zu erleichtern (Personennamen oder religiöse Begriffe wie *Crux*), was der mittelalterliche Schreiber selten tut. Ebenso ist die Interpunktion verschieden: Der Schreiber interpunktiert seinen Text nach der Berücksichtigung von Pausen während des Lesens mit lauter Stimme, während ein Herausgeber den bedeutungsmäßig-syntaktischen Regeln heutiger Interpunktion folgt. Man muss bei der mittelalterlichen Interpunktion, die oft einen Text verstehen hilft, der nicht zu stillem Lesen bestimmt war, stark Acht geben.
- Schließlich ist das Vokabular ein Hindernis, wenn man die Praktiken und Institutionen des Mittelalters nicht kennt. So lassen sich die Worte *prior* (*Klostervorsteher, Prior*) und *oboedientia* (*Gehorsam, auferlegte Arbeit* → *Amt*) nur im klösterlichen Kontext des Mittelalters verstehen.
- Die mittelalterlichen historischen Quellen sind sehr zahlreich, vor ihrer Lektüre und Analyse sind einige Vorbereitungsschritte unverzichtbar. Die Schreiber und Autoren verwenden ein verschiedenartiges Latein; ein Vorwort wie dieses Dokument aus der Praxis der Mönche von Marmoutier unterscheidet sich von einem juridischen oder literarischen Text; man muss also stets sorgsam darauf achten, welche Art Dokument man zu studieren beabsichtigt.

4 Die Übersetzung

4.1 Die Hilfsmittel: Wörterbücher und Grammatiken

Um die mittellateinischen Texte zu verstehen, ist der Gebrauch des Wörterbuchs in der Regel unverzichtbar. Ein Wörterbuch des klassischen Lateins genügt zur Lösung eines Großteils der Probleme. Als zuverlässige Großlexika stehen zur Verfügung:
- Georges, K. E.: *Ausführliches lateinisch-deutsches Handwörterbuch.* Aus den Quellen zusammengetragen und mit besonderer Bezugnahme auf Synonymik und Antiqui-

täten unter Berücksichtigung der besten Hilfsmittel. 2 Bände, 8. Aufl. 1913/18 von Heinrich Georges. Reprogr. Nachdr. 1998, Hahnsche Verlagsbuchhandlung, Hannover; auch: Wissenschaftliche Buchgesellschaft, Darmstadt (auch digital: Lateinisch-Deutsch/Deutsch-Lateinisch, Digitale Bibliothek Band 69, Berlin 2004)
— Gaffiot, F., *Dictionnaire illustré Latin-Français*, Paris, Hachette, 1re édition 1934
— Neuestes Großwerk der lateinischen Lexikografie mit zahlreichen detaillierten Belegen steht für das klassische Latein: *Oxford Latin Dictionary*, Oxford 1968-1982

Für die nicht ausreichenden Fälle gibt es darüber hinaus spezielle Wörterbücher des Mittellateinischen:
— Blaise, A., *Dictionnaire latin-français des auteurs chrétiens*, Turnhout (Brepols) 1954; nützlich für religiöse Texte
— Blaise, A., *Lexicon Latinitatis Medii Aevi*, Turnhout (Brépols) 1975
— Du Cange, *Glossarium mediae et infimae latinitatis*, 8 Bände, 1850 (1. Ausgabe 1678); durchgehend lateinisch, zwar sehr alt, doch gerade für das Vokabular der Konkreta des ausgehenden Mittelalters unentbehrlich, liefert Verständnishilfe durch Erklärungen
— Habel, E. und *F.* Gröbel, *Mittellateinisches Glossar*, Paderborn (Schöningh), [2]1959, als UTB-Taschenbuch 1989; knappe, doch ausreichende deutsche Bedeutungsangaben für einen umfassenden Standardwortbestand
— Niermeyer, J. E. und C. van de Kieft: *Mediae Latinitatis Lexicon Minus*. Mittellateinisches Wörterbuch (Ausgabe überarbeitet von J.W.J. Burgers), 2 Bände, Lateinisch-Französisch-Englisch-Deutsch, Leiden (Koninklijke Brill) [2]2002, auch: Wissenschaftl. Buchgesellschaft (Darmstadt) 2002; sehr nützlich für diplomatische Texte
— Parisse, *M.* (Hg.), *Lexique latin-français (Antiquité et Moyen Âge)*, Paris (Picard) 2006; knapp und gleichzeitig umfassend, klassischer und mittellateinischer Wortschatz, Aufnahme verschiedener mittelalterlicher Schreibweisen besonders hilfreich

Neben der Heranziehung eines Wörterbuchs ist – je nach Kenntnissen im Umgang mit Grammatiken – die regelmäßige Benutzung einer Grammatik des klassischen Lateins unentbehrlich, beispielsweise
— als einführende Grammatik besonders für Anfänger, Wiederholer und ›Auffrischer‹: Schareika, H.: *Grammatik kurz & bündig LATEIN*, Stuttgart (PONS) 2005
— umfassender: Bayer, K. und J. Lindauer: *Lateinische Grammatik*, Bamberg (Buchner) [2]2001
— umfassend und weiterführend: Rubenbauer, H. und J. B. Hofmann sowie R. Heine: *Lateinische Grammatik B*, Bamberg (Buchner) 1995

Zur eher wissenschaftlichen Vertiefung und zur Lösung spezieller Probleme:
— Ernout, A. und *F.* Thomas, *Syntaxe latine*, Paris (Klincksieck) 1972 (deskriptiver, nicht normativer Ansatz, Berücksichtigung des Spätlateins)
— Hofmann, J. B.: *Lateinische Syntax und Stilistik*, 2. Aufl. von A. Szantyr, München (Beck) 1965, 1972 (etwas schwer für Anfänger, Berücksichtigung des mittelalterlichen Lateins)

4.2 Übersetzungstechnik

Ein Hauptproblem des Übersetzens liegt darin, dass das viel praktizierte Wort-für-Wort-Übersetzen in der Regel einen kaum verständlichen Text ergibt. Es kommt darauf an, die Ausdrucksweise der Ausgangssprache verlässlich in die Ausdrucksweise der Zielsprache zu übertragen und im Idealfall dann auch den ›Stil‹ adäquat zu treffen. Man vergesse nie, dass der *Sinn* die Grammatik steuert und nicht die Grammatik den Sinn. (Daher ist die oben erwähnte Kenntnis der Welt des Mittelalters als Voraussetzung für das Verstehen ihrer Texte so wichtig; Grundsatz: *Man versteht nur, was man – im Prinzip – schon weiß.*) Es ist also richtig, zwar den Wörtern eines Textes in der Reihenfolge zu folgen, aber gleichzeitig zu prüfen, welche Wörter sinngemäß zusammengehören müssen und welche *Erwartungen* an das Folgende sie jeweils eröffnen (z.B. passt zu einem Substantiv nicht jedes beliebige Verb oder Objekt). Das Verstandene ist dann an der Grammatik (zum Beispiel den Wortformen, den Tempora, den Modi) zu kontrollieren. In diesem Sinne kommt es darauf an, das *Thema* des Gesamt-Textes möglichst schnell zu erfassen (meist aus dem ersten Satz ersichtlich oder dort vorbereitet) und dann darauf zu achten, welche *neuen* Informationen (*Rhema*: neue Information) die einzelnen Sätze beibringen sowie auf welchen Verstehens*voraussetzungen* (*Präsuppositionen*) der Text und seine Sätze aufbauen, denn Selbstverständliches oder Bekanntes wird nur in bestimmten Fällen ausgedrückt. – Zum Charakter des Lateinischen vgl. Jules Marouzau: *Das Latein – Gestalt und Geschichte einer Weltsprache*, München (dtv) 1970. Wer Französisch liest, wird viel Gewinn ziehen aus: Bourgain, Pascale, und Marie-Clotilde Hubert, *Le latin médiéval*, Turnhout (Brepols) 2005 (*L'atelier du médiéviste* 10).

Lektion 1

Die erste (a-) und zweite (o-)Deklination der Substantive
Die Adjektive der a- und o-Deklination

1   Der Begriff Deklination

Im Deutschen ergibt sich die Funktion, d. h. die grammatische Rolle, eines Nomens in einem Satz aus der Wortform (z. B. Nominativ, Dativ), unterstützt vom zugehörigen Artikel (z. B. *eine, dem*) sowie ggf. vom Sinnverhältnis oder auch der Wortstellung (z. B. *Das Schiff erreicht das Land*). Im Lateinischen sind die Verhältnisse im Prinzip ähnlich, doch erlaubt dort die weitaus größere Formenvielfalt der Wortendungen dem Sprecher eine gegenüber dem Deutschen weitestgehend freie Wortstellung. Wie im Deutschen tragen auch Präpositionen zur Verdeutlichung der Rolle der Nomina bei. Was im Lateinischen allerdings fehlt, ist ein Artikel.

Mittellatein: Im mittelalterlichen Latein findet sich viel häufiger eine Präposition in Verbindung mit dem Nomen als im klassischen Latein.

Als Beispiel dafür, wie im Lateinischen die Nomina auftreten, seien hier einige Verse aus den *Carmina Burana*[8] zitiert, in denen der Dichter das Geld personifiziert:

> **Versus de Nummo**
> *Verse über das Geld*
>
> 1. In terra summus rex est hoc tempore Nummus.
> *Auf Erden ist der absolute König heute das Geld.*
> 2. Nummum mirantur reges.
> *Das Geld bewundern die Könige.*
> 3. Sed quia consumi poterit cito gloria Nummi...
> *Doch weil der Ruhm des Geldes schnell verschwinden kann ...*
> 4. Nummo venalis favet ordo pontificalis.
> *Dem Gelde huldigt – käuflich wie er ist – der Bischofsstand.*
> 5. Nullus honoratur sine Nummo, nullus amatus.
> *Keiner steht in Ehren ohne Geld, keiner wird geliebt.*

Das Substantiv *Geld* übernimmt in jedem Vers eine jeweils andere Rolle:

---

[8]   Titel einer Sammlung vermischter Gedichte, die im 12. oder 13. Jahrhundert entstanden und im Manuskript von Benediktbeuren in Südbayern erhalten blieben. Die meisten Gedichte sind Liebeslieder, Trinklieder, Gedichte zur Unterhaltung oder Hymnen auf die Natur, die oft den Vorwand zu einer Satire auf die Sitten der Zeit und den moralischen Niedergang der Angehörigen des Klerus bieten. Der lateinische Text wird hier nach der Ausgabe von G. Bernt, Stuttgart (Reclam) 1992, zitiert.

Vers 1: Subjekt zum Prädikat *ist (König)*
Vers 2: direktes Objekt zum Prädikat *bewundern*
Vers 3: Ergänzung (Attribut) zum Nomen *Ruhm*
Vers 4: indirektes Objekt zum Prädikat *huldigt*
Vers 5: nähere (adverbiale) Bestimmung mit der Präposition *ohne* zum Prädikat *steht in Ehren*

Im Lateinischen zeigt das Substantiv *nummus* (*Geld*) gemäß seiner Funktion im Satz eine jedes Mal andere Endung, im Deutschen teilweise:

- *Nummus* ist die Form des Subjekts im   *Nominativ* (*Nummus* ist Subjekt zu *rex est*)

- *Nummum* ist die Form des direkten Objekts im   *Akkusativ* (*Nummum* ist Ergänzung zum Prädikat *mirantur*)

- *Nummi* ist die Form der attributiven Ergänzung im   *Genitiv* (*Nummi* ist Ergänzung zu *gloria*)

- *Nummo* ist die Form des indirekten Objekts im   *Dativ* (*Nummo* ist Ergänzung zum Prädikat *favet*, das einen Dativ verlangt)

- *Nummo* ist außerdem die Form für den   *Ablativ*, der verschiedenen Angaben dient, darunter häufig adverbialen Bestimmungen; hier ist es die Präposition *sine* ›ohne‹, die den Ablativ *Nummo* verlangt.

Im Deutschen tritt *Geld* im Beispiel in den Formen *Geld* (*Nominativ* und *Akkusativ*), *Geldes* (*Genitiv*) sowie *Gelde* (auch möglich: *Geld*; *Dativ*) auf. Einen *Ablativ* als Wortform gibt es im Deutschen nicht, ›ohne‹ verlangt einen Akkusativ.

Die Abänderung der grammatischen Form eines Substantivs im Lateinischen oder Deutschen wird als *Deklination*, die jeweilige Form als *Kasus* bezeichnet. Die Kasus (Plural mit langem u gesprochen) übernehmen im Satz zum Teil verschiedene Funktionen. Das Lateinische kennt fünf Kasus, das Deutsche vier. Die Hauptfunktionen sind (s. *Anm. auf Seite 24*):

Kasus	Funktionen
Nominativ	**Subjekt**; Prädikatsergänzung (Vers 1: *rex*); *selten:* Subjektsattribut (Apposition)
Akkusativ	**direktes** (erstes) **Objekt**, *selten:* zweites Objekt; *bei Ortsnamen:* Richtungsangabe *(wohin?)*; Prädikatsergänzung
Genitiv	**attributive Ergänzung** eines Nomens (bildet eine Wortgruppe); *selten:* erstes oder zweites Objekt
Dativ	**indirektes** (zweites) **Objekt**, erstes Objekt; *selten:* attributive Ergänzung eines Nomens (bildet eine Wortgruppe)
Ablativ	**ergänzende Angaben** (adverbiale Umstände); *selten:* erstes oder zweites Objekt

Hinweis: Bei manchen lateinischen Substantiven findet sich noch eine sechste Form, und zwar für die Anrede, die als *Vokativ* bezeichnet wird. Bei den meisten Wörtern lautet der Vokativ gleich dem Nominativ. In den folgenden Tabellen* wird der Vokativ nur dort angegeben, wo er als eigene Wortform existiert:

Vokativ	Anredeform (kein Kasus, da Funktion *außerhalb* eines Satzes)

Nicht selten wird ein Vokativ von einem anredenden »*o ...!*« begleitet.

Zu den hier gegebenen Beispielen aus den *Carmina Burana* ist zu bemerken:

- Auffällig sind die sehr variable Stellung des Substantivs, das Fehlen eines Artikels und des Personalpronomens als Subjekt. Die Stellung eines Wortes am Wortanfang kann eine Hervorhebung bedeuten (Verse 2, 4).
- Die lautliche Gleichheit bestimmter Endungen bei verschiedenen Kasus (*nummo*: gemeinsame Form für Dativ und Ablativ); das ist im Deutschen noch viel stärker ausgeprägt.

Von ihren Endungen her lassen sich die lateinischen Substantive nach fünf sog. Paradigmenreihen (Deklinationsgruppen) ordnen. Damit man weiß, wie ein Substantiv dekliniert wird, ist es hilfreich, sich die Form des Nominativs zusammen mit der des Genitivs einzuprägen; so halten es auch die Lexika. Der Genitiv enthält den Hinweis auf die Deklinationsgruppe, der Nominativ kann ganz verschiedene Formen annehmen. Um die grammatische Funktion eines lateinischen Wortes zu erkennen, muss man daher:
- auf seine Endung achten und ggf. mithilfe des Lexikons das Paradigma bestimmen, zu dem es gehört (erkennbar am Genitiv Singular);
- den Kasus identifizieren; falls mehrere Kasus in Frage kommen, gibt der grammatische Kontext Auskunft, beispielsweise das Prädikat, die Form des zugehörigen Adjektivs, in jedem Fall aber der Bedeutungskontext.

2 Die Substantive der 1. und 2. Deklination

Die 1. Deklination weist ausschließlich Substantive mit Stamm[9] auf -*a* auf.

Die zu diesem Paradigma gehörenden Wörter haben allesamt einen Genitiv auf -*ae* (oder -*e*).

In den meisten Fällen handelt es sich um Feminina, außer die Wörter bezeichnen Männer oder Wasserläufe (in der Antike waren diese in Gestalt männlicher Götter vergöttlicht), dazu einige, die z. B. Berufe bezeichnen. So ist *Iugurtha*, der König Numidiens, genauso ein Maskulinum wie *Sequana*, der Fluss *Seine*, *poeta* (der Dichter) oder *nauta* (der Matrose).

---

[*] Anders als aus deutschen Lateingrammatiken bekannt, wird in diesem Buch die im Originallehrgang verwendete Reihenfolge der Kasus in Übersichten – es ist die in manchen Ländern übliche – beibehalten: Der Akkusativ folgt nach dem Nominativ. Das hat seinen methodischen Sinn darin, dass der Akkusativ nach dem Nominativ der zweithäufigste Kasus ist (*Anm. hs*).

[9] Als Stamm bezeichnet man den Teil des Wortes, an den die Endungen angefügt werden.

2.1 Die 1. Deklination:

carta, -ae (›schriftliches Dokument, Urkunde‹)[10]

	Singular	Plural
Nominativ	carta	cartae/carte
Akkusativ	cartam	cartas
Genitiv	cartae/carte	cartarum
Dativ	cartae/carte	cartis
Ablativ	carta	cartis

Hinweis: Die Wörter *anima* (*Seele*) und *filia* (*Tochter*) bilden ihren Dativ und Ablativ Plural ausnahmsweise auf *-abus*; damit lassen sie sich besser von den Maskulina *animus* (*Geist*) und *filius* (*Sohn*) unterscheiden, deren Dativ bzw. Ablativ Plural *animis* bzw. *filiis* lautet.

2.2 Die 2. Deklination

dominus (›Herr‹), *castrum* (›Schloss‹), *puer* (›Kind, Junge‹), *ager* (›Acker‹)

Die Wörter der 2. Deklination besitzen allesamt einen Genitiv Singular auf *-i*.

Die im Nominativ Singular auf *-us* auslautenden Wörter sind in der Regel Maskulina; Feminina sind jedoch die Bezeichnungen für Bäume (die in der Antike in der Gestalt von Nymphen vergöttlicht gedacht waren), beispielsweise *ficus* (*Feige*), *populus* (*Pappel*), auch *humus* (*Erde* als Stoff), sowie einige isolierte Wörter (ursprünglich griechische Fremdwörter) wie *synodus* (*Synode, Versammlung*), *eremus* (*Wüste*), *paradisus* (*Paradies*); die beiden letzten schwanken zwischen Femininum und Maskulinum. Einzelne Wörter der 2. Deklination auf *-us* sind zudem Neutra, etwa *virus* (*Gift*).

Die auf *-er* im Nominativ Singular endenden Wörter dieser Deklinationsgruppe sind allesamt Maskulina, die auf *-um* grundsätzlich ausnahmslos Neutra.

Deklination der Substantive auf -us und -um

	Maskulinum		Neutrum	
Nominativ	dominus	domini	castrum	castra
Akkusativ	dominum	dominos	castrum	castra
Genitiv	domini	dominorum	castri	castrorum
Dativ	domino	dominis	castro	castris
Ablativ	domino	dominis	castro	castris

Vokativ	domine

---

[10] Das Wort wird häufig *charta* geschrieben.

Hinweise:

◻ Das Paradigma *dominus* weist als einziges einen vom Nominativ verschieden lautenden Vokativ auf.

Besonderheiten: Die Wörter oder Namen auf *-ius* lauten im Vokativ auf *-i*, ebenso das Pronomen *meus* (mein), also: »*O mi fili!* − *O mein Sohn!*«. Der Vokativ zu *deus* entspricht dem Nominativ.

◻ Für das Neutrum gilt in *allen* Deklinationsgruppen:
a) Der Nominativ ist gleich dem Akkusativ.
b) Beide Kasus lauten im Plural auf *-a*

Deklination der Substantive auf -er

	Singular	Plural	Singular	Plural
Nominativ	puer	pueri	ager	agri
Akkusativ	puerum	pueros	agrum	agros
Genitiv	pueri	puerorum	agri	agrorum
Dativ	puero	pueris	agro	agris
Ablativ	puero	pueris	agro	agris

Nach dem Muster *puer* wird auch vir, viri ›*Mann*‹ dekliniert.

3 Die Adjektive der a- und o-Deklination

3.1 Deklination

Es gibt unter formalem Aspekt zwei Gruppen von Adjektiven: die hier vorgestellten der a-/o-Deklination sowie diejenigen der 3. Deklination (dazu Lektion 5). Die Adjektive der a-/o-Deklination bilden ihre Formen also nach dem Muster *dominus/puer* im Maskulinum, *carta* im Femininum und *castrum* im Neutrum. Es gilt also folgendes Paradigma:

bonus, -a, -um *oder* miser, -era, -erum *bzw.* pulcher, -chra, -chrum

Singular	Mask.	Fem.	Neutrum	Mask.	Fem.	Neutrum
Nominativ	bonus	bona	bonum	pulcher	pulchra	pulchrum
Akkusativ	bonum	bonam	bonum	pulchrum	pulchram	pulchrum
Genitiv	boni	bonae	boni	pulchri	pulchrae (-chre)	pulchri
Dativ	bono	bonae	bono	pulchro	pulchrae (-chre)	pulchro
Ablativ	bono	bona	bono	pulchro	pulchra	pulchro

Vokativ: o bone domine! (aber: *o miser puer!*)

Plural	Mask.	Fem.	Neutrum	Mask.	Fem.	Neutrum
Nominativ	boni	bonae (-e)	bona	pulchri	pulchrae (-e)	pulchra
Akkusativ	bonos	bonas	bona	pulchros	pulchras	pulchra
Genitiv	bonorum	bonarum	bonorum	pulchrorum	pulchrarum	pulchrorum
Dativ	bonis	bonis	bonis	pulchris	pulchris	pulchris
Ablativ	bonis	bonis	bonis	pulchris	pulchris	pulchris

Mittellatein: Die Formen *bonae puellae* finden sich oft *bone puelle* geschrieben.

3.2 Kongruenz

Das begleitende Adjektiv stimmt in **Kasus**, **Numerus** und **Genus** mit seinem Beziehungswort überein; zumeist steht es auch direkt bei diesem. Dieser wichtige Sachverhalt wird als *KNG-Kongruenz* bezeichnet. Bezieht sich ein Adjektiv auf mehrere Substantive mit verschiedenem Genus, passt es sich an das nächststehende an:

- magnum gaudium: *große Freude*
- laetitia gaudiumque magnum: *große Fröhlichkeit und Freude*
- gaudium laetitiaque magna: *große Freude und Fröhlichkeit*

Bildet das Adjektiv gemeinsam mit *ist, sind* usw. als Bedeutungelement das Prädikat, hat es also die Funktion eines *Prädikatsnomens*, so stimmt es ebenfalls mit seinem Beziehungswort – diesmal in Numerus und Genus – überein:

- laetitia est magna: *die Freude ist groß*
- castra sunt firma: *die Schlösser sind sicher*

Hinweis: In der Funktion des Prädikatsnomens weist das Adjektiv im Deutschen stets die Grundform ohne Endungen auf. Im Lateinischen kann die Endung bei der Zuordnung behilflich sein.

Bezieht sich ein lateinisches Adjektiv in der Funktion des Prädikatsnomens auf *mehrere* Nomina, so steht es im *Plural*; sind die Nomina von verschiedenem Genus, steht es im *Maskulinum Plural*, falls es sich um Personen handelt, und im *Neutrum Plural*, falls die Nomina Dinge bezeichnen:

- dominus et domina laeti sunt: *der Herr und die Dame sind fröhlich*
- laetitia gaudiumque sunt maxima: *Fröhlichkeit und Freude sind groß*

Hinweis: Wie im Deutschen lässt sich das Adjektiv im Lateinischen als Substantiv verwenden, es kann also *substantiviert* werden (man erkennt es daran, dass sich kein Beziehungswort findet). Im Maskulinum oder Femininum bezeichnet es dann eine oder mehrere Personen mit weiblichem/männlichem Geschlecht, im Neutrum bezeichnet es im Singular den Bedeutungsinhalt des Adjektivs als (abstrakten) Begriff oder im Plural entsprechende Dinge:

- malus: *die (ein) Böse(r)*
- mali: *(die) Böse(n), böse Menschen*
- malum: *das Böse, das/ein Unglück*

› mala: *Fem Sg.: eine böse Frau; Ntr. Pl: böse Dinge/Böses*
› stultus stulta aestimat: *der Dummkopf schätzt dumme Sachen/Dummes*

♫ Exerzitien ♫

1. *Deklinieren Sie im Singular und Plural:*
magna ecclesia, bonus servus, magnum templum, optimus poeta, pauper agricola, pulchra puella, fecundus ager, alta populus
Übersetzen Sie: domini terra, terrae domini, poetae gaudium, agricolae dominus.

2. *Suchen Sie in den unten stehenden Sätzen die Wörter der a- und o-Deklination, geben Sie den jeweiligen Kasus, den Nominativ und den Genitiv an:*
1) Agricola terras arabat, frumentum seminabat, parvas populos secabat. *2)* Monachi orabunt et cantabunt magnam missam. *3)* Pueri student et laborant in schola. *4)* Dominus Albertus dedit vineas ecclesie sanctorum Petri et Pauli. *5)* Ecclesia sancte Marie edificata est pecunia magna. *6)* Regina Francorum filios suos amabat. Habebat pulchras filias.

Übersetzung: *1) Der Bauer pflügte die Äcker, säte Getreide, schnitt die kleinen Pappeln. 2) Die Mönche werden beten und eine große Messe singen. 3) Die Kinder lernen und arbeiten in der Schule. 4) Baron Albert schenkte der Kirche der Heiligen Peter und Paul Weingärten. 5) Die Kirche der Hl. Maria wurde unter großen Kosten gebaut. 6) Die Königin der Franken liebte ihre Söhne. Sie hatte schöne Töchter.*

3. *Im unten stehenden Text sind die Substantive der a- und o-Deklination sowie die entsprechenden Adjektive kursiv wiedergegeben. Geben Sie mithilfe des Lexikons ihren Nominativ und Genitiv an und deklinieren Sie darauf im Singular und Plural:*
Text: Cum autem in alteram *eremum* pergeret, *argenteum discum* reperit et intra se sic dicere coepit: »Unde hic *argenteus discus*, ubi hominum *vestigia* nulla videntur«? Si enim viatori cecidisset, utique prae sui magnitudine latere non posset. Hoc, *diabole*, *artificium* tuum est, voluntatem tamen meam numquam poteris immutare«. Et hoc dicens, *discus* ut *fumus* evanuit. Postmodum ingentem *massam veri auri* reperit, sed ut *incendium aurum* fugit, sicque ad montem fugiens XX *annis* ibi permansit *innumeris* coruscans *miraculis*.

Jacobus de Voragine, Legenda aurea: Hl. Antonius[11]

Übersetzung: *Als er aber in eine weitere Wüste weiterreiste, fand er eine silberne Platte und begann, so zu sprechen: »Woher kommt diese Silberplatte, wo keine Spuren von Menschen zu sehen sind? Wenn sie nämlich einem Wanderer [herab]gefallen wäre, hätte ihm das angesichts ihrer Größe nicht entgehen können. Teufel, das ist ein Werk von dir, dennoch wirst du meinen Willen niemals abändern können.« Und während er das sprach, verschwand die*

---

[11] Jacobus de Voragine ist ein Dominikaner des 13. Jahrhunderts, der unter dem Titel *Leganda aurea* Viten von Heiligen verfasste.

Platte wie Rauch. Später fand er eine gewaltige Masse Gold, doch wie ein Brand verschwand das Gold, und so flüchtete er sich in ein Gebirge, blieb dort und glänzte mit unzähligen Wundern.

Lernvokabeln

agricola, ae, *m.* Bauer
diabolus, -i, *m.* Dämon, Teufel
eremus, -i, *m. oder f.* Wüste
gaudium, -i, *n.* Freude
laetitia, ae, *f.* Fröhlichkeit

malus, -a, -um böse, schlecht
monachus, -i, *m.* Mönch
parvus, -a, -um klein
stultus, -a, -um dumm
terra, ae, *f.* Erde, Land, Acker

Lektion 2

Die a- und e-Konjugation:
Die Tempora des Präsensstammes
Die beiordnenden Konjunktionen

1   Allgemeines zu den Konjugationen

Verben werden im Lateinischen wie im Deutschen mit verschiedenen Kennzeichnungen verbunden, die ihre Funktion im Satz markieren. In den meisten Fällen sind alle diese Elemente in einer Verbform vereinigt. Diese Kennzeichnungen beziehen sich auf zwei Grundfunktionen und bilden zwei Gruppen:

- ›finite‹ Verbformen mit Kennzeichnung von Person, Tempus und Modus; diese Formen dienen als Prädikate (Satzaussagen) und werden *konjugiert*.
  Bis auf das Futur existieren alle Tempora in zwei Formen, deren Gebrauch an unterschiedliche Aussageweisen geknüpft ist: im Indikativ und im Konjunktiv.
- ›infinite‹ Verbformen, welche die Funktion eines Substantivs oder Adjektivs übernehmen: Infinitiv und Partizip; diese Formen werden *dekliniert* (s. ■)

Das System der lateinischen Tempora basiert – im Indikativ – auf einer Opposition zweier ›Aspekte‹ der Verbalhandlung, die sich als *unvollendet* oder als *vollendet* betrachten lassen:

Die Tempora, welche die Handlung als *unvollendet* beschreiben, sind das Präsens, das Imperfekt und das Futur. Da diese Tempora im Lateinischen vom sog. **Präsensstamm** gebildet werden, werden sie normalerweise so bezeichnet (*Tempora des Präsensstamms*). Dieser Sachverhalt gilt für Aktiv und Passiv gleichermaßen.

Diejenigen Tempora, welche die Handlung als *vollendet* beschreiben, sind das Perfekt, das Plusquamperfekt und das Perfektfutur (s. Lektion 3 [auch: ›Futur II‹ genannt]). Sprachlich liegt ihnen im **Aktiv** der sog. **Perfektstamm** zugrunde (*perfectum* bedeutet lateinisch ›vollendet‹); das sind also die Tempora des Perfektstamms. Im **Passiv** stehen für diese Tempora zusammengesetzte Formen, von denen ein Bestandteil ein Partizip mit eigenem Stamm, dem **Supin-(Perfekt-Passiv-)Stamm** ist.

Wichtig: Die Tempora im Deutschen und Lateinischen entsprechen sich in der Bedeutung teilweise nur annähernd. Außerdem hat das Lateinische *mehr* Infinitivformen und Partizipformen als das Deutsche; dafür stehen im Deutschen ggf. andere semantisch (bedeutungsmäßig) passende Entsprechungen.

Die folgenden Tabellen geben eine Übersicht zunächst des deutschen, darauf des lateinischen Formensystems des Verbums. An ihnen werden Gemeinsamkeiten und Unterschiede zunächst im formalen Bereich sichtbar:

Das Verb im Deutschen

Aktiv		besprechen (aktuell)			erzählen (Distanz)		
		Präsens	(Futur)	Perfekt	Präteritum	Plusquampf.	(Futur II)
finit	Indi-kativ	*ich liebe ich laufe*	*ich liebe, ich werde lieben*	*ich habe ge-liebt, ich bin gelaufen*	*ich liebte ich lief*	*ich hatte geliebt, ich war gelaufen*	*ich liebe, ich habe geliebt (ich werde geliebt haben, usw.)*
	Kon-junk-tiv	*Konj. I* (bei den meis-ten Verben unvollständig: *er liebe, ich sei*)	(analog zum Indikativ)	*ich hätte, er habe, wir seien ...*	*Konj. II: ich liebte (wür-de lieben), ich liefe*	*ich hätte, ich wäre ...*	
	Impe-rativ	*liebe, lauf!*			Bei lebhafter Erzählung benutzt auch das Deutsche das **Präsens**. Erzählen im Perfekt ist regionalsprach-lich, nicht Standarddeutsch.		
infinit	Infi-nitiv	*lieben*		*geliebt haben gelaufen sein*			
	Parti-zip I	*liebend*					
	Parti-zip II			*gelaufen usw.*			

Passiv		Präsens	(Futur)	Perfekt	Präteritum	Plusquampf	(Futur II)
finit	Ind.						
	Konj.	Das Deutsche hat keine eigenen Passivformen: Das Passiv wird mit *werden/sein* + Partizip II ausge-drückt und ggf. auch anders umschrieben.					
	Imp.						
infinit	Inf.						
	Parti-zip II	*geliebt*		*geliebt*			

Das Verb im Lateinischen

■: Formen und Funktionen dieser Tempora und Modi werden später dargestellt; vgl. auch den grammatischen Index.

Aktiv		unvollendet: Präsensstamm			vollendet: Perfektstamm		
		Präsens	Imperfekt	Futur	Perfekt	Plusquampf.	Futur II
finit	Indika-tiv	amo deleo	■	■	amavi delevi	■	■
	(hier 1. P. Sg.)						
	Kon-junktiv	*Konj. GZ I:* ■	*Konj. GZ II:* ■		*Konj. VZ I:* ■	*Konj. VZ II:* ■	
	Impera-tiv	■					

		Präsens	Imperfekt	Futur	Perfekt	Plusquampf.	Futur II
infinit	Infinitiv	amare delere		■	■		
	Gerundium	■					
	Supinum	amatum deletum					
	Partizip	■		■			

Passiv	Präsens	Imperfekt	Futur	Perfekt	Plusquampf.	Futur II
				mithilfe des Supinstammes gebildet		
finit **Indikativ**	■	■	■	■	■	■
Konjunktiv	Konj. GZ I	Konj. GZ II		Konj. VZ I	Konj. VZ II	
Imperativ	■					
infinit **Infinitiv**	■		■	■		
Partizip	Gerundivum: ■		Gerundivum: ■	■		

Zu den mit ■ bezeichneten Tempora oder Modi s. in der jeweiligen Lektion.

Um ein lateinisches Verb konjugieren oder eine lateinische Verbform identifizieren zu können, ist es nötig, den Präsensstamm, den Perfekt-(Aktiv-)stamm und den Supinstamm des Verbs zu kennen; anders gesagt: Man muss seine **Stammformen** wissen. Diese werden daher in den Lexika in der Regel angegeben.

Die Stammformenreihe

Im Lateinischen existieren für das Verbum vier Praradigmenreihen (Konjugationsmuster), die nach ihrem Stammauslaut unterschieden werden. Die beiden ersten Konjugationen, die a- und e-Konjugation, finden sich in den Wörterbüchern folgendermaßen aufgeführt:

> ‣ amare, -o, -avi-, -atum: *lieben*
> ‣ dare, do, dedi, datum: *geben*
> ‣ delere, -eo, -evi, -etum: *zerstören*

Infinitiv Präsens	Indikativ Präsens 1. Pers. Sg.	Indikativ Perfekt 1. Pers. Sg.	Supinum
amare *lieben*	amo *ich liebe*	amavi *ich liebte, habe geliebt*	amatum *um zu lieben*
delere *zerstören*	deleo *ich zerstöre*	delevi *ich zerstörte, habe zerstört*	deletum *um zu zerstören*

Bemerkungen: Manche Lexika nennen an erster Stelle auch die 1. Person Singular (*ich*), also etwa *amo, amavi, amatum, amare*. Das sog. Supinum ist im Lateinischen eine (seltenere) spezielle Infinitiv-Form mit der Bedeutung »um zu ...«, also *amatum* »um zu lieben«.

Das Supinum ist mit dem Nom./Akk. Sg. Ntr. des lat. *Partizips der Vorzeitigkeit Passiv*, also hier: *amatus, -a, -um*, »geliebt«, identisch.

Den Stammauslaut des Präsensstamms erhält man in diesen Fällen, wenn man von den Formen des Infinitivs Aktiv die Silbe *-re* abtrennt:

Infinitiv Präsens	Präsensstamm
amare	ama-
delere	dele-
stare	sta-
monere	mone-

2 Der Präsensstamm der a- und e-Konjugation

2.1 Die Bildung der Tempora des Präsensstamms im Indikativ Aktiv

Präsens		Imperfekt		Futur	
ich liebe	*ich zerstöre*	*ich liebte, habe geliebt*	*ich zerstörte, habe zerstört*	*ich liebe, werde lieben*	*ich zerstöre, werde zerstören*
amo	deleo	ama-ba-m	dele-ba-m	ama-bo	dele-bo
amas	deles	ama-ba-s	dele-ba-s	ama-bi-s	dele-bi-s
amat	delet	ama-ba-t	dele-ba-t	ama-bi-t	dele-bi-t
amamus	delemus	ama-ba-mus	dele-ba-mus	ama-bi-mus	dele-bi-mus
amatis	deletis	ama-ba-tis	dele-ba-tis	ama-bi-tis	dele-bi-tis
amant	delent	ama-ba-nt	dele-ba-nt	ama-bu-nt	dele-bu-nt

— Wie man sieht, bleiben die Endungen in allen Tempora gleich. Sie kennzeichnen einerseits das Tempus, andererseits die Personen. Das Personalpronomen wird im Lateinischen gewöhnlich *nicht* gesetzt.
— Imperfekt und Futur werden durch spezielle Bildesilben, die Morpheme[12] **-ba-** und **-bi-**, gebildet; allerdings zeigt die 3. Person Plural im Futur *-bunt*.

---

[12] Als Morphem bezeichnet man die kleinste bedeutungstragende Einheit einer Sprache, das kann ein freies Morphem, z.B. Tür, oder ein gebundenes Morphem wie eine Vorsilbe oder eine Endung sein.

2.2 Die Bildung der Tempora des Präsensstamms im Indikativ Passiv

Präsens		Imperfekt		Futur	
ich werde geliebt	*ich werde zerstört*	*ich wurde geliebt*	*ich wurde zerstört*	*ich werde geliebt (werden)*	*ich werde zerstört (werden)*
amor	deleor	ama-ba-r	dele-ba-r	ama-bor	dele-bor
ama-ris (-re)	dele-ris (-re)	ama-ba-ris	dele-ba-ris	ama-be-ris (-re)	dele-be-ris (-re)
ama-tur	dele-tur	ama-ba-tur	dele-ba-tur	ama-bi-tur	dele-bi-tur
ama-mur	dele-mur	ama-ba-mur	dele-ba-mur	ama-bi-mur	dele-bi-mur
ama-mini	dele-mini	ama-ba-mini	dele-ba-mini	ama-bi-mini	dele-bi-mini
ama-ntur	dele-ntur	ama-ba-ntur	dele-ba-ntur	ama-bu-ntur	dele-bu-ntur

Im Passiv ändern sich mit Blick auf das Aktiv nur die Personenendungen: Statt *-o/-m, -s, -t, -mus, -tis, -nt* finden sich *-(o)r, -ris, -tur, -mur, -mini, -ntur*. Man muss sich also zusätzlich nur diese Endungen einprägen, um ein Verb in den drei Tempora des Präsensstamms Passiv zu konjugieren oder zu analysieren.

In der 2. Person Sg. Passiv findet sich sehr häufig die Endung *-ere* anstelle von *-eris* (*amabere* ≈ *amaberis; delebere* ≈ *deleberis*).

3 Die beiordnenden Konjunktionen

Wörter oder Wortgruppen mit derselben Funktion können durch beiordnende (koordinierende) Konjunktionen miteinander verbunden werden; die einfachsten Konjunktionen, die Beiordnung (Nebenordnung) und Alternative ausdrücken, sind:

3.1 Die Beiordnung

Et, ac oder *atque* (*atque* ist die klassische Form vor einem Vokal), *-que* (enklitisch, d. h. es wird an das erste Wort des zweiten Elements der Beiordnung angehängt) sind allesamt beiordnende Konjunktionen mit der Bedeutung *und*.

‣ Clerus et populus ≈ clerus ac populus ≈ clerus populusque: *der Klerus und das Volk*

Ausnahme: Findet sich *-que* nach zwei Wörtern, etwa *Teodericus Hugo Magnusque*, ist zu verstehen »Theoderich und Hugo der Große« (und nicht: *Theoderich, Hugo und Magnus*).

Bemerkung: Das Wort *et* hat nicht immer die Funktion als beiordnende Konjunktion *und*, sondern steht auch als Adverb mit derselben Bedeutung wie *etiam* ≈ »auch, ebenso«:

‣ Tacere qui nescit, nescit et loqui: *Wer nicht zu schweigen versteht, versteht auch nicht zu reden.*

Häufig findet sich im mittelalterlichen Latein *necnon* anstelle von *et*, ohne dass es den Akzent der Nachdrücklichkeit besitzt, den diese Konjunktion, die aus einer doppelten Negation gebildet ist, im klassischen Latein hatte. Außerdem benutzt das Mittellatein im Sinne von *et* eine Reihe von Adverbien wie *quoque, etiam* (≈ *auch*), *item* (≈ *ebenso*), *immo* (≈ *mehr noch, und sogar*), wie das folgende Beispiel zeigt:

Text: Hugo presbiter et abbas, filius Karoli magni quondam imperatoris et frater Hludowici itidem imperatoris patruusque Hlotharii, Hludowici et Karoli regum,/necnon Richboto abbas et ipse consobrinus regum, nepos videlicet Karoli imperatoris ex filia,/Eckardus quoque et Ravanus comites cum aliis pluribus interfecti sunt, // capti vero Ebroinus Pictavorum episcopus,/Ragenarius Ambianorum episcopus/et Lupus abbas/ac filii Eckardi comitis duo,/item Eckardus, Guntardus et Richuinus comites,/Engelwinus etiam aliique non pauci nobilium.

Übersetzung: *Hugo, Priester und Abt, Sohn Karls des Großen, des einstigen Kaisers, und Ludwig, Bruder ebenfalls des Kaisers und Onkel der Könige Lothar, Ludwig und Karl,/und Richbod, Abt und selbst Vetter der Könige, nämlich Neffe des Kaisers Karl durch seine Tochter,/auch die Grafen Eckard und Rabanus wurden mit mehreren anderen getötet; // gefangen aber wurden Ebroin, Bischof von Poitiers,/Reinhard, Bischof von Amiens/und der Abt Lupus/und zwei Söhne des Grafen Eckhard,/ebenso die Grafen Eckhard, Gunthard und Richwin,/auch Engelwin und weitere nicht wenige Edelleute.*

Kommentar: Der Schrägstrich/trennt die verschiedenen erwähnten Gruppen. Man sieht dann, dass in der ersten Texthälfte diejenigen durch *necnon, quoque,* et verbunden sind, die getötet wurden; *et* und *-que* verbinden die Wörter, die als Apposition zu Hugo gesetzt sind (*presbiter, abbas, filius, frater, patruus*), dann zu Richbod (*abbas, consobrinus*); *videlicet,* im mittelalterlichen Latein sehr häufig, ist explikativ und bedeutet »nämlich, das heißt«: Hier präzisiert es eine andere Eigenschaft Richbods, die eines *nepos.* In der zweiten Hälfte, verbunden durch das vorhergehende *vero* (≈ *andererseits, was betrifft*) und den Getöteten diejenigen gegenüberstellend, welche gefangengenommen wurden, werden Personen und Gruppen durch *et, ac, item, et, etiam, -que* aneinandergereiht (*etiam* und *quoque* beziehen sich auf das, was ihnen vorhergeht, *item* auf das Folgende).

3.2 Alternative Reihung (ausschließende Konjunktionen)

Diese Art der Aneinanderreihung wird auf zweierlei Weise ausgedrückt:
— *aut* ist allgemein *ausschließend* und wird verwendet, wenn beide Begriffe einander ausschließen:
  ‣ *vivere oportet aut mori* ≈ *man muss leben oder sterben.*
— *vel* drückt die Möglichkeit einer Wahl aus und kann bedeuten *oder auch, anders gesagt, das heißt;* im Mittellatein ist es oft gleichbedeutend mit *et.* Es kann auch in der enklitischen (angehängten) Form *-ve* auftreten:
  ‣ *magnum portentum vel miraculum* ≈ *magnum portentum miraculumve (ein großes Wunder oder, wenn du willst, Mirakel).*

Text: Admonere debent sacerdotes plebes subditas sibi ut bubulcos atque porcarios, vel alios pastores, vel aratores, qui in agris assidue commorantur vel in silvis et ideo velut more pecudum vivunt, in dominicis et in aliis festis diebus saltem vel ad missam faciant vel permittant venire.

(Konzil von Rouen 650)

Übersetzung: *Die Priester müssen ihre ihnen überlassene Herde wie Rinder- und Schweinhirten oder andere Hirten oder Feldarbeiter ermahnen, die beständig auf ihren Äckern oder in ihren Wäldern verbringen und daher wie nach Art des Viehs leben, und sie wenigstens an Sonntagen und anderen Festtagen zur Messe kommen lassen oder zu kommen erlauben.*

Erläuterungen:

bubulcos atque porcarios: Rinder- und Schweinhirten
vel alios pastores: oder auch die anderen Hirten
vel aratores: und auch die Feldarbeiter
in agris vel in silvis: auf den Feldern und in den Wäldern

Häufig finden sich symmetrisch korrespondierende Verbindungen:

- *et … et … ≈ sowohl … als auch …:* et clerus et populus ≈ *sowohl der Klerus als auch das Volk, der Klerus und das Volk zugleich*
- *aut … aut … ≈ entweder … oder …:* aut clerus aut populus ≈ *entweder der Klerus oder das Volk*
- *sive … sive … ≈ entweder … oder …, sei es … oder sei es …:* sive mors sive vita ≈ *entweder Leben oder Tod*

3.3   Gegensatz, Grund, Folge

Außer den Konjunktionen, die eine einfache Aneinanderreihung oder eine Alternative markieren, verfügt das Lateinische auch über Konjunktionen zum Ausdruck von

— Gegensatz: *autem, vero, sed, verum, tamen, at*
   Die genannten Konjunktionen sind hier von der schwächsten bis zur stärksten aufgeführt. *autem* kann nur einen Übergang zu einem anderen Subjekt markieren und lässt sich dann etwa mit *was … betrifft, nun* wiedergeben. Allesamt lassen sie sich mit *aber* übersetzen. Jedoch muss man darauf achten, dass sie im Mittellatein ihre Präzision verloren haben und zu reinen Verbindungspartikeln ohne speziellen Sinn geworden sind.
— Grund: *nam, namque, enim, etenim ≈ denn, nämlich*
— Folge: *ergo, igitur, itaque, quare, quamobrem, quapropter, propterea ≈ daher, folglich, deswegen, also*

Bemerkungen:

- *autem, vero, enim* stehen niemals am Satzanfang, sondern stets an zweiter Stelle oder noch weiter hinten; *tamen, igitur* stehen selten am Satzanfang
- Im Mittellateinischen wird der Sinn dieser koordinierenden Konjunktionen schwankend; *nam* und *sed* können einem einfachen et gleichkommen.

36 | Lektion 2

 # Exerzitien

1. *a) Geben Sie die 3. Person Sg. Aktiv der drei Tempora des Präsensstammes der folgenden Verben an: immutare, laborare, arare, tenere, solere, videre.*
b) Übersetzen Sie: immutatur, immutaberis, immutabamini, implebantur, impleor, implentur, implebuntur, orabimini; er wird gebeten, ich wurde gebeten, ich werde verändert, sie wurde verändert, sie werden zerstört werden, du wurdest zerstört.

2. *Suchen Sie im folgenden Text die Futurformen der a- und e-Konjugation:*

Vox Christi: In spiritu sancto meo desponsabo te, inseparabili unione ad me adstringam te. Tu eris hospes mea, et ego te recludam in mea vivida dilectione. Vestiam te nobili purpurea mei pretiosi sanguinis; coronabo te auro electo meae amarae mortis. Per meipsum implebo tuum desiderium, sicque te laetificabo in perpetuum.

Stimme Christi: In meinem heiligen Geiste werde ich dich ehelichen, in untrennbarer Vereinigung werde ich dich an mich binden. Du wirst meine Geladene sein, ich werde dich in meiner lebendigen Liebe einschließen. Ich werde dich kleiden mit dem edlen Purpur meines kostbaren Blutes, ich werde dich krönen mit dem erlesenen Gold meines bitteren Todes. Durch mich selbst werde ich deinen Wunsch erfüllen und dich so erfreuen in Ewigkeit.

Gertrud von Helfta,[13]
zitiert nach: Oeuvres spirituelles (Exercitia spiritualia), 1, Sources chrétiennes 127, S. 96

Lernvokabeln

cantare, -avi, -atum   singen
clerus, -i, *m.*   Geistlicher, Klerus
consobrinus, -i, *m.*   Vetter
desiderium, -i, *n.*   Wunsch
dominicus, -a, -um   sonntäglich

episcopus, -i, *m.*   Bischof
pauci, -ae, -a,   einige, wenige
perpetuus, -a, -um   ewig
populus, -i, *m.*   Volk, Leute
presbiter (presbyter), -i, *m.*   Priester

---

[13]   Große deutsche Mystikerin des 13. Jahrhunderts im Kloster Helfta bei Eisleben; sie trug maßgeblich mit zur Herz-Jesu-Verehrung bei (Joh 19,34: »Aus seiner geöffneten Seite strömen Blut und Wasser, aus seinem durchbohrten Herzen entspringen die Sakramente der Kirche. Das Herz des Erlösers steht offen für alle, damit sie freudig schöpfen aus den Quellen des Heiles.«).

Lektion 3

Die Tempora des Perfekt- und des Supinstamms (Indikativ Aktiv und Passiv)

Das Verbum *sum (esse)* und seine Komposita

Die unterordnenden Konjunktionen mit Indikativ

1 Allgemeines zu den Tempora des Perfekt- und des Supinstamms

Die vom Perfektstamm gebildeten Tempora beschreiben die Verbalhandlung als – vom Sprechzeitpunkt aus betrachtet – *vollendet*. Im Lat. sind dies drei Tempora:

☐ das **Perfekt**. Es wird im Deutschen je nach den *deutschen* Tempusregeln mit dem Präteritum oder mit dem Perfekt wiedergegeben; in bestimmten Fällen ist es auch mit dem Präsens wiederzugeben (z. B. *consuevi ich habe mich gewöhnt, ich bin gewohnt*). Entscheidend für die Wiedergabe ist die Frage, ob im Deutschen ein Erzählkontext vorliegt; dann ist in der Regel das Präteritum angemessen. In den Fällen, in denen der Sprecher vergangene Ereignisse auf den Sprechzeitpunkt bezieht, wird im Deutschen gewöhnlich das Perfekt verwendet.

☐ das **Plusquamperfekt**. Im unabhängigen Satz (Hauptsatz) steht dafür im Deutschen ebenfalls das Plusquamperfekt, in untergeordneten Sätzen (Nebensätzen) nicht selten das Präteritum.

☐ das **Perfektfutur** (auch: ›Futur II‹). Dieses Tempus bezeichnet vom Sprechzeitpunkt aus einen Vorgang in der Zukunft, der *vor* einem anderen Vorgang liegt und sich auf diesen bezieht (etwa: *Wenn ich in Köln ankomme* [angekommen sein werde], *werde ich gleich zum Umzug gehen/gehe ich gleich ...*).

Das **Perfekt Aktiv** wird bei den Stammformen des Verbs gewöhnlich als dritte Form angegeben, z. B.

› amare, amo, **amavi**, amatum

Mit diesem **Perfektstamm** (im Beispiel: *amav-*) werden außer dem Perfekt (*amav-i ich liebte, ich habe geliebt*) auch das Plusquamperfekt (*amav-eram ich hatte geliebt*) sowie das Perfektfutur (*amav-ero »ich werde geliebt haben« ≈ meist ich liebe, ich habe geliebt*; Übersetzung je nach Kontext und Sprachgebrauch) gebildet.

Die Formen des **Perfekts Passiv** usw. sind aus zwei Elementen zusammengesetzt: *amatus/-a sum »ich wurde geliebt, ich bin geliebt worden«*; Plusquamperfekt: *amatus/-a eram »ich war geliebt worden«*; Perfektfutur: *amatus/-a ero »ich werde geliebt worden sein«* (Übersetzung je nach Kontext und Sprachgebrauch). Was für das Verbum *amare* gilt, gilt in gleicher Weise für das Paradigma *delere*.

Während das Lateinische zur Bildung der perfektischen Passivtempora also mit dem Hilfswort (Kopula, »Verbindungswort«) *sum* (Infinitiv: *esse sein*) und dazugehörenden Ableitungen auskommt, benutzt das Deutsche je nach Tempus *sein* oder *sein + werden*.

2 Das Verbum *sum* (*sein*)

Die **Stammformen** sind die folgenden: *esse, sum, fui* (kein Supinum).

2.1 Die Tempora des Präsensstamms

Präsens (ich bin)	Imperfekt (ich war)	Futur (ich werde sein)
sum	era-m	ero
es	era-s	eri-s
est	era-t	eri-t
sumus	era-mus	eri-mus
estis	era-tis	eri-tis
sunt	era-nt	erunt

2.2 Die Tempora des Perfektstamms *fu-*

Perfekt (ich war, bin gewesen)	Plusquamperfekt (ich war gewesen)	Perfektfutur (s. o.)
fu-i	fu-eram	fu-ero
fu-i-sti	fu-eras	fu-eris
fu-i-t	fu-erat	fu-erit
fu-i-mus	fu-eramus	fu-erimus
fu-i-stis	fu-eratis	fu-eritis
fu-erunt	fu-erant	fu-erint

3 Die Perfektformen der Verben

3.1 Die Tempora des Perfektstamms Aktiv

Perfekt (ich liebte, habe geliebt)	Plusquamperfekt (ich hatte geliebt)	Perfektfutur (s. o.)
amav-i	amav-eram	amav-ero
amav-isti	amav-eras	amav-eris
amav-it	amav-erat	amav-erit
amav-imus	amav-eramus	amav-erimus
amav-istis	amav-eratis	amav-eritis
amav-erunt (amavẹre)	amav-erant	amav-erint

3.2 Das Passiv

Da ein Neutrum normalerweise nur in der 3. Person zu erwarten ist, wird in Tabellen wie hier nur bei dieser die entsprechende Form angeführt.

Perfekt (ich wurde geliebt, bin geliebt worden; ich bin geliebt)	Plusquamperfekt (ich war geliebt worden, ich war geliebt)	Perfektfutur (s. o.)
amatus, -a sum	amatus, -a eram	amatus, -a ero
amatus, -a es	amatus, -a eras	amatus, -a eris
amatus, -a, -um est	amatus, -a, -um erat	amatus, -a, -um erit
amati, -ae sumus	amati, -ae eramus	amati, -ae erimus
amati, -ae estis	amati, -ae eratis	amati, -ae eritis
amati, -ae, -a sunt	amati, -ae erant	amati, -ae, -a erunt

Hinweis: Anders als das Lateinische unterscheidet das Deutsche ein **Vorgangspassiv** und ein **Zustandspassiv**. Eine Äußerung wie *deletum est* kann daher je nach Kontext bedeuten *es ist zerstört worden* (Vorgang) oder *es ist zerstört* (Zustand).

Die Konjugation der Tempora des Perfektstamms (Aktiv) bzw. des Supinstamms (Passiv) ist stets dieselbe, je nachdem, zu welcher Gruppe das Verb gehört. Rein nach dem Äußeren beschrieben, wird das Plusquamperfekt vom Perfektstamm gebildet, an den die Formen des Indikativs Imperfekt des Verbs *sum* (ich bin) angefügt werden; das Perfektfutur Aktiv wird durch Hinzufügung des einfachen Futurs des Verbs *sum* gebildet (außer in der 3. Person Plural, die stets auf -*int* lautet, was eine Verwechslung mit dem Perfekt verhindert). Im Passiv werden diese drei Tempora nicht mittels Suffixen (angehängten Elementen), sondern mittels Zusammensetzung gebildet, und zwar mithilfe des Partizips der Vorzeitigkeit Passiv (-*tus, -a, -um; -sus, -a, -um*) und des Hilfsverbs (anderer Begriff: der ›Kopula‹) *sum*.

Das Partizip der Vorzeitigkeit Passiv, das bei diesen Tempora zur Bildung der Passivformen dient, basiert auf dem Supinstamm, weist jedoch die Nominativendungen der a-/o-Deklination auf, also: -*us/-i* für das Maskulinum, -*a/-ae* für das Femininum und -*um/-a* für das Neutrum. Das Partizip der Vorzeitigkeit Passiv verhält sich also grammatisch wie ein Adjektiv der entsprechenden Deklinationsgruppe und richtet sich im Genus und im Numerus (Singular/Plural) nach dem Subjekt des entsprechenden Verbs.

Beispiel: *dare, -o, dedi, datum* hat als Supinum *datum*. Dessen Stamm ist *dat-*; das Partizip der Vorzeitigkeit Passiv ist *datus, -a, -um* (einer/eine/eines, der/die/das gegeben wurde/worden ist; gegeben).

Das Hilfsverb *sum* (ich bin) erscheint also in diesen Tempora folgendermaßen:

- im Perfekt Passiv in den Formen des Präsens *(sum usw.)*;
- im Plusquamperfekt Passiv in den Formen des Imperfekts *(eram usw.)*;
- im Perfektfutur Passiv in den Formen des einfachen Futurs *(ero usw.)*.

Hinweise:

– In den mit Formen von *sum* usw. zusammengesetzten Tempora wird dieses oft nicht ausgedrückt, sondern ist ›mitzudenken‹: Im entsprechenden Kontext kann also beispielsweise *amatus/-a* stehen für *amatus/-a sum, es, est.*

– Mittellatein: Im mittelalterlichen Latein findet man häufig eine Art ›Verdoppelungsformen‹, d. h. das Tempus wird gewissermaßen zweimal markiert (vgl. hier etwa süddeutsch »ich bin da früh angekommen gewesen«), indem die verschiedenen Perfektformen von *sum* gesetzt werden, also: *amatus/-a fui* (*ich wurde geliebt*) anstatt *amatus/-a sum; amatus fueram* (*ich war geliebt worden*) anstatt *amatus/-a eram; amatus/-a fuero* (*ich werde geliebt werden*) anstatt *amatus/-a ero.*

4   Die Komposita von *sum*

Eine bestimmte Anzahl von Verben wird vom Verbum *sum* durch Hinzufügung eines den Sinn bestimmenden, unveränderlichen Präfixes gebildet. Es handelt sich um

- adsum, *Perfekt* affui   *anwesend sein, helfen*
- absum, *Perfekt* afui   *abwesend sein*
- desum, *Perfekt* defui   *fehlen, mangeln*
- praesum, *Perfekt* praefui   *an der Spitze stehen, befehligen*
- supersum, *Perfekt* superfui   *übrig sein, überleben*

Diese Verben haben eine Ergänzung im Dativ, außer *absum*, dem eine Ergänzung im Ablativ folgt.

Zwei weitere Komposita von *sum* haben Präfixe, deren Lautgestalt leicht veränderlich ist; es handelt sich um

- *possum*   *ich kann* sowie
- *prosum*   *ich bin nützlich, ich nütze*

Bei *possum* lautet das Präfix vor *-s- pos-* und vor Vokal *pot-*; bei *prosum* lautet es *pro-* vor *-s-* und *prod-* vor Vokal:

ich kann	ich bin nützlich	ich konnte, habe gekonnt	ich war nützlich, bin nützlich gewesen
pos-sum	pro-sum	potu-i	pro-fui
pot-es	prod-es	potu-isti	pro-fuisti
pot-est	prod-est	potu-it	pro-fuit
pos-sumus	pro-sumus	potu-imus	pro-fuimus
pot-estis	prod-estis	potu-istis	pro-fuistis
pos-sunt	pro-sunt	potu-erunt	pro-fuerunt

Fazit: Methode der Analyse einer Verbform

Das lateinische Verbsystem fußt auf folgenden Prinzipien:

- Opposition zwischen Präsensstamm und Perfektstamm;
- Formenbildung durch Hinzufügung von Bildeelementen bzw. Suffixen (in Imperfekt, Futur Aktiv und Passiv, Plusquamperfekt, Perfektfutur Aktiv);
- Fehlen eines Personalpronomens als Subjekt, die Person wird durch eine Endung markiert.

Zur Bestimmung einer Verbform gehören daher folgende Schritte:

1. Feststellen, ob die Form Stamm und Endungen des Präsensstamms oder des Perfektstamms aufweist (alle mit Formen des Hilfsverbs *sum* gebildeten Formen gehören zum Perfektsystem Passiv).
2. Ausgehend von der Personalendung Genus Verbi (Aktiv oder Passiv) und Person feststellen.
3. Anhand des Vorhandenseins oder Fehlens von Tempussuffixen das Tempus feststellen.

Mittellatein: Man muss auch wissen, dass das mittelalterliche Latein die Tempora häufig recht frei gebraucht, d. h. sie können in solchen Fällen nicht streng getreu den gewöhnlichen Regeln übersetzt werden. So finden sich etwa Imperfekt oder Plusquamperfekt als Tempora des Berichts anstelle des eigentlich zu erwartenden Perfekts. Anders als im klassischen Latein kann es auch zum Ausdruck des Futurs dienen.

Beispiele für die Bestimmung von Verbformen:

- *laboravimus*: Stamm *laborav-* ≈ Perfekt Aktiv, Endung *-imus* ≈ Perfekt, 1. Person Plural; Übersetzung: *wir arbeiteten, haben gearbeitet*
- *consolabantur*: Stamm *consola-* ≈ Präsensstamm; Endung *-ntur* ≈ Passiv, 3. Person Plural, Suffix *-ba-* ≈ Imperfekt; Übersetzung: *sie wurden getröstet*
- *sacrate sumus*: zusammengesetzte Form ≈ Perfektsystem Passiv; Hilfsverb im Präsens ≈ Perfekt, 1. Person Plural; das Partizip steht im Femininum; Übersetzung: *wir wurden geweiht, sind geweiht worden, sind geweiht*

KNG-Kongruenz: Übereinstimmung des Verbs mit dem Subjekt

Das Verb stimmt in Person, Numerus und ggf. Genus mit seinem Subjekt überein (›KNG-Kongruenz‹). Im Fall mehrerer zugehöriger Subjekte kann es mit der Gesamtheit der Subjekte oder dem nächststehenden kongruieren:

- *clerus et populus episcopum acclamaverunt* oder *clerus et populus episcopum acclamavit*: *Klerus und Volk jubelten dem Bischof zu.*

5   Unterordnende Konjunktionen mit dem Indikativ

Unterordnende Konjunktionen werden in der Grammatik auch als *Subjunktionen* bezeichnet.

- ◘ **Zeitverhältnis:** *ut, cum, ubi, quando* (*als*), *dum* (*während*), *postquam* (*nachdem*), *antequam* (*bevor*), *ut primum, ubi primum* (*sobald*)
  - ▸ Cum intravit basilicam sancti Marci, nihil vidit: *Als (er, sie) die St.-Markus-Kirche betrat, sah (er, sie) nichts.*
  - ▸ Postquam cingulum secularis militiae deposuit, elemosinis et vigiliis se dedit: *Nachdem er das Reiter-Wehrgehänge abgelegt hatte, machte er sich an die Speisung und das Nachtgebet.*
  - ▸ Antequam Franciam intravit, colloquium apud Tullum adunavit: *Bevor er Frankreich betrat, hielt er eine Unterredung in Toul ab.*
- ◘ **Vergleich:** *ut, sicut, velut* (*wie, ebenso wie*). Im Hauptsatz (übergeordneten Satz) findet man oft ein Adverb wie *sic* oder *ita* (*so*), das als Korrelativ bezeichnet wird:
  - ▸ Dominus dixit: »Sic est hoc verum, sicut saxa ista sunt aurum«: *Der Herr sagte: »Das ist so wahr, wie diese Felsen aus Gold sind.«*[14]
- ◘ **Bedingung:** *si* (*wenn, falls, sofern*), *nisi* (*wenn nicht*). Steht der Hauptsatz im Futur, findet sich nach *si* und *nisi* gewöhnlich das Perfektfutur:
  - ▸ Si cras castrum deleveris, dominus terrae eris: *Wenn du morgen das Lager zerstörst (zerstört hast), wirst du Herr der Erde sein (bist du …).*
  - ▸ Nisi veneris (oder si non veneris), me non videbis: *Wenn du nicht kommst, wirst du mich nicht sehen (siehst du …)*
- ◘ **Grund, Ursache:** *quod, quia, quoniam* (*weil, da*), manchmal *ut* (vor allem mit *sum*: *da … ja, angesichts dessen, dass*):
  - ▸ Quia (quoniam) eger erat, Deum oravit: *Weil er krank war, betete er zu Gott.*
  - ▸ Ut erat ampla personna, valde honorabatur: *Angesichts dessen, dass er eine bedeutende Person war, wurde er sehr geehrt.*

---

[14] *hoc* und *ista* sind Demonstrativpronomina (s. Lektion 14). *Sic* ist ein Adverb, das mit *ut, sicut* oder *velut* ≈ *so (wie)* in Beziehung (›Korrelation‹) steht.

Exerzitien

1. *Übersetzen Sie mithilfe des Lexikons:*
cantabat, deleverant, deleverint, laborabit, renovati sunt, plantata erunt, jejunaveratis, potabamus, reputavistis, sacravere, dominarunt

2. *Stellen Sie zu folgendem Vers aus den Carmina Burana Überlegungen zum Spiel mit den Tempora an, und übersetzen Sie:*
Regnabo; regno; regnavi; sum sine[15] regno.

3. *Übersetzen Sie die folgenden Sätze:*
1) Beata Gertrudis, postquam sanctorum ecclesias edificavit, orphanis, viduis, captivis et peregrinis alimoniam quotidianam ministravit. *2)* Sicut pater filios filiasque amat, ita mater. *3)* Ut causam episcopi irae viderat, pauca verba responderat. *4)* Otto igitur, cum primum insidias consanguineorum vitavit, recto modo populum gubernavit. *5)* Praefatus episcopus, dum ambulabat, ecclesias villarum visitabat. *6)* Populus sanctum Martinum amabat, quia infirmos sanabat. *7)* Sicut Nortmanni ecclesias deleverant, ita et villas inflammaverant. *8)* Quia fortissimi fuerunt, milites pugnam non formidaverunt. *9)* Sancti sepulcrum magna reverentia veneratum est. *10)* Sicut pater pius erat, ita et filius. *11)* Dominus servis libertatem dederat. *12)* Sancti Petri ecclesiam multis divitiis tam in auro quam in argento necnon in gemmis donaverat.

Lernvokabeln

basilica, ae, *f.* Kirche
beatus, -a, -um glücklich, heilig
captivus, -a, -um Gefangener
elemosyna, ae (-sina, ae), *f.* Almosen, Speisung
formidare, -avi, -atum fürchten
intrare, -avi, -atum (*mit Akk.*) betreten, in ... eintreten

orphanus, -a, -um Waise, verwaist
peregrinus, -a, -um fremd; peregrinus, -i, *m.* Pilger
saxum, -i, *n.* Fels, Stein
viduus, -a, -um verwitwet; Witwe(r)
vigilia, ae, *f.* Nachtwache; *Pl.* Nachtgebet
vitare, -avi, -atum vermeiden

---

[15] Zu *sine* (Präposition beim Ablativ) s. Lektion 9.

Lektion 4

Die dritte Deklination
Die Verneinung (Negation)

1 Die dritte Deklination

1.1 Allgemeines

Die dritte Deklination ist die im Lateinischen am häufigsten vertretene. Zu ihr gehören Substantive aller drei Genera, deren Ausgänge im Nominativ stark variieren; doch besitzen sie alle einen Genitiv Singular auf *-is*. Das bringt folgende zwei Schwierigkeiten mit sich:

- In allen Kasus werden diese Substantive nach dem Stamm des Genitivs Singular dekliniert, doch werden sie in den Lexika unter ihrer Nominativform aufgeführt. So kann es zu Beginn gewisse Schwierigkeiten geben, von den Formen der übrigen Kasus her zum Nominativ zu finden.

  Beispielsweise zeigt *corda* den Stamm wie im Genitiv *cordis*, doch der Nominativ lautet *cor* (*Herz*); *judicum* ist analog zu *judicis* gebildet, doch ist der Nominativ *judex* (*Richter*); *sanguinem* hat seine Form analog zum Genitiv *sanguinis*, doch heißt der Nominativ *sanguis* (*Blut*); *conjugem* hat den Stamm wie der Genitiv *conjugis*, doch lautet der Nominativ *conjux* oder *conjunx* (*Gatte, Gattin*); *milites* wird entsprechend dem Genitiv *militis* gebildet, doch der Nominativ ist *miles* (*Soldat, Ritter*).[16]

- Der Genitiv Plural lautet *nicht* gleich, je nachdem ob das Wort im Nominativ und Genitiv Singular dieselbe Anzahl Silben aufweist. Zeigt der Genitiv eine zusätzliche Silbe, nennt man das Wort *ungleichsilbig*, und es hat einen Genitiv Plural auf *-um*. Haben Nominativ und Genitiv Singular dieselbe Anzahl Silben, nennt man das Wort *gleichsilbig*, und sein Genitiv Plural lautet auf *-ium*. Einen Genitiv Plural zeigen freilich auch solche in diesem Sinn ›ungleichsilbigen‹ Wörter, deren Stamm auf zwei Konsonanten auslautet;[17] so lautet etwa der Genitiv Plural zu *gens, gentis* (*Volk*) ›gentium‹, zu *urbs, urbis* (*Stadt*) ›urbium‹.

Beispiele für Nomina der 3. Deklination

- agmen, inis, *n.*: Truppe, Militärtrupp (Gen. *Pl.* agminum)
- avis, -is, *f.*: Vogel (Gen. *Pl.* avium)

---

[16] Tatsächlich wirken im Verhältnis zwischen Genitiv und Nominativ verschiedene Lautgesetze, die wir hier nicht ausführlicher darlegen können.

[17] Der Stamm zeigt sich, wenn man beim Genitiv die Genitivendung *-is* fortlässt, so hat etwa *mons, montis* den Stamm *mont-*.

- consul, -is, *m.*: Konsul (Gen. *Pl.* consulum)
- civis, -is, *m.*: Bürger (Gen. *Pl.* civium)
- corpus, -oris, *m.*: Körper (Gen. *Pl.* corporum)
- clades, -is, *f.*: Niederlage, Katastrophe (Gen. *Pl.* cladium)
- desolatio, -onis, *f.*: Betrübnis (Gen. *Pl.* desolationum)
- iter, itineris, *n.*: Weg (Gen. *Pl.* itinerum)
- mens, tis, *f.*: Geist (Gen. *Pl.* mentium)

Hinweis: Da die genannten Regeln jedoch in erster Linie wichtig sind, damit man als Sprecher/Schreiber richtige Formen *verwendet*, kommt es für das *Verstehen* v. a. darauf an, die beiden Varianten *-um* und *-ium* für den Genitiv Plural der Wörter der 3. Deklination im Kopf zu haben.

1.2   Das Paradigma: Übersicht

— Alle Wörter der 3. Deklination sind im *Vokativ* identisch mit dem Nominativ.
— Die Neutra besitzen im Singular und Plural jeweils nur *eine* Form für Nominativ und Akkusativ zusammen (damit auch für den Vokativ).

Die Wörter der 3. Deklination treten mit folgenden Endungen auf:

	Singular		Plural	
	Mask. & Fem.	**Ntr.**	**Mask. & Fem.**	**Ntr.**
Nominativ (und Vokativ)	variabel*		-es	-(i)a
Akkusativ	-em	(wie Nom.)	(wie Nominativ)	
Genitiv	-is		- (i)um	
Dativ	-i		-ibus	
Ablativ	-e/-i (!)		-ibus	

*   Ein häufiges Signal für den Nom. Sg. ist im Mask. und Fem. *-s*, z. B. *miles, rex, urbs*. Ein ausgehendes *-s* bei Neutra gehört zum Stamm, etwa bei *corpus* (vgl. Anm. 16).

1.3   Beispiele

Maskulina und Feminina

	Singular			Plural		
Nominativ	rex	civis	urbs	reges	cives	urbes
Akkusativ	regem	civem	urbem	reges	cives	urbes
Genitiv	regis	civis	urbis	regum	civium	urbium
Dativ	regi	civi	urbi	regibus	civibus	urbibus
Ablativ	rege	cive	urbe	regibus	civibus	urbibus

Neutra

	Singular		Plural	
Nominativ	corpus	mare	corpora	maria
Akkusativ	corpus	mare	corpora	maria
Genitiv	corporis	maris	corporum	marium
Dativ	corpori	mari	corporibus	maribus
Ablativ	corpore	mari	corporibus	maribus

Hinweise:

- ☐ Der Ablativ Singular schwankt zwischen den Endungen -*e* und -*i*: Man findet *in corpore* und *in corpori*.
- ☐ Der Genitiv Plural lautet, wie beschrieben, auf -*um* und -*ium*. Entgegen diesen Regeln haben die Verwandtschaftsbezeichnungen auf -*er* (pater, -tris, *der Vater*; frater, -tris, *der Bruder*; mater, -tris, *die Mutter*) ebenso wie juvenis, -is (*der junge Mann*) und canis, -is (*der Hund*) einen Genitiv Plural auf -*um* (*patrum, fratrum, matrum, juvenum, canum*).
- ☐ Achtung: Möglich sind Verwechslungen bei gleich lautenden Wortformen! *hominium* und *regium* sind nicht Genitiv Plural zu *homo* bzw. *rex* (die lauten *hominum* bzw. *regum*), sondern im ersten Fall handelt es sich um ein Substantiv der 2. Deklination (*hominium, -i ›Huldigung, Ehrerbietung‹*), im zweiten Fall um ein Adjektiv der a-/o-Deklination (*regius, -a, -um ›königlich‹*).

Beispiele:

- ‣ Dominus recepit hominium suorum hominum ≈ *Der Herr nahm die Huldigung seiner Männer entgegen.*
- ‣ Comes penetrat palatium regium ≈ *Der Graf tritt in/betritt den Königspalast.*
- ‣ Comes frequentat palatium regum ≈ *Der Graf besucht den Palast der Könige.*

Fazit: Methode zur Bestimmung von Substantiven

Die Schwierigkeit der Analyse von Substantivformen liegt in der Mehrdeutigkeit mancher Endungen innerhalb der Gruppe der Substantive.

- ☐ -*as* kann sein die Endung des Akkusativs Plural der a-Deklination (Akk. *Pl. ecclesias* zu *ecclesia*) oder der Ausgang eines Nominativs Singular der 3. Deklination (*civitas, -atis ›Stadt‹*)
- ☐ -*us* kann sein die Endung des Nominativs Singular Maskulinum oder der Ausgang eines Wortes im Neutrum Singular (*dominus, i; corpus, oris*), damit auch des Akkusativs Neutrum Singular (*corpus, oris*).
- ☐ -*os* kann für die Endung des Akkusativs Maskulinum Plural der o-Deklination stehen (*dominos*) oder Ausgang eines Nominativs (Vokativs) der 3. Deklination sein (*custos, odis ›Wächter‹*).
- ☐ -*e* kann der Ausgang des Vokativs Singular der o-Deklination sein (*domine*), aber auch Signal für einen Nominativ oder Akkusativ (ggf. Vokativ) der 3. Deklination (*mare, is*).

Vor allem steht -e aber auch als andere Schreibweise für den Diphthong -ae:

> vinum de vite ≈ *Wein vom Rebstock* (vitis, -is, f.: *Rebstock*)
> vitis janua vite ≈ *der Rebstock ist das Tor des Lebens* (vita, -ae oder -e: *Leben*)

Je mehr man mit dem lateinischen Vokabular vertraut ist, desto mehr lösen sich diese Schwierigkeiten leicht und instinktiv auf. Im Zweifelsfall ist auf das Wörterbuch zurückzugreifen, um die Nominativ- und Genitivformen zu verifizieren. Zu Beginn sollte man nach dem Verfahren des Versuchens und Ausschließens vorgehen.

So weist *consulum* eine Endung auf, die auf ein Wort der o-Deklination schließen lassen könnte, doch führt eine Nachprüfung dazu, diese Vermutung schnell fallen zu lassen: Denn im Wörterbuch findet sich weder *›consulus‹ noch *›consulum‹, sondern nur *consul, -is*: Es handelt sich bei diesem Wort also um einen Genitiv Plural.

Man muss also, nachdem man im Wörterbuch eine Form des Nominativs und Genitivs Singular gefunden hat, davon ausgehen, dass das zu analysierende Wort wohl zum Paradigma dieser Form gehört. Im Fall gleich lautender Wörter muss man sich auf Sinnkriterien stützen, indem man den *Kontext* prüft. So ist ein Mann, von dem gesagt wird, er sei *canis permixtus*, kein ›gemischter Hund‹ (!), sondern ein Mann mit weißen Haaren: Denn hier ist *canis* der Ablativ des Pluralwortes *cani, -orum*, das vom Adjektiv *canus, -a, -um* (*weiß, weißhaarig*) gebildet ist. Die Entscheidung zwischen *canis* und *cani* ist einfach nach dem Sinn zu treffen.

1.4 Das Genus der Wörter der 3. Deklination

Die 3. Deklination umfasst Wörter aller drei Genera. Hier sei daran erinnert, dass das ›biologische‹ (oder ›natürliche‹) Geschlecht (Sexus) stets über das grammatische Genus dominiert, was für das Lateinische bedeutet, dass die Bezeichnung für ein männliches Wesen oder Wasserläufe immer maskulin, für weibliche Wesen oder Pflanzen immer feminin ist. So sind beispielsweise *pater* und *frater* Maskulina, *mater* und *soror* Feminina.

Ohne auf Details einzugehen, geben wir hier einige Hinweise zum grammatischen Genus der Substantive der 3. Deklination:

- ◻ Maskulina sind Wörter mit Ausgang auf *-or, -oris* und *-os, -oris* (außer *marmor, -oris* ›Marmor‹ und *aequor, -oris* ›Meer‹, beides Neutra).
- ◻ Neutra sind:
- — Wörter des Typs *mare, -ris* (*Meer*) und des Typs *animal, -alis* (*Tier*) oder *exemplar, -ris* (*Beispiel*), alle flektieren wie *mare, -ris*.
- — Wörter auf *-ur, -uris* (*fulgur, -ris* ›Blitz‹), *-men, -minis* (*semen, -inis* ›Korn‹), *-ma, -matis* (*diadema, -atis* ›Diadem‹), *-us, -eris* (*scelus, -eris* ›Verbrechen‹), *-us, -oris* (*corpus, -oris* ›Körper‹)

2 Die Verneinung (Negation)

2.1 Die einfache Verneinung

Die einfache Negation wird durch die Partikel *non* ausgedrückt, die vor dem Wort steht, auf das sie sich bezieht; das ist meist das Prädikat:

‣ epscopum non vidit ≈ *er/sie sieht den Bischof nicht*
‣ non episcopum vidit, sed cancellarium ≈ *er/sie sieht nicht den Bischof, sondern den Kanzler*

In bestimmten Ausdrücken kann *haud* anstelle von *non* stehen, v.a. vor Adverbien und Adjektiven, doch auch vor bestimmten Verben:

‣ haud dubito ≈ *ich zweifele nicht*

Um eine negative Aussage oder eine Gruppe negativer Ausdrücke mit einer positiven Aussage oder einer Gruppe positiver Ausdrücke zu verbinden, verwendet man *neque* oder *nec* (viel seltener findet sich das im klassischen Latein unkorrekte *et ... non*):

‣ mox palatium intravit nec episcopum vidit ≈ *bald trat er in den Palast und sah den Bischof nicht*

Ebenso findet man anstelle von *et ... nunquam* (*und nie*), *et ... nusquam* (*und nirgends*) normalerweise *nec ... unquam* bzw. *nec ... usquam*:

‣ mox palatium intravit nec usquam episcopum vidit ≈ *bald trat er in den Palast und sah nirgends den Bischof*

2.2 Negative parallelisierende Ausdrücke

▢ neque ... neque ... *oder* nec ... nec ... ≈ *weder ... noch ...*
  ‣ nec episcopum nec cancellarium vidit ≈ *er/sie sah weder den Bischof noch den Kanzler*
▢ non solum (non tantum, non modo) ... sed (verum) etiam (et) ... ≈ *nicht nur ..., sondern auch ...* (*etiam* bzw. *verum* können mitgedacht sein):
  ‣ erat non solum caecus sed et omnium membrorum officio destitutus ≈ *er war nicht nur blind, sondern auch alle Glieder versagten ihm den Dienst (hatte auch den Dienst aller Glieder verloren)*
  ‣ non modo venerant urbani, verum et universus populus ≈ *nicht nur waren die Menschen aus der Stadt gekommen, sondern auch das ganze Volk von ringsum*
▢ neque *oder* nec können im Sinne von *auch ... nicht* bzw. *selbst ... nicht* gebraucht werden:
  ‣ nec ego ≈ *auch/selbst ich nicht*

ꙥ Exerzitien ꙥ

1. *Geben Sie mithilfe des Lexikons Nominativ und Genitiv Singular sowie das Genus jeder der folgenden Formen an:*
consolatio, solationis, regimina, regnis, liberi, praesulibus, papae, pontium, semine, honorum, pondera, montis, rectoris, lucis, custodis, magni solatii, saevi animalis, longis itineribus, fortia corpora, apertum os, aperta ora, parva ossa

2. *Übersetzen Sie den folgenden Dialog Alkuins:*[18]

Erläuterung: Quid est? ≈ Was ist?

— *Pippinus.* Quid est littera? *Albinus.* Custos historiae.
— *P.* Quid est verbum? *A.* Proditor animi.
— *P.* Quid est somnus? *A.* Mortis imago.
— *P.* Quid est libertas hominis? *A.* Innocentia.
— *P.* Quid est caput? *A.* Culmen corporis.
— *P.* Quid est corpus? *A.* Domicilium animi.
— *P.* Quid sunt comae? *A.* Vestes capitis.
— *P.* Quid est barba? *A.* Honor aetatis.
— *P.* Quid est cerebrum? *A.* Servator memoriae.
— *P.* Quid est os? *A.* Nutritor corporis.
— *P.* Quid est herba? *A.* Vestis terrae.

3. *Übersetzen Sie:*

1) Diabolus nec Deus nec pater nec creator est. *2)* Cum caput aegrotat, corpus simul laborat. *3)* Detrimentum pecoris ignominia est pastoris. *4)* Vir Dei sanctus Amandus neque sceleratorum virorum angustias neque nequitias tolerabat. *5)* Pax populorum est tutamentum patriae, immunitas plebis, munimentum gentis, cura languorum, gaudium hominum, temperies aeris, serenitas maris, terrae fecunditas, solatium pauperum, hereditas filioruum et spes futurae beatitudinis. *6)* Multae civitates nobilissimae erant in ripa Rheni fluminis: Basilea, Argentina, Wangio, Mogoncia, Colonia. *7)* Comes Rainaldus plurimos milites in insidiis tenebat. *8)* Principes, barones comitesque sacramentum juraverunt. *9)* Comes, in principio discordiae, antequam domino suo fidelitatem juravit, appropinquat civitati.

Lernvokabeln

aetas, atis, *f.* Alter
caput, itis, *n.* Kopf
corpus, -oris, *n.* Körper
fidelitas, atis, *f.* Treue
historia, ae, *f.* Geschichte
homo, inis, *m.* Mensch, menschliches
 Wesen; Mann

libertas, tis, *f.* Freiheit
littera, ae, *f.* Buchstabe; (*im Plural*) litterae,
 -arum Brief
memoria, ae, *f.* Gedächtnis, Gedenken
mors, tis, *f.* Tod
somnus, -i, *m.* Schlaf

---

[18] Alkuin wurde von Karl dem Großen mit der Leitung der Hofschule des Frankenreichs beauftragt. Ihm im Wesentlichen ist auf dem Gebiet der Wissenschaften die Karolingische Renaissance zu verdanken. Als Autor zahlreicher Lehrdialoge bezeichnet er sich hier mit dem Namen Albinus.

Lektion 5

Die Adjektive der 3. Deklination

Adverbien der Art und Weise

Die Apposition

1 Die Adjektive der 3. Deklination

1.1 Deklination

Die Adjektive der 3. Deklination weisen dieselben Kasusendungen wie die entsprechenden Substantive auf (vgl. die vorhergehende Lektion). Nach der Gestalt des Nominativs Singular unterteilt man sie grammatisch in drei Gruppen:

1 In der ersten Gruppe existiert im Nominativ Singular nur *eine* Form für alle drei Genera. Im Lexikon werden sie folgendermaßen aufgeführt: *vetus, veteris (alt)*, entsprechend heißt es: *vetus vir (alter Mann), vetus femina (alte Frau), vetus castrum (altes Schloss)*. Dekliniert werden sie im Maskulinum und Femininum wie *consul, -is* und im Neutrum wie *corpus, -oris* (d. h. im Nominativ und Akkusativ Singular sowie Plural lauten die Formen gleich).

Diejenigen dieser Adjektive, denen im Singular *zwei* Konsonanten vorhergehen, haben im Genitiv Plural die Form *-ium* und im Nominativ/Akkusativ Plural des Neutrums die Form *-ia*. Diese Formen beispielsweise von *prudens (klug)* lauten also: *prudentium, prudentia*.

	Singular	Plural	
	Mask./Fem./Ntr.	Mask./Fem.	Ntr.
Nominativ	vetus	veteres	vetera
Akkusativ	vetus	veteres	vetera
Genitiv	veteris	veterum	veterum
Dativ	veteri	veteribus	veteribus
Ablativ	vetere (veteri)	veteribus	veteribus

	Singular	Plural	
	Mask./Fem./Ntr.	Mask./Fem.	Ntr.
Nominativ	prudens	prudentes	prudentia
Akkusativ	prudens	prudentes	prudentia
Genitiv	prudentis	prudentium	prudentium
Dativ	prudenti	prudentibus	prudentibus
Ablativ	prudenti/prudente	prudentibus	prudentibus

2 Die Adjektive der zweiten Gruppe haben im Nominativ Singular *eine* gemeinsame Form für das Maskulinum und das Femininum, eine davon verschiedene im Neutrum. Im Lexikon werden sie so aufgeführt: *fortis, e* oder *fortis, -is, e* (*tapfer, stark*); mithin heißt es *fortis vir* (*tapferer Mann*), *fortis mulier* (*tapfere Frau*), *forte consilium* (*mutiger Entschluss*). Der Genitiv Plural dieser Adjektive lautet auf *-ium*, Nominativ und Akkusativ Plural des Neutrums auf *-ia*.

	Singular		Plural	
	Mask./Fem.	Ntr.	Mask./Fem.	Ntr.
Nominativ	fortis	forte	fortes	fortia
Akkusativ	fortem	forte	fortes	fortia
Genitiv	fortis	fortis	fortium	fortium
Dativ	forti	forti	fortibus	fortibus
Ablativ	forti	forti	fortibus	fortibus

3 Eine dritte Gruppe schließlich weist in allen drei Genera des Nominativs Singular verschiedene Formen auf. Im Lexikon finden sie sich folgendermaßen: *acer, acris, e* (*spitz, scharf*), entsprechend *acer culter* (*scharfes Messer*), *acris pugna* (*erbitterte Schlacht*), *acre acetum* (*scharfer Essig*).
Diese Adjektive werden bis auf die genannten Formen wie die der vorhergehenden Gruppe dekliniert.

Achtung: Nicht verwechseln mit Adjektiven der a-/o-Deklination, die im Nominativ Singular des Maskulinums ebenfalls auf *-er* auslauten wie *pulcher (-chra, -chrum)* oder *miser (-era, -erum)*!

Mittellatein: Im mittelalterlichen Latein tendiert die Endung *-i* des Ablativs Singular dazu, sich bei allen Gruppen dieser Adjektive durchzusetzen, auch bei denen des Typs *vetus, -eris*, die im klassischen Latein stets einen Ablativ Singular auf *-e* haben. So findet man etwa oft *in veteri monasterio* ›in einem alten Kloster‹. In der Praxis ist also einzurechnen, dass eine Form der Adjektive der 3. Deklination auf *-i* Dativ oder Ablativ sein kann.

1.2 Vergleich und Steigerung

1.2.1 Ausdrucksweise, Formenbildung

Ein Vergleich gleichen oder geringeren Grades wird mithilfe umschreibender Adverbien ausgedrückt, die dem Positiv (d. h. der Grundform) eines Adjektivs vorangestellt werden:

- ▫ **gleicher Grad:** tam doctus quam ≈ *so gelehrt wie*
- ▫ **niedrigerer Grad:** minus doctus quam ≈ *weniger gelehrt als*
- ▫ Der Vergleich nach **höherem Grad**, d. h. die Bildung eines **Komparativs** erfolgt durch Suffixe, die an den Stamm des Adjektivs (das Element vor dem Genitiv Singular) angehängt werden, und zwar beim Maskulinum und Femininum *-ior*, beim Neutrum *-ius*. In allen drei Genera lautet der Genitiv auf *-ioris*. Der Komparativ folgt also in den Formen der 3. Deklination.

   Beispielsweise lautet der Komparativ zu *doctus, -a, -um* (*gelehrt*) im Maskulinum und Femininum *doctior*, im Neutrum *doctius*, der Genitiv Singular in allen Fällen *doctioris*.

   Der Genitiv Plural weist regelmäßig die Endung *-um* auf, das Neutrum Plural hat im Nominativ/Akkusativ ebenso regelmäßig *-a*. Der Ablativ Singular lautet theoretisch auf *-e*, doch auch hier sind im mittelalterlichen Latein Formen auf *-i* häufig (vgl. die bei uns geläufigen Wendungen *a priori* und *a posteriori*).

1.2.2 Bedeutung

In der Regel drückt der Komparativ einen direkten Vergleich aus. In diesem Fall folgt ihm eine Ergänzung, die entweder durch die Partikel *quam* eingeleitet oder aber in der Form eines Ablativs ausgedrückt wird:

- ‣ doctior est quam Petrus oder doctior est Petro ≈ *er ist gelehrter als Peter*
- ‣ vilius argentum est auro, virtutibus aurum ≈ *Silber ist geringwertiger als Gold, Gold weniger wert als Tugenden*
- ‣ beatius est dare quam accipere ≈ *seliger ist es zu geben als zu nehmen*
- ‣ vehementior est animi quam corporis febris ≈ *das Fieber des Geistes ist stärker als das des Körpers* (im Deutschen wird das Wort Fieber vorgezogen und durch das Verweiswort ›das‹ wieder aufgenommen)

Sehr häufig, und ganz besonders im mittelalterlichen Latein (das einer Tendenz gleichzeitig zur Übertreibung wie zur Bildung eines eigenen Lexikons unterliegt), enthält der Komparativ ohne Ergänzung eine Intensivierung des Sinnes: Er drückt so nicht einen Vergleich zwischen zwei Elementen der Rede aus, sondern verweist darauf, dass die durch das Adjektiv bezeichnete Eigenschaft dem Subjekt in einem höheren Maß zukommt, als der Positiv es ausdrückt:

- ‣ Petrus doctior est ≈ *Peter ist ziemlich/besonders/völlig/zu gebildet.*

In solchen Fällen existiert daher kaum mehr ein Unterschied zwischen Komparativ und Superlativ.

1.3 Der Superlativ

☐ **Formenbildung:** Die Formen des Superlativs werden mittels Hinzufügung des Suffixes *-issimus, -a, -um* bzw. bei Adjektiven mit dem Ausgang *-er* im Nominativ Singular in der Form *-errimus, -a, -um* nach der a-/o-Deklination gebildet. Damit ergeben sich folgende Varianten der Bildung:

- ▸ doctus, -a, -um   → doctissimus, -a, -um
- ▸ pulcher, -chra, -chrum → pulcherrimus, -a, -um
- ▸ prudens (Gen. -ntis)   → prudentissimus, -a, -um

☐ **Bedeutung:** Der lateinische Superlativ drückt je nach weiterem Zusammenhang zweierlei aus:

a) die Höchststufe eines direkten Vergleichs, der Vergleichspunkt erscheint wie im Deutschen als Ergänzung im Genitiv: *doctissimus episcoporum* ≈ *der gelehrteste der Bischöfe* oder eingeleitet durch die Präposition *ex, de* mit Ablativ oder *inter* mit Akkusativ: *doctissimus ex episcopis, de episcopis, inter episcopos* ≈ *aus der Reihe der Bischöfe, unter den Bischöfen*

b) eine besonders hervorgehobene Stufe *ohne* direkte Nennung eines Vergleichspunktes etwa im Sinne von *doctissimus* ≈ *sehr/überaus gelehrt.* (Diese Variante des Superlativs wird in Grammatiken als *Elativ* bezeichnet.)

Einem Superlativ entspricht auch eine umschreibende Ausdrucksweise, bei der dem Adjektiv das Adverb *valde* vorangestellt wird:

- ▸ valde indocti sumus ≈ *wir sind sehr/höchst ungebildet*

☐ **Ausnahmen:** Wie im Deutschen (›gut, besser, best‹) gibt es auch im Lateinischen Wörter, die eine Steigerung mittels verschiedener Wortstämme aufweisen:

Positiv		Komparativ	Superlativ
bonus	*gut*	melior (*besser*)	optimus (*der beste*)
malus	*schlecht*	pejor (*schlechter*)	pessimus (*der schlechteste*)
magnus	*groß*	major (*größer*)	maximus (*der größte*)
parvus	*klein*	minor (*kleiner*)	minimus (*der kleinste*)
propinquus	*nahe*	propior (*näher*)	proximus (*der nächste*)
multi	*viele*	plures (*mehr*)	plurimi (*die meisten*)
–		superior (*oberer, höher*)	summus (*der höchste*)

☐ Die ›negative Höchststufe‹ oder Niedrigststufe im Vergleich wird durch Umschreibung mittels des Adverbs *minime* ≈ *am wenigsten, sehr wenig, keineswegs* gebildet, das vor das Adjektiv im Positiv gesetzt wird: *minime doctus* ≈ *der am wenigsten gelehrte, der ungebildetste.*

2 Adverbien der Art und Weise

2.1 Bildung

◻ Die meisten Adverbien der Art und Weise werden vom Stamm eines Adjektivs gebildet, und zwar
— mit dem Signal (Endung) *-e* bei Adjektiven der a-/o-Deklination;
— mit dem Signal (Endung) *-ter* bei Adjektiven der 3. Deklination.
Diese Adverbien lauten also:

> ‣ miser, -a, -um ≈ *unglücklich* → misere
> ‣ doctus, -a, -um ≈ *gelehrt* → docte
> ‣ fortis, -e ≈ *stark, tapfer* → fortiter
> ‣ prudens, -entis ≈ *klug* → prudenter

Hinweis: Im Deutschen hat das Adverb generell keine besondere Endung, es lautet also auch bei Adjektiven in Adverbfunktion wie das unflektierte Adjektiv, z. B. ›tapfer‹ ≈ ›tapfer‹. Im passenden Kontext kann man aber auch eine Wiedergabe wie etwa ›tapfererweise‹ oder ›in tapferer Art‹ o. ä. wählen.

Achtung: Adjektive werden im Lateinischen nicht grundsätzlich mithilfe der genannten ›regelmäßigen‹ Endungen gebildet. Manche Adjektive weisen auch vom Sinn her kein Adverb auf, einzelne zeigen Besonderheiten wie *bene* zum Adjektiv *bonus, -a, -um*.

◻ Recht häufig findet sich statt *-e* der Ablativ auf *-o* zur Kennzeichnung eines Adverbs, etwa
> ‣ falso ≈ *falsch* (Abl. von *falsus, -a, -um*)
◻ Nicht selten übernimmt auch ein Akkusativ die Aufgabe des Adverbs:
> ‣ facile ≈ *leicht* (Akk. von *facilis, -e*)
◻ Bei weiteren Adverbien handelt es sich eigentlich um Substantive im Ablativ, die zum Adverb ›erstarrt‹ sind:
> ‣ injuria (Abl. zu *injuria, -ae*) ≈ *zu Unrecht*
> ‣ jure (Abl. zu *jus, juris*) ≈ *zu Recht, gerechterweise*
> ‣ forte (Abl. zu *fors* [kein Gen.]) ≈ *zufällig*
> ‣ modo (Abl. zu *modus, -i*) ≈ *nur*
◻ Dazu gibt es Ursprünge ganz unterschiedlicher Art, etwa im Fall von
> ‣ fere ≈ *beinahe, fast*; paene ≈ *beinahe, fast*; vix ≈ *kaum, mit Mühe*; praesertim ≈ *vor allem*; partim ≈ *zum Teil*

2.2 Das Adverb im Komparativ und Superlativ

Komparativ

Das Adverb zum Komparativ entspricht dem Akkusativ Singular Neutrum:

	Adjektiv	Adverb
Positiv	fortis, e	fort**iter**
Komparativ	fortior, ius	fort**ius**

Superlativ

Das Adverb zum Superlativ wird generell mithilfe der Adverbendung *-e* gebildet:

	Adjektiv	Adverb
Superlativ	fortissimus, -a, -um	fortissim**e**

Der Vergleich nach geringerem, gleichem oder höchstem Grad erfolgt auch beim Adverb mittels einer Umschreibung mit entsprechenden vorangestellten Vergleichsadverbien:

‣ minus docte ≈ *weniger gelehrt*
‣ tam docte ≈ *ebenso gelehrt*
‣ minime docte ≈ *am wenigsten, sehr wenig gelehrt*

3 Die Apposition

▢ Begleitet ein Name ein Substantiv als Apposition (attributive Beifügung), erscheint er im selben Kasus wie das Substantiv:
   ‣ urbs Colonia, urbis Coloniae, urbem Coloniam ≈ *die, der* usw. *Stadt Köln*
▢ Die häufigste Form der Apposition ist folgende:
   ‣ *Bruno, vir prudentissimus* ≈ *Bruno, ein sehr kluger Mann*; also ein Name (oder überhaupt ein Begriff) mit nachgestellter Erläuterung.

⁀ Exerzitien ⁀

1. *Geben Sie von folgenden Ausdrücken den Akkusativ Singular sowie den Akkusativ und Genitiv Plural an:*
   dives episcopus, acer dolor, acerrimus dolus, civile jus

2. *Setzen Sie in dem Satz Deus judex justus, fortis et patiens, der sich bei Otloh von Sankt Emmeran[19] (Anm. s. S. 57) findet und in dem das Prädikat mitzuverstehen ist, die drei Adjektive in den Komparativ und dann in den Superlativ.*

3. *Übersetzen Sie den folgenden Satz aus einer Predigt Jakobs von Vitry:*[20]

Tempus tenebrosum in morte, tenebrosius in judicio, tenebrosissimum in inferno.

4. *Suchen Sie im Wörterbuch die Nominative der Adjektive, die in den beiden folgenden Texten im Superlativ stehen; es handelt sich um Aufzählungen von Adjektiven, die auf einen Papst bzw. auf einen Kaiser passen:*

De papa. Apostolica persona circumscribitur: sanctissimus, reverentissimus, devotissimus, benignissimus, misericordissimus, felicissimus, beatissimus, serenissimus, dignissimus, profulgentissimus, justissimus, decentissimus, famosissimus, florentissimus, honestissimus, christianissimus, sapientissimus, desiderantissimus, peritissimus, rectissimus.

De imperatore. Circumscribitur imperator sic: excellentissimus, clementissimus, elegantissimus, potentissimus, piissimus, prudentissimus, strenuissimus, severissimus, fortissimus, invictissimus, clarissimus, eminentissimus.

Die jüngere Hildesheimer Briefsammlung, München 1995, S. 211

5. *Geben Sie zu folgendem Text an, auf welche Substantive sich die kursiv gesetzten Adjektive beziehen:*

(Roberti) igitur statura corporis *eminens*, cesaries admodum *plana* et bene ducta, oculi *humiles*, nares porrectae et *patulae*, os *suave* et *dulce* ad dandum *sanctae* pacis osculum, barba satis *honesta*, humeri ejus in altum porrecti; corona capiti imposita decernebat eum avis et attavis stirpe processisse *regia*. (...) Erat in eo *jugis* et *frequens* ad Deum oratio, genuum flexio *innumerabilis*. Erat pro certo et ad *humanae* conversationis exemplum per laboris genera *universa* vir provectus ad summa.

Leben Roberts des Frommen, von Helgaud de Fleury, hgg. von Bautier-Labory, S. 58

Übersetzung: *(Robert) hatte also eine hohe Statur, eine lange Haartracht, vollkommen glatt und wohl geordnet, einen demütigen Blick, eine lange, breite Nase, einen sanften, lieblichen Mund, um damit den Kuss des heiligen Friedens zu geben, einen ziemlich schönen Bart, hohe gerade Schultern; die ihm auf das Haupt gesetzte Krone zeigte, dass er von Vätern und Vorvätern her von königlicher Herkunft war. (...) Er richtete an Gott inständige, häufige Gebete und zeigte unzählige Kniefälle. Er, ein Beispiel für menschlichen Lebenswandel, war aufgrund aller Arten von Taten ganz gewiss ein Mann, der zum Höchsten berufen war.*

Lernvokabeln

avus, -i, *m.* Großvater, Vorfahr

certus, -a, -um gewiss, sicher

conversatio, -onis, *f.* Lebenswandel (*oft von Mönchen*)

decernere, decrevi, decretum entscheiden

digitus, -i, *m.* Finger

genus, -eris, *n.* Geschlecht

honestus, -a, -um ehrenwert

judex, -icis, *m.* Richter

jugis, -e beständig

stirps, -is, *f.* Familie, Herkunft

---

[19] ein Mönch, Geistlicher und Schriftsteller, * um 1010, † bald nach 1070

[20] ein mittelalterlicher Kardinal und Kanoniker, * um 1160/70 in Reims, † 1. Mai 1240 in Rom

Lektion 6

Die Personalpronomina

Das anaphorische Pronomen *is, ea, id*

Ausdruck des Besitzes

1 Die Personalpronomina

1.1 Formen

	1. Person		2. Person		3. Person (reflexiv)
	Singular	Plural	Singular	Plural	Singular u. Plural
Nominativ	ego	nos	tu	vos	
Akkusativ	me	nos	te	vos	se
Genitiv	mei	nostri, nostrum	tui	vestri, vestrum	sui
Dativ	mihi	nobis	tibi	vobis	sibi
Ablativ	me	nobis	te	vobis	se

Mittellatein: Im mittelalterlichen Latein findet sich für *mihi* sehr oft die Schreibung *michi*.

Hinweise:

◻ Die Formen *nostrum* und *vestrum* dienen als partitive Genitive, d. h. zur Bezeichnung der Gesamtheit zu einer Teilmenge:
  ‣ unus nostrum ≈ *einer von uns; doctissimus vestrum ≈ der gelehrteste von/unter euch*
  ‣ *nostri* und *vestri* stehen in anderen Kontexten, etwa als Ergänzung eines Verbs oder Adjektivs:
  ‣ desiderium vestri ≈ *der Wunsch nach euch*; memini vestri ≈ *memini vestri ≈ ich gedenke eurer, denke an euch*
  (*memini* ist eine Perfektform mit präsentischer Bedeutung, deren Ergänzung im Genitiv steht [Genitivobjekt])
◻ Anstelle der einfachen Form *se* findet sich auch die verdoppelte Form *sese*.
◻ Die Personalpronomina können durch die Suffixe -*met* (*egomet, nosmet, tibimet* usw.), -*te* (*tute*) oder/und hinzugefügtes *ipse* (s. Lektion 14) eine Betonung erhalten:
  ‣ nosmet ipsi ≈ *wir selbst.*

1.2 Die Pronomina im Satz

1 Das Personalpronomen als Subjekt findet sich nur zum Ausdruck einer Hervorhebung:

‣ ego rideo, tu fles ≈ *ich lache, du dagegen weinst*

In den übrigen Funktionen steht das Personalpronomen wie im Deutschen.

2 In der 3. Person Singular und Plural verfügt das Lateinische nur über ein *reflexives* Personalpronomen; dieses *verweist* auf die Person oder Sache *zurück* wie das Subjekt des Satzes, in dem es steht:

‣ abbas apud se fratres vocat ≈ *der Abt ruft die Mönche zu sich*

‣ abbates apud se fratres vocant ≈ *die Äbte rufen die Mönche zu sich*

(Bezeichnung derselben Person/en wie das Subjekt zu *vocat* bzw. *vocant*)

Verweist das Reflexivum nicht auf das Subjekt eines untergeordneten Satzes, in dem es sich befindet, sondern auf das des übergeordneten Satzes (Hauptsatzes), dessen Worte oder Gedanken der untergeordnete Satz wiedergibt,[21] spricht man von einem *indirekten Reflexivum*:

‣ Praecepit, ut se ad tumulum marmoreum ducerent in ecclesiam ≈ *er verlangte, dass sie ihn in die Kirche zum Marmorsarkophag führten.* Hier bezieht sich *se* auf das Prädikat *praecepit* im Hauptsatz und nicht auf das Prädikat *ducerent* im untergeordneten Satz.

Zum Verweis auf ein anderes Wort als das Subjekt verwendet das Lateinische das anaphorische oder Verweispronomen *is, ea, id*.

2 Das anaphorische Pronomen *is, ea, id*

Wie seine Bezeichnung ausweist (griech. *anaphérō* ›ich erinnere‹), dient das anaphorische oder Verweispronomen dazu, ein schon genanntes Substantiv oder einen schon ausgedrückten Gedanken wieder aufzunehmen. Insbesondere wird es als *nicht-reflexives* Personalpronomen und Ersatz des *nicht-reflexiven* Possessivpronomens (s. weiter unten) verwendet.

2.1 Formenbildung

Im Singular zeigt die Deklination des Verweispronomens ›gemischte‹ Formen: Die Endungen -*ius* und -*i* im Genitiv und Dativ sind charakteristisch für die Pronomina mit Ausnahme der Personalpronomina; Akkusativ (außer im Neutrum) und Ablativ folgen der a-/o-Deklination. Auch im Plural folgt es dem Paradigma der a-/o-Deklination.

---

[21] Diese Sätze werden ausführlicher in den Lektionen 11 und 20 erörtert.

	Singular			Plural		
	Mask.	**Fem.**	**Ntr.**	**Mask.**	**Fem.**	**Ntr.**
Nominativ	is	ea	id	ei, ii	eae, ee	ea
Akkusativ	eum	eam	id	eos	eas	ea
Genitiv	ejus, eius	ejus, eius	ejus, eius	eorum	earum	eorum
Dativ	ei	ei	ei	eis, iis	eis, iis	eis, iis
Ablativ	eo	ea	eo	eis, iis	eis, iis	eis, iis

2.2 Das anaphorische Pronomen im Satz

Das Pronomen *is, ea, id* begegnet im Satz in zweierlei Weise: a) selbstständig, b) als Begleiter eines Nomens. In beiden Fällen verweist es auf ein schon genanntes Element (das im Fall b wiederholt wird), und damit *ausschließlich* auf ein innerhalb des *Textes genanntes* Element. Das Deutsche bietet in diesen Fällen drei Möglichkeiten der Übersetzung:

◻ bei selbstständigem Gebrauch:
  – das Personalpronomen *er, sie, es*
  – das schwächer betonende Demonstrativpronomen *der, die, das*
◻ bei Gebrauch als Begleiter (adjektivischem Gebrauch):
  – das schwächer betonende Demonstrativpronomen *der, die, das*
  – das stärker betonende Demonstrativpronomen *dieser, diese, dieses*.

Die Entscheidung muss vom deutschen Sprachgebrauch und damit von der angenommenen Textintention her getroffen werden; dabei ist zu beachten, dass *is, ea, id* stets *nicht-reflexiv* ist:

▸ Ab eo vitio eos revocare voluit ≈ *Er wollte sie von diesem Laster abbringen / Die wollte er von diesem Laster abbringen.*
▸ Pueri adsunt , eos voco ≈ *Die Kinder sind da, ich rufe sie.*

3 Ausdruck des Besitzes

3.1 Formenbildung

Das Lateinische verfügt über begleitende (adjektivische) Possessivpronomina, deren Formen mit den entsprechenden Personalpronomina verwandt sind. Ihre Flexion folgt der a-/o-Deklination (Muster: *bonus, -a, -um* oder *pulcher, -chra, -chrum*; s. Lektion 1).

	ein Besitzer	mehrere Besitzer
1. Person	meus, -a, -um *mein*	noster, -tra, -trum *unser*
2. Person	tuus, -a, -um *dein*	vester, -tra, -trum *euer*
3. Person (*nur reflexiv*)	suus, -a, -um *sein/ihr*	suus, -a, -um *ihr*

Achtung: *nostrum* und *vestrum* können auch Genitiv Plural der Personalpronomina *nos* und *vos* sein (s. oben).

3.2   Die Ausdrucksweise im Satz

1 Diese Pronomina treten sowohl als Begleiter (adjektivisch) wie auch selbstständig auf:
- meus liber ≈ *mein Buch*
- meus est ≈ (Kontext: Wem gehört das Buch?) *das ist meins*
  - ‣ Der Ausdruck *meum est, tuum est* usw. bedeutet häufig soviel wie: *es ist mein Recht, meine Aufgabe, Pflicht, Gewohnheit zu ...* usw.:
    meum est imperare, vestrum parere ≈ *an mir ist es zu befehlen, an euch zu gehorchen*

2 Das Lateinische verwendet das Possessivpronomen nur, wenn die Identität des Besitzers (des ›besitzenden‹ Elements) nicht offenkundig ist oder wenn der Sprecher besonderen Nachdruck darauf legen will (oft mit einer affektiven Nuance):
  - ‣ amo patrem ≈ *ich liebe meinen Vater*
  - ‣ Henricus meus ≈ *mein lieber Heinrich, mein Freund Heinrich, mein Diener Heinrich*

3 Das Reflexivum *suus* bezieht sich sowohl auf *einen* als auch auf *mehrere* Besitzer; entsprechend wird es mit *sein, ihr* usw. übersetzt.

4 Das reflexive Possessivpronomen wird verwendet, wenn der Besitzende Subjekt des Satzes ist:
  - ‣ dux milites suos parat ≈ *der Anführer bereitet seine* (eigenen) *Soldaten vor.*

Wie im Falle des Personalpronomens findet sich das reflexive Possessivpronomen ebenfalls dann, wenn der untergeordnete Satz, in dem es steht, die Worte oder einen Gedanken des übergeordneten Satzes ausdrückt; auch hier spricht man dann vom *indirekten Reflexivum*:
  - ‣ Praecepit ut se ad tumulum suum marmoreum ducerent in ecclesiam ≈ *er verlangte, dass sie ihn in die Kirche zu seinem Marmorgrab führten* (*suum* bezieht sich nicht auf das Subjekt von *ducerent*, sondern auf das von *praecepit*.)

Zur Bezugnahme auf einen Besitzer, der nicht Subjekt des Satzes ist, verwendet das Lateinische den *Genitiv* des verweisenden Pronomens *is, ea, id*:
  - ‣ Abbas monachos suos amat, at vitia eorum reprehendit ≈ *der Abt liebt seine Mönche, doch er tadelt ihre (deren) Fehler.*

Beachten Sie, dass im Deutschen zur Deutlichkeit oft die Verwendung von *deren/dessen* angebracht ist (also eine ähnliche Ausdrucksweise mit Genitiv wie im Lateinischen).

Hinweise: Die beschriebenen Regeln zum Personalpronomen und Possessivpronomen im Satz beziehen sich auf ihre Verwendung in klassischen Texten sowie bei mittelalterlichen Autoren, die sich um entsprechende Korrektheit bemühen. Doch war man im Mittelalter weit davon entfernt, diese Regeln ebenso peinlich genau zu respektieren; das ist häufig eine Quelle für Verwirrung. Insbesondere kann *suus, -a, -um* ein Nicht-Reflexivum ersetzen:
  - ‣ Non est nostrum lacrimosis expendere verbis, quid sibi in itinere contigerit ≈ *es ist nicht unsere Sache, mit weinerlichen Worten das auszudrücken, was ihm auf der Reise passierte* (*sibi* bezieht sich nicht auf das Subjekt des Prädikats *contigerit*, bei dem es sich um ein unpersönliches Verbum handelt).

In Urkunden (sog. diplomatischen Texten) ist die Verwendung des Possessivums manchmal unscharf; so liest man beispielsweise:

‣ Rainardus et fratres sui necnon et predecessores et successores ejus ≈ *Reinhard und seine Brüder und ebenso seine Vorgänger und Nachfolger* (*sui* und *ejus* beziehen sich beide auf das Subjektswort *Rainardus*).

Andererseits hatte das Adjektiv *proprius, -a, -um* (*eigen, sein eigen*) infolge lexikalischer Abnutzung die Tendenz, *suus, -a, -um* zu ersetzen:

‣ Domum propriam repedavit ≈ *er/sie kehrte in sein/ihr Haus (zu sich) zurück.*

ℰℴ Exerzitien ℰℴ

1. *Übersetzen Sie die folgende Passage aus dem Dokument von Marmoutier, das in der Einführung dieses Lehrgangs zitiert wird:*

Nobis monachis Majoris monasterii Rainardus et uxor ejus terram dederant pro animabus suis; deinde vero Gausfredus eam a nobis rogavit, quia filiam eorum Richildem conjugem duxit. Postremo propter Dei et beati Martini amorem atque nostrum eam in perpetuum concessit.

(duxit ist Perfekt zum Verbum duco; conjugem oder uxorem duco bedeutet ›heiraten‹; concessit ist Perfekt zu concedo.)

2. *Übersetzen Sie die folgenden Sätze, indem Sie die Verwendung des Reflexivums anstelle des Nicht-Reflexivums vermerken:*

1) Episcopus sibi successorem designavit et ei multa consilia dedit. *2)* Fratrem meum ad regnum tuum ante me mitto. *3)* Abbas in hospitio cum suis sedebat. *4)* Is sanctus sua prece nos salvabit. *5)* Johannes est testis cum sua matre et suo fratre et filio ejus. *6)* Suum adversarium in suo cubiculo cum suis trucidavit. *7)* Cuncta vidit, ut sibi erant nuntiata. *8)* Ecce nuntius ad se adproperat. *9)* Sanctus Antonius sese frequentibus exercebat vigiliis et continuis se macerabat inediis. *10)* Ad eum adpropinquaverunt et ei domini sui voluntatem indicaverunt. *11)* Eos sibi amicos habebat. *12)* Sanctus episcopus salvum fecit populum suum a peccatis eorum.

Lernvokabeln

adpropinquare, -avi, -atum   sich nähern
cubiculum, -i, *n.*   Schlafzimmer, Raum
hospitium, -i, *n.*   Gasthaus, Herberge, Hospiz
iter, itineris, *n.*   Weg, Reise
nuntiare,-avi, -atum   melden, ankündigen

nuntius, -i, *m.*   Bote
prex, precis, *f.*   Bitte, Gebet
salvare,-avi, -atum   retten
sedęre, -eo, sedi, sessum   sitzen
testis, -is, *m.*   Zeuge

Lektion 7

Die 3. und 4. Konjugation
Relativpronomen und Relativsatz

1 Die 3. und 4. Konjugation

Die Muster dieser Konjugationen sind von den beiden ersten nicht grundlegend verschieden; vor allem unterscheiden sie sich von diesen in den Formen des Futurs. Neben der eigentlichen 3. Konjugation unterscheidet man eine sog. ›gemischte‹ Konjugation, bei der sich bestimmte Formen mit denen der 4. Konjugation überschneiden. Daher wird hier aus methodischen Gründen die 4. vor der 3. Konjugation vorgestellt.

Betrachten wir zunächst die einfachen Tempora dieser Paradigmen:
- **4. Konjugation (i-Konjugation):** *audire, -io, audivi* oder *audii, auditum* (bei *audire* ist das -i- lang und trägt den Ton)
- **3. Konjugation (konsonantische Konjugation):** *legere, -o, legi, lectum* (bei *legere* ist das zweite -e- im Infinitiv kurz, daher liegt hier der Ton auf der ersten Silbe)
  Bei den Wörtern der 2. Konjugation (wie *delere*) ist das zweite -e- im Infinitiv dagegen lang und trägt daher hier den Ton.
- **Gemischte Konjugation (3. Konjugation mit i-Erweiterung):** *capere, -io, cepi, captum* (bei *capere* ist das -e- der zweiten Silbe kurz, daher trägt hier die erste Silbe den Ton)

1.1 Die Tempora des Präsensstamms

1.1.1 Die 4. Konjugation

Präsens		Imperfekt		Futur	
Aktiv	Passiv	Aktiv	Passiv	Aktiv	Passiv
ich höre	*ich werde gehört*	*ich hörte*	*ich wurde gehört*	*ich werde hören*	*ich werde gehört*
audio	audior	audiebam	audiebar	audiam	audiar
audis	audiris	audiebas	audiebaris	audies	audieris
audit	auditur	audiebat	audiebatur	audiet	audietur
audimus	audimur	audiebamus	audiebamur	audiemus	audiemur
auditis	audimini	audiebatis	audiebamini	audietis	audiemini
audiunt	audiuntur	audiebant	audiebantur	audient	audientur

1.1.2 Die 3. Konjugation

Präsens

Aktiv	Passiv	Aktiv	Passiv
ich lese	*ich werde gelesen*	*ich nehme, fange*	*ich werde genommen, gefangen*
lego	legor	capio	capior
legis	legeris	capis	caperis
legit	legitur	capit	capitur
legimus	legimur	capimus	capimur
legitis	legimini	capitis	capimini
legunt	leguntur	capiunt	capiuntur

Imperfekt

Aktiv	Passiv	Aktiv	Passiv
ich las	*ich wurde gelesen*	*ich nahm, fing*	*ich wurde genommen, gefangen*
legebam	legebar	capiebam	capiebar
legebas	legebaris	capiebas	capiebaris
usw.	*usw.*	*usw.*	*usw.*

Futur

Aktiv	Passiv	Aktiv	Passiv
ich werde lesen	** ich werde gelesen werden*	*ich werde nehmen, fangen*	** ich werde genommen, gefangen werden*
legam	legar	capiam	capiar
leges	legeris	capies	capieris
leget	legetur	capiet	capietur
legemus	legemur	capiemus	capiemur
legetis	legemini	capietis	capiemini
legent	legentur	capient	capientur

Beachten Sie: Im Deutschen wird das umschreibende Futur (›ich werde …‹) nur bei ausdrücklicher Betonung des Zukünftigen gebraucht, im Passiv kommt es so gut wie gar nicht vor. Die Umschreibung ›ich werde …‹ dient dagegen nicht selten − oder eher häufiger − dem Ausdruck einer Vermutung.

1.2 Die Tempora des Perfektstamms Aktiv
Perfekt und Plusquamperfekt Passiv

Die Tempora des Perfektstamms der 3. und 4. Konjugation sind in der Bildung identisch mit denen der beiden ersten Konjugationen, die in Lektion 3 behandelt wurden. Es heißt demnach

- im **Aktiv** *audivi* oder *audii* (*ich hörte, habe gehört*), *legi, cepi; audiveram* oder *audieram* (*ich hatte gehört*), *legeram, ceperam; audivero* oder *audiero* (*ich habe gehört, höre* [›werde gehört haben‹]), *legero, cepero;*
- im **Passiv** auditus, -a, -um sum (*ich wurde gehört, bin gehört worden*), lectus, -a, -um sum, captus, -a, -um sum; auditus, -a, -um eram (*ich war gehört worden*), lectus, -a, -um eram, captus, -a, -um eram; auditus, -a, -um ero (*ich bin gehört worden, werde gehört* [›ich werde gehört worden sein‹]), lectus, -a, -um ero, captus, -a, -um ero.

Hinweise:
- zur 3. und 4. Konjugation insgesamt:
  – die 3. Person Plural hat im Präsens den Ausgang *-unt;*
  – die 1. Person Futur lautet auf *-am*, die übrigen Personen zeigen im Ausgang ein *-e-;* diese Futurformen unterscheiden sich also von denen der 1. und 2. Konjugation, die das Suffix *-b-* aufweisen (*amabo ↔ capiam*)
- Die meisten Perfekta der Verben der 4. Konjugation haben das Bildeelement *-vi-*; dieses kann durch Fortfall des Halbkonsonanten *-v-* zu den Formen *-ii* usw. statt *-ivi* usw. führen: beispielsweise hat *punio* so *punivi* und *punii*.

2 Relativpronomen und Relativsatz

2.1 Formen

	Singular			Plural		
Nominativ	qui	quae, que	quod	qui	quae, que	quae, que
Akkusativ	quem	quam	quod	quos	quas	quae, que
Genitiv	cujus	cujus	cujus	quorum	quarum	quorum
Dativ	cui	cui	cui	quibus	quibus	quibus
Ablativ	quo	qua	quo	quibus	quibus	quibus

2.2 Kongruenz des Relativpronomens

Da das Relativpronomen im Relativsatz, den es einleitet, sein Beziehungswort vertritt, nimmt es dessen Genus und Numerus an. In dem Ausdruck *puella, quae venit* (*das Mädchen, das kommt*) steht *quae* im Femininum Singular, da *puella* (Femininum Singular) sein Beziehungswort ist.

Wie im Deutschen, doch weitaus häufiger im Lateinischen, wird ein Beziehungswort nicht ausgedrückt, wenn es einen allgemeinen Sinn hat:

‣ *Qui bene amat, bene castigat* (*Wer gut liebt, straft gut*); *agit, quod cupit* (*er/sie tut, was er/sie möchte*). Solche Relativsätze werden in der Grammatik auch als Subjektsatz bzw. Objektsatz bezeichnet.

2.3 Die Kasus des Relativpronomens im Relativsatz

Da das Relativpronomen im Relativsatz seine *eigene* grammatische Funktion hat, steht es in dem Kasus, den diese Funktion verlangt. Daher steht in dem Ausdruck *puella, quae venit* das Relativum *quae* im Nominativ, da es das Subjekt des Prädikats *venit* ist.

Anwendungsbeispiele

- Relativpronomen als Subjekt, Nominativ mask. Singular:
  ‣ *homo, qui salutem suam desiderat, orat et laborat* (*der Mensch, der nach Heil strebt, betet und arbeitet*)
- Relativpronomen als Subjekt, Nominativ fem. Singular:
  ‣ *pauper femina, quae ambulabat, lupum vidit* (*eine arme Frau, die spazierenging, sah einen Wolf*)
  → Übereinstimmung in Genus und Numerus mit dem Beziehungswort *homo*, mask. Sg., Subjekt zu *desiderat*; Übereinstimmung in Genus und Numerus mit dem Beziehungswort *femina*, fem. Sg., Subjekt zu *ambulabat*
- Relativpronomen ist Ergänzung (direktes Objekt), Akk. fem. Sg.:
  ‣ *Girardus terram, quam a monachis acceperat, Richero in alodium dedit* (*Gerhard gab Richer ein Stück Land zum Lehen, das er von den Mönchen bekommen hatte*)
- Relativpronomen ist Ergänzung (direktes Objekt), Akk. mask. Pl.:
  ‣ *populi vicini, quos imperator vicerat, tributum solverunt* (*die Nachbarvölker, die der Kaiser besiegt hatte, zahlten Tribut*)
  → *quam* stimmt in Genus und Numerus mit seinem Beziehungswort *terra*, fem. Sg., überein, direktes Objekt zu *acceperat*; *quos* stimmt in Genus und Numerus mit seinem Beziehungswort *populi*, mask. Pl., überein, direktes Objekt zu *vicerat*
- Relativpronomen im Genitiv ist Ergänzung zu einem Substantiv:
  ‣ *comes Henricus, cujus erat mentio, cognominabatur Magnus* (*Graf Heinrich, dessen man Erwähnung tat/den man erwähnte, trug den Beinamen ›der Große‹*)
  → *cujus* stimmt in Genus und Numerus mit seinem Beziehungswort *comes*, mask. Sg., überein, Ergänzung im Genitiv zu *mentio*
- Relativpronomen als zweite Ergänzung im Dativ (Dativobjekt):
  ‣ *abbas, cui rex monasterium dederat, vir clarus fuit* (*der Abt, dem der König das Kloster geschenkt hatte, war ein berühmter Mann*)
  → *cui* stimmt in Genus und Numerus mit seinem Beziehungswort *abbas* überein, Dativobjekt als zweite Ergänzung zu *dederat*
- Relativpronomen als Umstandsergänzung (Ortsergänzung) im Ablativ:
  ‣ *fundabo monasteria, in quibus monachi quotidie psalmos cantabunt* (*ich werde Kloster gründen, in denen die Mönche täglich Psalme singen*)
  → *quibus* mit der Präposition *in* stimmt in Genus und Numerus mit seinem Beziehungswort *monasteria*, ntr. Pl., überein, Ortsergänzung zum Prädikat *cantabunt*[22] (*s. Anm. S. 67*)

2.4 Das Verhältnis des Relativpronomens zu seinem Beziehungswort

1 Das Beziehungswort zu einem Relativpronomen verweist häufig durch ein es begleitendes *is, ea, id* auf das folgende Relativum voraus; damit erhält der Relativsatz den Charakter einer näheren Bestimmung:
- ‣ Girardus terram, quam a monachis acceperat, Richero in alodium dedit ≈ *Gerhard gab Richer ein Stück Land zum Lehen, das er von den Mönchen bekommen hatte*
- ‣ Girardus *eam* terram, quam a monachis acceperat, Richero in alodium dedit ≈ *Gerhard gab Richer das(jenige) Stück Land zum Lehen, das er von den Mönchen bekommen hatte*

2 Im Lateinischen geht der Relativsatz dem übergeordneten Satz oft voraus; das ist im Deutschen normalerweise nicht möglich. So erscheint das Beziehungswort als in den Relativsatz ›hineingezogen‹. Man könnte auch sagen, ein vorausweisendes *is, ea, id* wird in diesen Fällen ›mitgedacht‹; tatsächlich kann dieses dann ›wie in den übergeordneten Satz verschoben‹ dort ausgedrückt sein:
- ‣ quas scripsisti litteras legi ≈ legi litteras, quas scripsisti ≈ *den Brief, den du geschrieben hast, habe ich gelesen*
- ‣ quas scripsisti litteras, eae mihi jucundissimae fuerunt ≈ litterae, quas scripsisti, mihi jucundissimae fuerunt ≈ *der Brief, den du geschrieben hast, war mir sehr willkommen*

2.5 Das verbindende Relativpronomen (›relativischer Anschluss‹)

Am Beginn eines Satzes findet sich oft ein Relativpronomen, das gewissermaßen ein zurückverweisendes, anaphorisches *is, ea, id* ›vertritt‹. Syntaktisch (satzgrammatisch) handelt es sich jedoch nicht um ein ›echtes‹ Relativpronomen, es leitet keinen ›echten‹ Relativsatz ein; man spricht daher von einem *verbindenden Relativpronomen* oder vom sog. *relativischen Anschluss*:
- ‣ Ad te scripsi. Quas litteras non accepisti ≈ *Ich habe dir geschrieben. Diesen Brief hast du (aber) nicht bekommen*: quas litteras ≈ Eas vero (oder *et eas*) litteras ... Oft ist in diesen Fällen ein logisches Verhältnis gegeben, das in der Übersetzung – je nach Kontext – mit der entsprechenden Konjunktion ausgedrückt werden kann.

   Man beachte, dass in dem Beispiel *quas* wie ein Adjektiv gebraucht wird, das zu *litteras* gehört.
- ‣ Coenobium edificavit. Quod hodie pene est destructum ≈ *Er ließ ein Kloster bauen. Dieses ist heute jedoch fast ganz zerstört (quod ≈ sed id monasterium).*

Diese Ausdrucksweise ist besonders im mittelalterlichen Latein sehr häufig.

2.6 Das unbestimmte Relativpronomen und das relativische Adverbiale

1 Das unbestimmte Relativpronomen *quicumque, quaecumque (quecumque), quodcumque* wird wie *qui, quae (que), quod* dekliniert, an welches das Suffix *-cumque*[23] angehängt wird. Damit wird in unbestimmter Weise jede damit gemeinte Person oder

---

[22] Zu den Ortsergänzungen s. Lektion 15.

[23] Im Neutrum Plural findet man *quaecumque* oder *quacumque*.

Sache bezeichnet, also *jeder, der* ... oder *alles, was* ... Im selben Sinn findet sich auch *quisquis*, wobei *quisquis, quidquid* oder *quicquid* allerdings nur im Nominativ, Akkusativ und Ablativ des Maskulinums und Neutrums existieren:

‣ Quicumque *oder* quisquis id fecerit, anathema erit ≈ *jeder, der das tut, wird vom Bann getroffen (werden)*.

‣ Ego do regi, quicquid capio, quia sum venator ejus ≈ *ich gebe dem König alles, was ich fange, denn ich bin sein Jäger*

🔢 Die Ortsadverbien *ubi, quo, unde, qua* (*wo, wohin, von wo, woher*) können wie im Deutschen einen Relativsatz einleiten. Häufig werden sie auch im Sinne eines relativischen Anschlusses verwendet:

‣ Unde habet nomen suum ≈ *[Kontext ...] Von daher hat er/sie/es seinen/ihren Namen.*

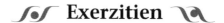

Exerzitien

1. *Übersetzen Sie die folgenden Sätze:*

1) Corrumpunt mores bonos colloquia mala. *2)* Godefridus rex Danorum vincit vicinas gentes et pacem ab imperatore Karolo impetrat. *3)* Qui perseveraverit usque ad finem, is salvus erit. *4)* Quod remansit in scrinio secum adduxit. *5)* Ecce insula modica apparuit, ad quam perrexerunt. *6)* Pauper aeque est is qui non satis habet et cui copia non sufficit. *7)* Venit Harduinus, de quo superius fecimus mentionem, in cuius possessione cuiusque labore constructa erat basilica predicta.

2. *Übersetzen Sie diese beiden Stellen aus dem Leben des Hl. Machutus des Diakons Bili (Galet) bzw. aus den Gesta der Bischöfe von Hamburg des Adam von Bremen:*

a) Mater ejus vetula erat quando filium suum sanctum Machutem peperit atque nutrivit in valle que dicitur Nantcaruan. In qua elegantissimum monasterium situm erat, in quo Brendanus confessor Christi abbas erat. Ad quod mater sancti Machutis venerat, que ibi filium suum edidit (...) Sancto Machuti miser homo adductus est, qui maximam pustulam habebat; qui cruciatus magnis doloribus accurrit sancto viro, a quo exorabat medicamina.

b) Interea Nortmanni Frisones tributo subjiciunt; per Rhenum vecti Coloniam obsederunt; Hammaburg vero incenderunt. Inclita civitas tota aut praeda aut incendio disperiit. Ibi ecclesia, ibi claustrum, ibi bibliotheca summo collecta studio consumpta est. Sanctus Ansgarius, ut scribitur, cum reliquiis sanctorum martyrum vix nudus evasit.

3. *Analysieren Sie im folgenden Textauszug die Verbalformen, und setzen Sie dann die Formen des Präsens Indikativ in das Imperfekt und in das Futur:*

De variis hominum studiis. Currunt et discurrunt mortales per sepes et semitas, ascendunt montes, transcendunt colles, transvolant rupes, pervolant alpes, exponunt se ventis et imbribus, tonitruis et fulminibus, fluctibus et procellis, ruinis et precipitiis. Metalla cudunt et conflant, lapides sculpunt et poliunt, ligna succidunt et dolant, telas texunt, vestes incidunt et consuunt, edificant domos et plantant hortos, excolunt agros, pastinant vineas, succendunt clibanos, extruunt molendina.

Lothar von Segni (späterer Innozenz III.), De miseria humanae conditionis, I, 13–14,
hgg. von M. Maccarone, zitiert, übersetzt und kommentiert von O. Guyotjeannin,
Archives de l'Occident, Paris, 1992, S. 727–728

Übersetzung *Über verschiedene Fertigkeiten der Menschen. Die Sterblichen laufen durcheinander über Hecken und Pfade, überschreiten Hügel, überwinden Felsen, überfliegen die Berge, setzen sich Winden und Regenfällen aus, Donner und Blitzen, Strömen und Stürmen, Erdrutschen und Abgründen. Sie schmieden und schmelzen Metalle, behauen und polieren Steine, schneiden und formen Holz, weben Stoffe, schneidern und nähen Kleider, bauen Häuser und pflanzen Gärten, bestellen Äcker, graben Weinberge um, heizen Öfen, errichten Mühlen.*

Lernvokabeln

aeque, *Adv.* gleichermaßen, ebenso
currere, -o, cucurri, cursum   laufen
nutrire, -io, -ivi, -itum   (er)nähren
parere, -io, peperi, partum   gebären
pergere, -o, perrexi, perrectum   sich
  begeben zu, gehen zu/nach, erreichen

satis, *Adv.* genug
superius, *Adv.* höher
usque ad *beim Akk.*   bis (zu)
vicinus, -a, -um   benachbart; Nachbar
vincere, -o, vici, victum   besiegen

Lektion 8

Die Partizipien
Der Ablativus absolutus

Im Lateinischen gibt es, anders als im Deutschen, im Aktiv *zwei* Partizipien: das *Partizip der Gleichzeitigkeit* und das *Partizip der Nachzeitigkeit*, dazu gleich wie im Deutschen ein *Partizip der Vorzeitigkeit*. Wie die Bezeichnungen ausdrücken, geben sie keine Zeitstufe an, sondern ein *Zeitverhältnis*, und zwar bezogen auf das zugehörige Prädikat des Satzes.

1   Die Partizipien

1.1   Die Form der Partizipien (alle Konjugationen)

1 Das Partizip der Gleichzeitigkeit Aktiv wird durch Anfügung des Suffixes *-nt-* nach dem Muster des Adjektivs der 3. Deklination *prudens, -ntis* gebildet:

- ama-ns, ama-ntis ≈ *liebend*
- dele-ns, dele-ntis ≈ *zerstörend*
- lege-ns, lege-ntis ≈ *lesend*
- capi-e-ns, capi-e-ntis ≈ *nehmend, fangend*
- audi-e-ns, audi-e-ntis ≈ *hörend*

	Singular		Plural	
	Mask./Fem.	**Neutrum**	**Mask./Fem.**	**Neutrum**
Nominativ	audiens	audiens	audientes	audientia
Akkusativ	audientem	audiens	audientes	audientia
Genitiv	audientis	audientis	audientium	audientium
Dativ	audienti	audienti	audientibus	audientibus
Ablativ	audiente/audienti	audiente/audienti	audientibus	audientibus

Der Ablativ Singular lautet generell auf *-e*, wenn das Partizip ›satzwertig‹ ist, also für das Prädikat eines Satzes steht; die Endung lautet bald auf *-e*, bald auf *-i*, wenn das Partizip in der Rolle eines Adjektivs (Attributs) gebraucht wird (s. unten 1.2/1).

2 Das Partizip der Vorzeitigkeit Passiv (schon in Lektion 3 behandelt) wird vom Supinstamm gebildet, an den die Endungen des Adjektivs der a-/o-Deklination angefügt werden. Es wird also wie *bonus, -a, -um* dekliniert: *amatus, -a, -um* ≈ *geliebt*.

3 Das Partizip der Nachzeitigkeit Aktiv wird ebenfalls vom Supinstamm gebildet, dem noch das Signal *-urus, -ura, -urum* angehängt wird; die Deklination erfolgt ebenso wie bei *bonus, -a, -um*. Für dieses Partizip existiert im Deutschen keine direkte Entsprechung, es ist mithilfe einer Umschreibung wiederzugeben, etwa: *amaturus, -a, -um ≈ einer/eine/etwas, der/die/das im Begriff/bereit/darauf ausgerichtet ist zu lieben* oder *lieben soll.*

1.2 Verwendung der Partizipien

1 Partizipien können wie Adjektive verwendet werden; in diesem Fall lautet der Ablativ Singular bald auf *-e*, bald auf *-i*, ganz wie bei den Adjektiven des Typs *prudens, -ntis*:
  ‣ *sequenti anno ≈ im folgenden Jahr*

2 Partizipien können selbstständig als Substantive verwendet werden und all deren Funktionen übernehmen. In den meisten Fällen verwendet man in der Übersetzung ein dem Sinn nach passendes Äquivalent:
  ‣ *audientes ≈ die Zuhörer*
  ‣ *circumstantes ≈ die Umstehenden,* (bei passendem Kontext:) *das Gefolge*

Beispiele für den Gebrauch substantivierter Partizipien

  ‣ Id perituris non proderit ≈ *das wird den Todgeweihten nichts nützen*
  (*perituris* ist Partizip der Nachzeitigkeit Aktiv zum Verbum *pereo ›zugrundegehen, umkommen‹*, hier Dativergänzung (Objekt) zu *proderunt*).
  ‣ Ambulans recto itinere et timens deum despicitur ab eo qui infami incedit via ≈ *Wer auf dem rechten Weg geht und Gott fürchtet, wird von dem verachtet, der auf dem Weg der Schande geht*
  (*ambulans* und *timens* sind Subjekte zu *despicitur*; das Prädikat steht im Singular, denn die beiden Partizipien bezeichnen dieselbe Person unter dem Aspekt verschiedener Verhaltensweisen).
  ‣ Abjiciens disciplinam cito sentiet ruinam ≈ *Derjenige, der ordnungsgemäßes Benehmen zurückweist, wird schnell seinen Ruin erleben.*

3 Partizipien können als ›verbundenes Partizip‹ (in der Grammatik meist ›Participium coniunctum‹ genannt) ein Subjekt im gleichen Kasus ergänzen und dabei, je nach Kontext, unausgedrückt verschiedene Sinnrichtungen enthalten:
  ‣ avarus propriae est causa miseriae, ingerens sibi sitim avaritiae (*Grund*) ≈ *der Habgierige ist Ursache seines eigenen Elends, denn er lädt sich den Durst der Habgier auf* (›sich aufladend‹).
  ‣ non sitientes bibimus (*Gegengrund, Konzessivität*) ≈ *obwohl wir nicht dürsten/keinen Durst haben, trinken wir* (›nicht dürstend‹)
  ‣ audiens sapiens sapientior erit (*Bedingung*) ≈ *ein zuhörender Weiser wird noch weiser sein/ein Weiser wird noch weiser sein, wenn er zuhört* (*sapiens* ist substantiviert, *audiens* tritt zu *sapiens* als Attribut).

4 Manchmal ist das Partizip das sinntragende Element eines Ausdrucks, dann entspricht die Formulierung im Deutschen einem Substantiv mit abstraktem Sinngehalt oder einem Objektsatz; diese Ausdrucksweise ist im mittelalterlichen Latein, das eher abstrakte Substantive verwendet als das klassische Latein, jedoch recht selten:

▸ Per promissa minime expleta mendax diceris ≈ *wegen deiner nicht erfüllten Verspre-chungen wirst du als Lügner behandelt werden* (wörtlich: *wegen des nicht erfüllten Ver-sprochenen* [lat. Pl.]).

Hinweise:

Bei der Verwendung nach **2** und **3** findet sich der Ablativ Sg. des Partizips der Gleichzei-tigkeit Aktiv generell auf *-e*.

Bei bestimmten mittelalterlichen Autoren begegnet das Partizip der Gleichzeitigkeit Aktiv in Verbindung mit dem Hilfsverb *sum*; es ersetzt so das Präsens Indikativ (eine Aus-drucksweise der *Vulgata*): *Dum erat orans in cubiculo suo, vocem audivit* ≈ *als er in seiner Kammer betete, hörte er eine Stimme.*

2 Der Ablativus absolutus

Der lateinische Ablativus absolutus hat im Deutschen eine Entsprechung in (selteneren) Wendungen im Genitiv, etwa ›unverrichteter Dinge‹ oder ›klopfenden Herzens‹. In die-sen Ausdrücken steht das Partizip sinngemäß an der Stelle eines Nebensatz-Prädikats, das Substantiv an der Stelle eines Nebensatz-Subjekts: ›während sein/ihr Herz klopfte‹.

Eine vergleichbare Ausdrucksweise, allerdings im Ablativ, findet sich im Lateinischen weitaus häufiger als ganz normaler Sprachgebrauch. In der Grammatik wird dieser Abla-tiv eines Partizips in Verbindung mit einem Nomen (Substantiv oder Pronomen) als ›Ablativus absolutus‹, ›losgelöster Ablativ‹, bezeichnet, weil der entsprechende Ausdruck *grammatisch* – nicht dem Sinn nach! – vom Rest des Satzes ›losgelöst‹ ist. Er vertritt dabei einen untergeordneten Satz – ist also ›satzwertig‹ –, zu dem er in einem *zeitlichen* oder *logischen* Verhältnis steht.

In diesem Sinn ist in dem Satz
▸ hieme transacta, Saxones expeditionem in Sclavos fecerunt ≈ *als der Winter vorüber-gegangen war, unternahmen die Sachsen einen Feldzug gegen die Slawen*
der Ausdruck *hieme transacta* ein Ablativus absolutus, dessen Partizip der Vorzeitigkeit Passiv *transacta* (bei diesem Wort mit aktivischem Sinn) als Sinn-Prädikat das Nomen *hieme* als Sinn-Subjekt hat.

Wie das Participium coniunctum (s. 1.2 **3**) kann der Ablativus absolutus, außer dass er in einem *Zeitverhältnis* zum Rest-Satz steht, auch mit einer unausgedrückten ›Sinnrichtung‹ verbunden sein (Grund, Bedingung, Gegengrund bzw. *kausale, konditionale, konzessive* Sinnrichtung); er steht damit an Stelle eines ›gewöhnlichen‹ mit dem übergeordneten Satz verbundenen Temporal- oder Adverbialsatzes.

Beispiele

▸ Hinc itaque, decedente domno Bertoldo suo nutritore, succedenti Herimanno non recusavit aeque parere ≈ *daher also, als sein Herr und Beschützer Berthold starb, weigerte er sich nicht, dessen Nachfolger Hermann in gleicher Weise gehorsam zu sein* (*decedente domno Bertoldo suo nutritore* hat temporale Bedeutung und entspricht *cum domnus Bertoldus suus nutritor decessit*).

‣ Ubi, nondum multis decursis diebus, omnium aulicorum benivolentiam perfecte acquisivit ≈ *dort, obwohl noch nicht viele Tage verstrichen waren, erwarb er sich vollständig das Wohlwollen der Höflinge*

(*nondum multis decursis diebus* hat konzessiven Sinn und entspricht *quanquam multi dies nondum decurrerunt*).

‣ Ejus adjuvante auctoritate et industria, integerrima permansit institutio et prebenda canonica ≈ *da ihm seine Autorität und sein Eifer halfen, blieben Einrichtung und Präbende des Kapitels in vollem Umfang im derzeitigen Zustand*

(*ejus adjuvante auctoritate et industria* hat kausalen Sinn und entspricht *quia ejus auctoritas et industria adjuverunt*).

Hinweis: Der Ablativus absolutus ist eine äußerst häufige Ausdrucksweise, die manche Autoren ganz besonders schätzen. Sie gilt geradezu als ›typisch lateinisch‹. Der folgende Satz bildet eine Folge von vier Ausdrücken im Ablativus absolutus:

‣ Januis clausis, clavibus requisistis, custodibus non repertis, signaculo crucis facto, se aperuerunt ostia ≈ *die Türen waren geschlossen, man suchte die Schlüssel, Wächter ließen sich nicht finden, man machte das Kreuzzeichen: da öffneten sich die Türen* (auch etwa: *als die Türen geschlossen waren, ..., da ...*).

Bei manchen Autoren stehen Ablativi absoluti auch verschachtelt:

‣ Itaque [vento tranquillo veniente], [mari sereno {Deo gubernante se prebente}, [nullo inde ex eis injuriam habente nec laborem] [prospero itinere {omnipotente Deo auxiliante}] ad regionem venerunt propriam ≈ *Daher – ein ruhiger Wind erhob sich, das Meer bot sich heiter dar, denn Gott lenkte ihr Schiff,*[24] *niemand von ihnen erfuhr daher Unbill noch Mühe – gelangten sie in ihr Heimatland ...*

Die Ablativi absoluti sind hier im lateinischen Text in eckige und geschweifte Klammern gestellt.

Im Ablativus absolutus kann anstelle eines Partizips auch ein Nomen (Substantiv oder Adjektiv) stehen, dann bildet dieses das Sinn-Prädikat; bei der Übersetzung ist ggf. die passende Form von *ich bin* hinzuzufügen:

‣ Procreatus est autem in dulcis Elisacii finibus, patre Hugone, matre vero Heilewide (...) ≈ *geboren wurde er im Gebiet des lieblichen Elsass, sein Vater war Hugo, seine Mutter Heilewide.*

3 Nominativus und Accusativus absolutus

Neben dem Ablativus absolutus findet man im mittelalterlichen Latein, freilich viel seltener, auch einen Nominativus und Accusativus absolutus:

---

[24] Das hagiografische Sterotyp, nach dem Gott das Schiff der Kirche lenkt, ist hier im eigentlichen Sinn verwendet, denn der Text stellt einen Bericht über eine reale Überfahrt dar und ist nicht mehr allegorisch.

- Nominativus absolutus ≈ *Puella in domo paterno fugiens, rex eam insecutus est*[25] (*als das Mädchen in das Haus ihres Vaters floh, folgte der König ihr*).
- Accusativus absolutus ≈ *Post multum temporis intervallum, reliquias recollectas, tumulum sancto constituit* (*nach einem langen Zeitabstand, nachdem die Reliquien gesammelt worden waren, errichtete er dem Heiligen ein Grab*).

♪♪ Exerzitien ♪♪

1. *Geben Sie zu folgenden Verben die Partizipien an: arare, videre, implere, perficere.*

2. *Deklinieren Sie: servus arans, ecclesia sacrata, hostis saeviens, poeta scripturus.*

3. *Übersetzen Sie die folgenden Sätze:*

1) Quo comperto, Bernhardus rex seditionem sedavit. *2)* Commisso cum hostibus proelio, populus filium ejus regem sibi constituit. *3)* Convento soluto, venit Wormatiam. *4)* Quo igitur coenobio in omni opere perfecto omnique ex parte cum sollertia stabilito, cogitabat in urbe fabricare xenodochium, sed excellentiore consilio Deo inspirante concepto, coepit intra domum suam virginum Christi aedificare domicilium. *5)* Sanctus manum ejus tenens sanum atque incolumem suis parentibus, videntibus omnibus ibi adstantibus, tradidit. *6)* Cives secundum suam facultatem munera offerentes ante episcopum veniebant. *7)* Corpus vero Adalperti in Dei voluntate occisi reverendus episcopus ad Augustam civitatem vexit et animam ejus Deo commendans honorifice in aecclesia sanctae Mariae sepelivit.

Lernvokabeln

clavis, -is, *f.* Schlüssel
comperire, -io, -peri, -pertum entdecken, erfahren
decedere, -o, -cedi, -cessum fortgehen; verscheiden, sterben
hiems, -mis, *f.* Winter
incolumis, -e unversehrt

injuria, ae, *f.* tort, Unrecht, Unbill
praebere, -eo, -ui, -itum anbieten, darbieten
recusare, -avi, -atum abweisen, verweigern
tradere, -o, -didi, -ditum übergeben
xenodochium, -i Gasthaus, Herberge (*für Fremde und Pilger*)

---

[25] *insecutus est* ist ein sog. Deponens (s. folgende Lektion), ein Verb, dessen Form passivisch, dessen Sinn jedoch aktivisch (oder reflexivisch) ist.

Lektion 9

Die Deponentien
Die semantischen Funktionen des Ablativs

1   Die Deponentien

Im Lateinischen existieren Verben, die nur *passivische* Formen, aber *aktivischen* (oder *reflexiven*) Sinn haben; in der Grammatik werden sie als Deponens (Pl.: Deponentien) bezeichnet. Sie sind also grundsätzlich mit dem *Aktiv* zu übersetzen.

Die Grundtempora:
> ‣ **1. Konjugation:** *imitari, -or, imitatus, -a sum* ≈ *nachahmen* (wie *amor*)
> ‣ **2. Konjugation:** *vereri, -eor, veritus, -a sum* ≈ *fürchten* (wie *deleor*)
> ‣ **3. Konjugation:** *uti, -or, usus, -a sum* ≈ *benutzen, gebrauchen* (wie *legor*)
> ‣ **3. Konjugation mit i-Erweiterung** (gemischte Konjugation) ≈ pati, -ior, passus, -a sum ≈ *(er)leiden* (wie *capior*)
> ‣ **4. Konjugation:** largiri, -ior, largitus, -a sum ≈ *schenken* (wie *audior*)

Die 3. Person Sg. des Partizips der Vorzeitigkeit hat bei Neutra die Form *-um est* (Pl. *-a sunt*).

Man vergleiche *imitaris* mit *amaris*, *vereris* mit *deleris*, *uteris* mit *legeris*, *pateris* mit *caperis*, *largiris* mit *audiris*, *imitatus, -a, -um sum* mit *amatus, -a, -um sum* usw. Auch bei den Deponentien findet man für die 2. Person Sg. für *-eris* die Variante *-ere*, also *utere* ≈ *uteris*.
  Die Formen des Infinitivs werden in Lektion 11 behandelt.

Hinweis: Das Partizip der Gleichzeitigkeit und das Partizip der Nachzeitigkeit entsprechen in Form und aktivischer Bedeutung denen der aktivischen Verben. Darüber hinaus haben die Deponentien ein Partizip der Vorzeitigkeit auch mit aktivischem Sinn, das in der Form dem Partizip der Vorzeitigkeit Passiv der aktivischen Verben entspricht:
> ‣ *imitans, -antis* ≈ *nachahmend*, *imitatus, -a, -um* ≈ *einer* usw., *der nachgeahmt hat*, *imitaturus, -a, -um* ≈ *einer, der* usw. *im Begriff ist nachzuahmen*

Mittellatein: Eine bestimmte Anzahl aktivischer Verben des klassischen Lateins wurden im mittelalterlichen Latein zu Deponentien und umgekehrt.

2 Die semantischen Funktionen des Ablativs

Der lateinische Ablativ bezeichnet in den meisten Fällen Handungselemente oder Handlungsumstände, die mit der Handlung selbst weniger direkt zu tun haben. Er übernimmt damit sehr zahlreiche Funktionen, die oft durch eine begleitende Präposition näher bestimmt sind. In jedem Fall achte man darauf, wie weit (oder: wie gering) die vom Ablativ bezeichneten Angaben in der Semantik (Bedeutung) des Satz-Prädikats angelegt sind.

Man unterscheidet drei hauptsächliche Funktionen des Ablativs:
- den eigentlichen Ablativ,
- den instrumentalen Ablativ (Ablativ des Mittels),
- den Ablativ als Ortskasus

2.1 Der eigentliche Ablativ[26]

Der eigentliche Ablativ (d.h. der Ablativ im Sinne des Begriffs) bezeichnet den *Ursprung* oder die *Trennung* auf lokaler, temporaler und abstrakter Ebene.

1 Auf lokaler Ebene bezeichnet der Ablativ den *Punkt, von dem her man/etwas kommt.* Gewöhnlich steht er zusammen mit einer entsprechenden Präposition (a/ab; e/ex, de):
- de tecto cecidit ≈ *er/sie ist vom Dach gefallen*
- de civitate regressus est ≈ *er ist aus der Stadt zurückgekehrt*
- Im klassischen Latein stehen die Namen von Städten ohne Präposition; im mittelalterlichen Latein findet man beide Ausdrucksweisen:
- Wormatia redeo *oder* e Wormatia redeo ≈ *ich komme aus Worms zurück*

2 Auf zeitlicher Ebene bezeichnet der Ablativ den Ausgangspunkt einer Handlung; er ist dann ebenfalls von einer Präposition begleitet:
- ex illo tempore ≈ *seit jener Zeit*
- ab pueritia ≈ *von Kindheit an*

3 Auf abstrakter Ebene tritt dieser ›eigentliche‹ Ablativ als Ergänzung einer bestimmten Anzahl Verben oder Adjektive auf, z.B.
- petere ab ≈ *etw. von jd. verlangen, jd. um etwas ersuchen;*
- audire ab ≈ *etw. von jd. hören* (›*aus jds. Mund*‹);
- natus, -a, -um; ortus, -a, -um ab *oder* de ≈ *herstammend von, geboren in* (im Deutschen andere Sehweise);
- carere *mit Abl.* ≈ *etw. ermangeln, nicht haben;* usw.

4 Aus dieser Funktion leiten sich her:
a) der Ablativ als Ergänzung des Komparativs bzw. als Angabe des Ausgangspunkts des Vergleichs durch das im Komparativ ausgedrückte Adjektiv:
- doctior Petro ≈ *gelehrter als Peter, im Vergleich mit Peter besonders gelehrt* (Peter ist Ausgangspunkt des Vergleichs)
b) der Ablativ als Angabe des auslösenden *Urhebers* (*Täters*) bei einem Verb im Passiv; in

---

[26] Von dieser Funktion leitet sich sprachlich die Bezeichnung ›Ablativ‹ her: Sie ist abgeleitet von *ablatum*, Supinform zum Verb *aufero* (*auferre*), das ›fortbringen‹, ›entfernen‹ bedeutet.

diesem Fall steht beim Ablativ die Präposition *a/ab*. ›Urheber‹ oder ›Täter‹ kann nur ein belebtes (oder: belebt gedachtes) Wesen sein:

  ‣ provincia ab hoste diripitur ≈ *die Provinz wird vom Feind geplündert*

c) der Ablativ als Angabe des zugrundeliegenden *Stoffes* einer Sache (*ex auro* ≈ *aus Gold*), des auslösenden *Grundes* (*ex vulnere aeger* ≈ *krank aufgrund/infolge einer Verwundung; de audito* ≈ *aufgrund des Hörensagens*).

d) der Ablativ mit *de* in der Bedeutung ›zum Thema von etwas‹; vgl. die Titel von Werken wie

  ‣ Boetius: De consolatione philosophiae ≈ *Der Trost der Philosophie;* Amalarius von Metz: De officiis ecclesiasticis ≈ *Die kirchlichen Ämter;* Hinkmar von Reims: De ordine palatii ≈ *Die Organisation des Palastes;* usw.

2.2 Der Ablativ als Instrumentalis

1 Zusammen mit der Präposition *cum* bezeichnet der Ablativ eine begleitende Person oder etwas Begleitendes: *cum episcopo venit* ≈ *er kam (zusammen) mit dem Bischof, in Begleitung des Bischofs*

Mit dieser Verwendung sind verbunden:

— der Ablativ der *Art und Weise*: Ist ein Ablativ in dieser Funktion nicht näher bestimmt (gewöhnlich durch ein Adjektiv), wird er immer mit *cum* gebraucht:

  ‣ magna voluptate *oder* cum magna voluptate *oder* magna cum voluptate (*mit großem Vergnügen, großer Lust*), cum ira (*mit, im Zorn*).

  ‣ Manche Ausdrücke sind sozusagen erstarrt und zu Fast-Adverbien geworden, so etwa *jure* (*zu Recht*), *injuria* (*zu Unrecht*), *arte* (*kunstfertig*).

— der Ablativ der *Eigenschaft* (*Qualität*): Er konkurriert in gleicher Funktion mit dem *Genitiv der Eigenschaft* und ist stets durch ein Adjektiv näher bestimmt:

  ‣ Corpore fuit amplo atque robusto, statura eminenti, apice capitis rotundo, oculis praegrandibus ac vegetis, naso paululum mediocritatem excedenti, canitie pulchra, facie laeta et hilari (Einhard, *Vita Karoli Magni*, 22): *Er war von großem, stattlichem Körper(bau), von herausragender Statur, *von rundem Oberkopf, *von besonders großen, lebhaften Augen, *von einer mittleres Maß ein wenig überschreitenden Nase, *von schönen Haaren, *von angenehmem, fröhlichem Gesicht.*

  Das Deutsche kann die entsprechende Wendung mit *von* ... nicht grundsätzlich und in allen Fällen verwenden; so wird man in den hier mit * bezeichneten Fällen eine Ausdrucksweise *hatte* ... (Akk.) vorziehen.

Hinweis: Der Ablativ (oder Genitiv) der *Eigenschaft* bildet die bevorzugte Ausdrucksweise zur Angabe von Personenmerkmalen im Rahmen einer erzählenden Darstellung.

2 der Ablativ des *Mittels*: In dieser Funktion bezeichnet der Ablativus Instrumentalis das Mittel oder Werkzeug, mit dessen Hilfe/unter dessen Verwendung sich eine Handlung vollzieht:

  ‣ gladio occisus est ≈ *er wurde mit dem Schwert/durch einen Schwertstreich getötet.*

Von dieser Funktion leiten sich weitere Verwendungsweisen ab:

— Auf räumlich-lokaler Ebene bezeichnet der Ablativ die Straße, die Brücke oder das Tor usw., die man auf seinem Weg benutzt:
  ‣ *Porta orientali iter fecit* ≈ *er/sie nahm seinen/ihren Weg durch das Osttor*
  (In Lektion 15 wird dargestellt, dass diese Konstruktion mit der Präposition *per beim Akk.* konkurriert.)
— Auf temporaler Ebene bezeichnet dieser Ablativ den für eine Handlung nötigen Zeitraum:
  ‣ *Heinricus septem annis Italiam devicit* ≈ *Heinrich unterwarf Italien in sieben Jahren*
— Auf abstrakter Ebene bezeichnet der Ablativ:
  ‣ den Preis: *triginta solidis emere* ≈ *für dreißig Groschen kaufen;*
  ‣ die Strafe, zu der jemand verurteilt wird: *multare exsilio* ≈ *mit Exil bestrafen;*
  ‣ die Ursache von/für etwas: *fame interire* ≈ *an Hunger, hungers sterben;*
  ‣ den Gesichtspunkt für eine Beschreibung: *differre natura* ≈ *sich in/hinsichtlich seiner Natur unterscheiden*

2.3 Der Ablativ als Locativus

1 Auf räumlicher Ebene bezeichnet der Ablativ den *Ort*, innerhalb dessen eine Handlung abläuft oder sich vollzieht. Gewöhnlich wird er von der Präposition *in* begleitet, außer bei bestimmten festen Ausdrücken:
  ‣ *in Hispania moratur* (er hält sich in Spanien auf), *eo loco* (an diesem Ort/dieser Stelle).

Hinweis: Im klassischen Latein wurden die Namen von Städten zur Ortsbezeichnung nie von der Präposition *in* begleitet. Man benutzte bei Pluralnamen (z. B. *Athenae* ›Athen‹) und bei Namen der 3. Deklination den Ablativ ohne Präposition. Für Städtenamen der a-/o-Deklination existierte eine eigene ›Lokativ‹-Form, die in der Form mit dem Genitiv Singular identisch war (s. Lektion 15): *Romae* ≈ *in Rom*; *Mogontiaci* ≈ *in Mainz*.
Im mittelalterlichen Latein existierte dieser Sprachgebrauch bei manchen Autoren weiter; bei anderen werden die Städtenamen mit der Präposition *in* verwendet:
  ‣ *in Alexandria moratus est* ≈ *er hielt sich in Alexandria auf*
  ‣ *basilicam Aquisgrani exstruxit* ≈ *er baute eine Kirche in Aachen* (*Aquisgrani* wäre hier Lokativ zu *Aqisgranum*)

Mittellatein: Beachten Sie, dass es im mittelalterlichen Latein überhaupt gewisse Schwankungen bei der Konstruktion und sogar der Namensbildung von Städten gibt; je nach regionalem Gebrauch unterliegen sie bestimmten Modifikationen. So heißt die Stadt *Worms* bald *Wangia*, bald *Wormatia*. *Parisius* (Paris) ist invariabel, ebenso *Turonus* (Tours):
  ‣ *perveni tandem Parisius* ≈ *endlich kam ich nach Paris*
  ‣ *in civitate Turonus mansit* ≈ *er/sie wohnte in der Stadt Tours*

2 Auf temporaler Ebene dient der Ablativ in dieser Funktion zur Datierung einer Handlung. Er steht ohne Präposition, wenn er einen genauen Zeitpunkt bezeichnet, der durch eine Zeitmarkierung gekennzeichnet ist wie z. B. Stunden, Kalenden, Nonen, Iden (alles römische Kalenderbezeichnungen), Namen von Festtagen u. a. m. (s. Lektion 16); in den anderen Fällen steht jedoch gewöhnlich die Präposition *in*:

› exeo tertia hora ≈ *ich gehe um drei Uhr hinaus*; exeo diluculo ≈ *ich gehe mit Tagesanbruch hinaus*

› in illo tempore (*in jener Zeit*), in pueritia (*in der Kindheit*)

ᔪᎧ Exerzitien Ꭷᔪ

1. *Geben Sie zu den folgenden Verbalformen die 2. Person Plural aller Tempora im Indikativ an:
proficiscor, morior, cunctor. Bilden Sie ebenfalls die Partizipien dazu.*

2. *Übersetzen Sie den Satz unten, in dem sich nebeneinander Deponentien und aktivische Verben
finden:*
De variis hominum studiis. Meditantur et cogitant, consiliantur et ordinant, queru-
lantur et litigant, diripiunt et furantur, decipiunt et mercantur, contendunt et pre-
liantur.

Lothar von Segni, De miseria humanae conditionis

3. *Übersetzen Sie den folgenden Satz, der eine berühmte Invektive (Schmährede) Ciceros nach-
ahmt:*
Quousque tandem abutere, Hlodoice, patientia nostra?

Berengar an Ludwig, bei Liutprand, Antapodosis, 11, 41 (XI. Jahrhundert)

4. *Geben Sie die Funktion des Ablativs in folgenden Aphorismen an, und übersetzen Sie:*
1) Avarus non impletur pecunia neque divitiis fruitur. *2)* Amicus in necessitate pro-
batur. *3)* Ardua scientiae dona humilitate indigent maxima. *4)* Avaritia desidera-
tis opibus non extinguitur sed augetur. *5)* Difficilius arrogantia quam auro et gemmis caremus. *6)* Equus paratur ad bellum, sed a Domino victoria datur. *7)* Doctus ab
indocto poterit bona discere crebro. *8)* Vir qui dominatur animo suo fortior est expu-
gnatore urbium.

5. *Übersetzen Sie die folgenden Sätze; unterscheiden Sie dabei im ersten Satz die Dative von den
Ablativen:*
1) Erat enim abbatissa vultu serena, familiae cara, lenis subditis, dura superbis, pauperibus larga, parentibus pia, eloquio blanda, caritate erga Deum et proximum fervens et continentia permansit pura. *2)* Venerabat Karolus ecclesiam sancti Petri apostoli, quam multis divitiis tam in auro quam in argento necnon in gemmis dotave-
rat. *3)* Girardus equum recepit et terram Richero in alodium dedit, qui eam quiete et
absque calumpnia diu possederat. *4)* Episcopus Trohannus levitate animi multa utens
plurima temulentus dare vel promittere solebat, quae vino digesto penitus ignorabat.
5) Hora belli episcopus super cavallum suum sedens, stola indutus, non clippeo aut
lorica aut galea munitus, jaculis et lapidibus undique circa eum discurrentibus, intactus et inlesus subsistebat. *6)* Idiote sumus et corrupte loquimur.

Lernvokabeln

☐ *Folgende Präpositionen stehen stets beim Ablativ:*

a, ab, abs (a *oder* ab *vor Konsonant,* ab *vor Vokal oder* h, abs *vor* t)   von (her...), fern von, seit

absque   ohne

clam   heimlich vor, ohne Wissen von

coram   in Gegenwart von

cum   mit

de   von, unter (jd.), über

e, ex (e *oder* ex *vor Konsonant,* ex *vor Vokal oder* h)   aus (... heraus), seit, unter (*jd. befindlich*), gemäß, infolge von

prae, pre   vor, angesichts, im Vergleich zu

pro   vor, für, zugunsten von, anstelle von, im Verhältnis zu

sine   ohne

tenus (*nachgestellt, manchmal mit dem Wort vorher verbunden*)   bis (*cordetenus   bis zum Herzen*)

☐ *Die folgenden Präpositionen begleiten sowohl den Ablativ wie den Akkusativ:*

in *beim Abl.*   in (innerhalb von), auf (*einem Ort*), unter (*einer Gruppe von*), bei

sub *beim Abl.*   unter (unterhalb von), am Fuß von (z. B. Berg), unter Befehl von

super *beim Abl.*   wegen, hinsichtlich

Beim Akkusativ bezeichen diese Präpositionen gewöhnlich die Richtung (s. S. 106), also:
in ... hinein, gegen ... hin, auf ... hinauf

Lektion 10

Der Infinitiv
Der ›Akkusativ mit Infinitiv‹ (AcI)

1   Der Infinitiv

1.1   Die Formen des Infinitivs

Im Lateinischen existieren für jedes Genus Verbi (Aktiv, Passiv) *drei* verschiedene Infinitive: der *Infinitiv der Gleichzeitigkeit*, der *Vorzeitigkeit* und der *Nachzeitigkeit*. Wie die Bezeichnungen ausdrücken, geben sie kein Tempus an, sondern ein *Zeitverhältnis* der ausgedrückten Handlung usw. zum Prädikat.

1.1.1 Das Verbum esse (sum)

Präsens	Perfekt	Futur
sein	*gewesen sein*	*künftig sein*
esse	fuisse	futurum, -a, -um esse *oder* fore

1.1.2 Die Verben im Aktiv

Präsens	Perfekt	Futur
lieben, zerstören, usw.	*geliebt, zerstört haben usw..*	*künftig lieben, zerstören usw.*
amare	amavisse, amasse	amaturum, -am, -um esse
delere	delevisse	deleturum, -am, -um esse
legere	legisse	lecturum, -am, -um esse
capere	cepisse	capturum, -am, -um esse
audire	audivisse, audiisse, audisse	auditurum, -am, -um esse

a) Der *Infinitiv der Gleichzeitigkeit Aktiv* wird vom Präsensstamm gebildet (*ama-, dele-, lege-, cap-e-, audi-*), dem die Endung *-re* hinzugefügt wird. Dieser bildet die erste Form der *Stammformenreihe* des Verbs.

b) Der *Infinitiv der Vorzeitigkeit Aktiv* wird vom Perfektstamm gebildet, dem der Ausgang *-is-se* hinzugefügt wird.

c) Der *Infinitiv der Nachzeitigkeit Aktiv* wird mittels einer Umschreibung gebildet: Er setzt sich zusammen aus dem Infinitiv der Gleichzeitigkeit des Verbs *sum* und dem Partizip der Nachzeitigkeit Futur Aktiv. Da dieser Infinitiv zumeist in der Form des Akkusativs vorkommt, wird er in der Grammatik in dieser Form angegeben. Nicht selten wird auch in diesem Fall *esse*, also der Infinitiv zu *sum*, nicht ausgedrückt und ist daher mitzudenken.

1.1.3 Die Verben im Passiv

Präsens	Perfekt	Futur simple
geliebt werden usw.	*geliebt worden sein usw.*	*künftig geliebt werden usw.*
amari	amatum, -am, -um esse	amatum iri
deleri	deletum, -am, -um esse	deletum iri
legi	lectum, -am, -um esse	lectum iri
capi	captum, -am, -um esse	captum iri
audiri	auditum, -am, -um esse	auditum iri

a) In der a-, e- und i-Konjugation wird der *Infinitiv der Gleichzeitigkeit Passiv* durch Anfügung der Endung *-ri* an den Präsensstamm gebildet (*ama-ri, dele-ri, audi-ri*). Bei der konsonantischen Konjugation und der konsonantischen Konjugation mit i-Erweiterung (gemischte Konjugation) wird an den Präsensstamm die Endung *-i* angefügt *(leg-i, cap-i)*.

b) Der *Infinitiv der Vorzeitigkeit Passiv* wird mittels Umschreibung gebildet: *amatum, -am, -um esse*. Er setzt sich zusammen aus dem Partizip der Vorzeitigkeit Passiv und dem Infinitiv *esse* des Hilfsverbs *sum*. Auch dieser Infinitiv wird in der Grammatik in der Form des Akkusativs (Singular) aufgeführt (Grund wie bei 1.1.2/c), auch wird *esse* nicht selten fortgelassen und ist mitzudenken.

Mittellatein: Im mittelalterlichen Latein finden sich nicht selten Formen mit ›doppelter Perfektmarkierung‹, z. B. *amatum, -am, -um fuisse*, das dem regelmäßigen *amatum, -am, -um esse* entspricht.

c) Die Formen des *Infinitivs der Nachzeitigkeit Passiv* finden sich ausgesprochen selten. Sie werden mittels einer Umschreibung durch die (unveränderliche!) Form des Supinums + *iri* (Infinitiv Passiv zu *ire* ›gehen‹ (‹ich gehe›: , also ›gegangen werden‹) gebildet.

1.1.4 Die Deponentien

Präsens	Perfekt	Futur
nachahmen, fürchten usw.	*nachgeahmt, gefürchtet haben, usw.*	*künftig (im Begriff sein) nach(zu)ahmen, (zu) fürchten, usw.*
imitari	imitatum, -am, -um esse	imitaturum, am um esse
vereri	veritum, -am, -um esse	veriturum, -am, -um esse
uti	usum, -am, -um esse	usurum, -am, -um esse
pati	passum, -am, -um esse	passurum, -am, -um esse
largiri	largitum, -am, -um esse	largiturum, -am, -um esse

— Alle diese Infinitive haben aktivischen Sinn.
— Die *Formen* des Infinitivs der Gleichzeitigkeit und des Inifinitivs der Vorzeitigkeit wer-

den analog zu den Passivformen der entsprechenden Konjugationsgruppen gebildet (-*ri* in der a-, e-, i-Konjugation; -*i* in der konsonantischen und der gemischten Konjugation). Die Bildung des Infinitivs der Nachzeitigkeit erfolgt analog zu derjenigen der aktivischen Verben der jeweiligen Konjugationen.

1.2 Der Infinitiv im Satz

1 Der Infinitiv kann, wie im Deutschen, im Satz die Rolle einer Nominalform des Verbs in der Funktion eines Substantivs übernehmen, und zwar als Nominativ und (nur *ohne* Präposition) als Akkusativ. In dem Ausdruck *legere est jucundum* (*Lesen ist interessant*) ist *legere* Subjekt zu *est*; in dem Beispiel *cupio legere* (*ich möchte/wünsche zu lesen*) ist *legere* Ergänzung (direktes Objekt) zu *cupio*; in dem Satz *furari peccare est* (*Stehlen ist Sündigen*) ist *furari* Subjekt zu *est* und *peccare* Ergänzung (Prädikatsnomen) im Gesamtprädikat *peccare est*.
→ In allen angeführten Fällen entspricht der Infinitiv im Sinn einem Substantiv: *Lesen* ≈ die Handlung des Lesens ≈ *Lektüre*.

Mittellatein: In der römischen Kaiserzeit wurde diese Verwendung des Infinitivs auf andere Kasus als den Nominativ und den Akkusativ ohne Präposition ausgedehnt, und im mittelalterlichen Latein ist der Infinitiv in der Funktion eines Nominativs weit verbreitet. Ebenso findet man einen *finalen* Infinitiv, der zur Angabe eines Ziels dient, etwa *dare bibere* (*zu trinken geben*), *ire visere* (*besuchen gehen*). In den antiken Übersetzungen der Bibel findet sich der Infinitiv mit hinzugefügter Präposition zur Angabe eines Ziels, also mit finalem Sinn: *carnem dare ad manducare* (*Fleisch zu essen geben*). Diese Ausdrucksweise wurde in der gesprochenen Sprache sehr häufig verwendet.
→ In gleicher Weise findet sich der Infinitiv auch als Ergänzung zu einem Adjektiv, z. B. *cognosci utilia* ≈ *nützliche Dinge zu wissen* (›gewusst zu werden‹).
Der Infinitiv trat auch an die Stelle komplexerer Konstruktionen; so findet man ständig Ausdrücke wie *facere venire* (*kommen lassen*, *zu kommen veranlassen*, d. h. ›anordnen, dass er/sie kommt‹ u. ä.).

2 Das Latein der Christen und mithin das mittelalterliche Latein entwickelte unter dem Einfluss der Verfahren griechischer Substantivierungen in breiter Weise die Verwendung des substantivierten Infinitivs, der auch von einem Adjektiv begleitet sein kann. So findet man *simplex esse* (*das reine Sein*, das heißt: Gott); *juxta meum velle* (*entsprechend, nach meinem Wollen/Willen*); *nostrum consentire* (*unser Einverständnis*).

3 Der Infinitiv zeigt überdies mancherlei verbale Verwendungsweisen (d. h. solche, in denen er die Rolle eines Verbs spielt). Hauptsächlich ist das die Rolle im Infinitivsatz, die im folgenden Kapitel behandelt wird. Doch ebenso kann er zusammen mit einem Subjekt im Nominativ verwendet werden, gewissermaßen als Äquivalent des Präsens oder des narrativen Perfekts: der *erzählende Infinitiv* gibt der Handlung eine zusätzliche Expressivität; vor allem findet man ihn in literarischen Texten:
› vociferari palam, vix lacrimas tenere (*vor allen Leuten stießen sie Schreie aus, kaum hielten sie ihre Tränen zurück*).

Schließlich existiert noch ein *exklamativer Infinitiv* (Infinitiv des Ausrufs), dessen Subjekt im Akkusativ steht:

› Te in tantas aerumnas propter me incidisse! (*Dass du meinetwegen in solches Unglück geraten bist!; meinetwegen bist du ...!*)

2 Der ›Akkusativ mit Infinitiv‹ (AcI), ein satzwertiger Ausdruck

Beim sog. ›Akkusativ mit Infinitiv‹ (AcI: *Accusativus cum infinitivo*) handelt es sich geradezu um den charakteristischsten Ergänzungssatz des klassischen Lateins. Die (relative) Kompliziertheit seiner Konstruktion ließ ihn mehr zu einem Merkmal der literarischen Sprache als der gesprochenen Sprache werden; im mittelalterlichen Latein besaß er die Tendenz, gegenüber indikativischen Ergänzungssätzen zurückzutreten, die von einer unterordnenden Konjunktion (Subjunktion) eingeleitet werden. Gleichwohl bleibt er in der literarischen Sprache des Mittelalters eine häufige Ausdrucksweise.

2.1 Die Struktur des AcI

Eine mit dem lateinischen AcI vergleichbare Struktur findet sich auch im Deutschen, doch fast ausschließlich nach Verben der sinnlichen Wahrnehmung:

› *ich höre die Mönche singen*: dem Sinn nach ist hier Mönche Subjekt zum Sinn-Prädikat *singen*; ... *Mönche singen* ist ein vom übergeordneten Prädikat abhängiger Objektsatz im Infinitiv.

Im Lateinischen findet man die gleiche Ausdrucksweise jedoch auch nach *deklarativen* Verben (›sagen‹), Verben der *Meinungsäußerung* (›glauben‹), nach bestimmten Verben der *Willensäußerung* (*jubere* ≈ ›befehlen‹; vgl. älteres Deutsch ›ich heiße dich aufzustehen‹) sowie nach bestimmten *unpersönlichen Wendungen* (*turpe est* ≈ *es ist schändlich*; *constat* ≈ *es steht fest [dass ...]*). Der AcI, ein satzwertiger Ausdruck, wird im Lateinischen durch *kein* unterordnendes Wort (Konjunktion) eingeleitet; im Deutschen ist bei der Übersetzung gewöhnlich ein ›dass‹ als Verbindungselement einzusetzen, doch genauso ist ein Satz ohne ›dass‹ möglich.

So ist in dem Satz *scio vitam esse brevem* (*ich weiß, dass das Leben kurz ist; ich weiß, das Leben ist kurz*) *vitam* Sinn-Subjekt zum Sinn-Prädikat *esse* und steht im Akkusativ (weil der ganze Ausdruck Objekt zu *scio* ist). *Brevem* ist Prädikatsnomen zu *esse* und muss im selben Kasus stehen wie sein Beziehungswort *vitam*. *Esse* ist (hier) Infinitiv der Gleichzeitigkeit.

2.2 Der Ausdruck von Zeitverhältnissen im AcI

Das Lateinische verfügt über drei verschiedene Infinitive jeweils im Aktiv und im Passiv (s. o.). Wie dargelegt, beschreiben sie keine absolute Zeitstufe, sondern ein relatives Zeitverhältnis, jeweils bezogen auf das Prädikat, zu dem sie eine Ergänzung bilden:

› Scio victoriam difficilem esse ≈ *ich weiß, dass der Sieg schwer ist*: Gleichzeitigkeit zum Sprechzeitpunkt

- Scio victoriam difficilem fuisse ≈ *ich weiß, dass der Sieg schwer war*: Vorzeitigkeit zum Sprechzeitpunkt
- Scio victoriam difficilem futuram esse *oder* fore ≈ *ich weiß, dass der Sieg schwer sein wird*: Nachzeitigkeit zum Sprechzeitpunkt

Die ›Tempusform‹ des Infinitivs (also Infinitiv der Gleichzeitigkeit, Vorzeitigkeit, Nachzeitigkeit) ist also *nicht* vom Tempus des Satzprädikats abhängig, so dass dieses im Deutschen bei der Übersetzung von da her keine Auswirkungen hat:

- Sciebam victoriam difficilem esse ≈ *ich wusste, dass der Sieg schwer ist*: Gleichzeitigkeit zum Sprechzeitpunkt
- Sciebam victoriam difficilem fore ≈ *ich wusste, dass der Sieg schwer sein wird*: Nachzeitigkeit zum Sprechzeitpunkt

Beachten Sie: Eine Eigentümlichkeit des Deutschen ist es, in Fällen wie diesen, in denen *berichtet* wird, den Konjunktiv der abhängigen (berichteten) Rede zu verwenden, also: *... schwer sei, ... schwer sein werde.*

Hinweis: Dieser vom klassischen Latein her betrachtete strenge Gebrauch der Infinitive unter dem Aspekt der Zeitverhältnisse wird im mittelalterlichen Latein nicht immer beachtet; man muss daher stets sorgfältig auf den Kontext achten. So entspricht *fore* sehr häufig *esse*, und ein Infinitiv der Gleichzeitigkeit kann für einen der Vorzeitigkeit oder der Nachzeitigkeit stehen (und umgekehrt). Daher liest man:

- Ut ad nostrum monasterium venit, sanctum Marcum ibi requiescere negavit, quia dixit in Alexandria se manere ejusque basilicam ibi videre.

Der Pilger, der vor dem Grab des Hl. Markus im Kloster Reichenau diese Feststellung macht, hat sich nur in Alexandria *aufgehalten* und dort nicht regelmäßig gewohnt: Man muss also verstehen *mansisse* statt *manere* und *vidisse* statt *videre*, daher ist folgendermaßen zu übersetzen:

Als er zu unserem Kloster kam, bestritt er, dass der heilige Markus dort zur Ruhe gebettet sei, denn er sagte, dass er sich in Alexandria aufgehalten und dort seine Kirche gesehen habe.

2.3 Personalpronomina und Possessivpronomina im AcI

1 Ist im AcI ein Pronomen das Sinn-Subjekt, wird es fast immer ausgedrückt, auch wenn es sich um dieselbe Person wie im Satz-Prädikat handelt.
- credo me esse laetum ≈ *ich glaube, dass ich glücklich bin*

2 Ist im AcI ein Pronomen der 3. Person Subjekt, gebraucht man das Reflexivum, um sich auf dieselbe Person wie im Satz-Prädikat zu beziehen, und den Akkusativ des verweisenden Pronomens *is, ea, id*, wenn man sich auf eine andere Person (außerhalb des Satzes) bezieht:
- pater credit se esse laetum ≈ *der Vater glaubt, dass er (selbst) glücklich ist*
- pater filium amat; credit eum esse laetum ≈ *der Vater liebt seinen Sohn; er glaubt dass er/der/dieser glücklich ist*

3 Zum Ausdruck eines Besitzverhältnisses der 3. Person verwendet man das reflexive Possessivpronomen, wenn der Besitzer das Akkusativ-Subjekt zum Infinitiv ist (→ direkte Reflexivität) oder auch das Subjekt des Satz-Prädikats (→ indirekte Reflexivität); in anderen Fällen benutzt man den Genitiv des verweisenden Pronomens *is, ea, id*:

In dem Satz

▸ credit parentes suos esse laetos ≈ *er glaubt, dass seine Eltern glücklich sind*

bezieht sich *suos* auf das Subjekt des Satz-Prädikats *credit*: → indirekte Reflexivität. In dem Satz *jussit milites virtutem suam ostendere* ≈ *er befahl, dass die Soldaten all ihren Mut zeigten* bezieht sich *suam* auf das Akkusativ-Subjekt des Infinitivs *ostendere*: → direkte Reflexivität. In dem Satz *credo parentes ejus esse beatos* ≈ *ich glaube, dass seine Eltern glücklich sind* bezieht sich *ejus* auf eine hier nicht genannte 3. Person: → keine Reflexivität; Bedeutung: *dessen Eltern*.

Mittellatein: Wie schon in der Lektion zu den Personal- und Possessivpronomina bemerkt wurde, ist das mittelalterliche Latein weit davon entfernt, den klassischen Gebrauch in diesem Punkt zu respektieren; man findet daher Nicht-Reflexiva, die sich auf das Satz-Subjekt beziehen und umgekehrt: Nur der Kontext gibt in diesen Fällen genaue Auskunft.

2.4 Persönlicher Infinitivsatz im Passiv (NcI: Nominativ mit Infinitiv)

Im Lateinischen sind bei einigen Verben passivische Ausdrucksweisen möglich, bei denen das Deutsche dieses nicht erlaubt. Ein lateinischer Satz wie *dux dicitur hostes vicisse* ist daher so zu übersetzen: *Man sagt, dass der Heerführer die Feinde besiegt hat/habe.*[27] Eine solche ›persönliche‹ Ausdrucksweise entspricht einer Formulierung mit AcI: *dicunt*[28] *ducem hostes vicisse*. In Analogie zum ›Accusativus cum infinitivo‹ spricht die Grammatik hier vom ›NcI: Nominativus cum infinitivo‹, ›Nominativ mit Infinitiv‹:

▸ milites jussi sunt arma deponere ≈ *man befahl den Soldaten/die Soldaten erhielten den Befehl, die Waffen niederzulegen*

▸ vetor id facere ≈ *man verbietet mir, das zu tun*

Beachten Sie: Das Passiv zu *videre* ›sehen‹ begegnet nicht selten begleitet von einem Infinitiv; in diesem Fall wird es im Deutschen mit ›scheinen‹ o.ä. wiedergegeben: *hostes flumen videntur traiecisse* ≈ *die Feinde scheinen den Fluss überschritten zu haben*; dazu kommen weitere ähnliche Verwendungsweisen (vgl. Lexikon).

---

[27] Vgl. dazu die mit dem Lateinischen vergleichbare Möglichkeit im Englischen: ›They are said to be liars‹ ≈ ›Man sagt, sie seien Lügner‹ (Anm. hs).

[28] Im Lateinischen existiert kein exaktes Äquivalent für das deutsche unpersönliche ›man‹. In Lektion 17 werden wir sehen, dass eine bestimmte Anzahl unbestimmter Pronomina eine verwandte Rolle spielt. Bei deklarativen Aussage- oder Meinungsverben wie *dicere, narrare, credere* findet sich sehr häufig die 3. Person Plural, die bedeutungsmäßig ›Unpersönlichkeit‹ ausdrückt, so *dicunt, narrant, credunt* ≈ *man sagt, man erzählt, man glaubt* u. a. (wörtlich: ›sie sagen, sie erzählen, sie glauben‹).

2.5 Infinitivsatz und abhängiger Objektsatz in Konkurrenz

Im klassischen Latein werden einige seltenere Verben mehr mit einem indikativischen Ergänzungssatz (Objektsatz) verwendet als mit einem Infinitiv. Das gilt insbesondere für *addere quod* (*hinzufügen, dass ...*) und *praeterire quod* (*den Umstand übergehen, dass ...*). Zudem hat die Konjunktion *quod* mit Indikativ erklärende (explikative) Bedeutung und kann den Sinn bestimmter Wörter (Substantive, Pronomina) näher erläutern: In dem Satz *id fructum cepi quod rhetoricam didici* ≈ *das habe ich als Gewinn mitgenommen, dass ich Rhetorik gelernt habe* leitet *quod* einen Ergänzungssatz ein, der *id fructum* wieder aufnimmt und in seinem Sinn entfaltet.

Diese Verwendung von *quod* als Einleitung eines Ergänzungssatzes hat sich im mittelalterlichen Latein beträchtlich ausgedehnt; dort findet man nach Inhaltsverben (Aussage, Meinung, Gefühl) Infinitivkonstruktion und Ergänzungssatz (gewöhnlich im Indikativ) in Konkurrenz miteinander, der Ergänzungssatz wird durch *quod, quia*, manchmal sogar *quoniam, qualiter* eingeleitet: *Scio, quod (quia, quoniam, qualiter) venit* ist ein Äquivalent zu *scio eum venisse*.

 **Exerzitien**

1. *Übersetzen Sie die folgenden Sätze:*
1) Tunc jussit eum a suo servo caedi. *2)* Rex Indiae Gundoferus misit praepositum Abbanem quaerere hominem architectoria arte eruditum. *3)* Unde scimus sapientiam esse perpetuam? *4)* Bona coepisse et non perficere non prodest. *5)* Deum timere et amare, maxima causa est salutis humanae. *6)* Missis nuntiis celeriter ad Augustam civitatem oleum ab eo consecratum sibi inde reportare precepit. *7)* Muros pene ignibus destructos reaedificare fecit. *8)* Ornamenta ecclesiae, quae propter barbaros in civitatem fuerant deportata et in matrici ecclesia servata, restitui fecit. *9)* Episcopus dixit: »Dulcissime pater, nunc scis certe me cito de hoc[29] saeculo esse migraturum«. *10)* Debilibus cum eo venientibus in sua presentia collocatis, habundantem refectionem apponi precepit.

2. *Übersetzen Sie den folgenden Text:*
Justitia vero regis est neminem[30] injuste per potentiam obprimere, sine acceptione personarum inter virum et proximum suum judicare, advenis et pupillis et viduis defensorem esse, furta cohibere, adulteria punire, iniquos non exaltare, impudicos et histriones non nutrire, impios de terra perdere, parricidas et perjurantes vivere non sinere, ecclesias defendere, pauperes elemosinis alere, justos super regni negotia constituere, senes et sapientes et sobrios consiliarios habere, magorum et ariolorum pito-

---

[29] *hoc* ist Ablativ Neutrum Singular zum Demonstrativpronomen *hic, haec, hoc* (s. Lektion 14): *de hoc saeculo* ≈ *von dieser Welt.*

[30] *neminem* ist Akkusativ zu *nemo* ›niemand, keiner‹ (s. Lektion 17).

nissarumque superstitionibus non intendere, iracundiam differre, patriam fortiter et juste contra adversarios defendere, per omnia in Deo vivere, prosperitatibus non elevare animum, cuncta adversa patienter ferre, fidem catholicam in Deum habere, filios suos non sinere impie agere, certis horis orationibus insistere, ante horas congruas non gustare cibum.

Jonas d'Orléans (Bischof zu Orléans, 9. Jh., Le métier de roi,
hgg. von A. Dubreucq, Sources chrétiennes, 406, Paris, 1995, S. 188 und 190

Lernvokabeln

advena, ae, *m.* Ankömmling, Fremder
fides, *ei, f.* Vertrauen, Treue; Glaube
furtum, -i, *n.* Diebstahl
hora, ae, *f.* Stunde
insistere, -o, stiti, stitum (*mit Dativ*) sich *e.*
  Sache fleißig widmen
iracundia, ae, *f.* Zorn, Wut

jubere, -eo, jussi, jussum befehlen
prosperitas, atis, *f.* Wohlstand
quaerere, -o, quaesivi, quaesitum *etw.* zu
  erlangen suchen; fragen
sinere, -o, sivi, situm lassen, zulassen,
  erlauben

Lektion 11

Wichtige Verben mit Besonderheiten

Unpersönliche Verben

Verben mit unvollständigen Formen

1 Wichtige Verben mit Besonderheiten

1.1 *velle* (*wollen*), *nolle* (*nicht wollen*), *malle* (*lieber wollen*)

Diese drei Verben gehören zur konsonantischen Konjugation (Typ *legere*), weisen jedoch im Indikativ Präsens verschiedene Besonderheiten auf. Ihre Stammformen lauten wie folgt: *velle, volo, volui; nolle, nolo, nolui; malle, malo, malui* (kein Supinstamm).

Präsens			Imperfekt	Futur
ich will	*ich will nicht*	*ich will lieber*	*ich wollte, wollte nicht, wollte lieber*	*ich werde wollen, nicht wollen, lieber wollen*
volo	nolo	malo	volebam, nolebam, malebam	volam, nolam, malam
vis	non vis	mavis	volebas, *usw.*	voles, *usw.*
vult	non vult	mavult	volebat	volet
volumus	nolumus	malumus	volebamus	volemus
vultis	non vultis	mavultis	volebatis	voletis
volunt	nolunt	malunt	volebant	volent

Es existiert nur ein Partizip der Gleichzeitigkeit: *volens, nolens, malens* (*-ntis*)
→ Vgl. dazu den auch im Deutschen gebräuchlichen Ausdruck *nolens volens* ›wohl oder übel‹, ›notgedrungen‹.

1.2 *ferre* (*tragen, bringen*) und seine Komposita

Das Verb *ferre* folgt in seiner Konjugation ebenfalls dem Modell *legere*. Seine Stammformen lauten: *ferre, fero, tuli, latum*. Der Infinitiv der Gleichzeitig Aktiv lautet *ferre*, der des Passivs *ferri*. Im Indikativ Präsens zeigt die Konjugation einige Besonderheiten:

Präsens	Imperfekt	Futur
ich trage	*ich trug*	*ich werde tragen*
fero	ferebam	feram
fers	ferebas	feres
fert	ferebat	feret
ferimus	ferebamus	feremus
fertis	ferebatis	feretis
ferunt	ferebant	ferent

Das Verb *ferre* verfügt über eine große Zahl von Komposita, die wie das einfache Wort (das Simplex) konjugiert werden. Bei einem Teil der Komposita behält das Präfix seine ursprüngliche Lautgestalt:

- per → perferre ≈ ertragen
- prae → praeferre, preferre ≈ vorführen, präsentieren, vorziehen
- pro → proferre ≈ hervortragen, zeigen
- circum → circumferre ≈ herumtragen
- de → deferre ≈ bringen, darreichen
- trans → transferre ≈ überbringen

Bei anderen Komposita gleicht sich das Präfix ggf. lautlich an das Simplex und seine Formen an:

- ad- → afferre, affero, attuli, allatum ≈ herbeibringen
- in- → inferre, infero, intuli, illatum ≈ hineintragen
- ob- → offerre, offero, obtuli, oblatum ≈ anbieten
- ab- → auferre, aufero, abstuli, ablatum ≈ wegtragen
- ex- → efferre, effero, extuli, elatum ≈ hinaustragen
- dis- → differre, differo, distuli, dilatum ≈ verschieben, sich unterscheiden
- cum- → conferre, confero, contuli, collatum ≈ zusammentragen, vergleichen
- re- → referre, refero, rettuli, relatum ≈ zurückbringen; berichten, melden

Die Partizipien dieser Verben werden regelmäßig in allen drei Verwendungsweisen gebildet, beispielsweise *afferens; allatus, -a, -um; allaturus, -a, -um.*

1.3   *ire* (*gehen*) und seine Komposita

Die Stammformen zu *ire* lauten: *ire, eo, ivi ou ii, -itum.* Im Präsens variiert der Stammvokal zwischen *i-* und (vor *-o-* und *-u-*) *e-*. Das Futur wird nach dem Modell der a- und e-Konjugation mithilfe des Suffixes *-b-* gebildet:

Indikativ			Partizip	
ich gehe	*ich ging*	*ich werde gehen*	*gehend*	*im Begriff zu gehen*
eo	ibam	ibo	iens, euntis	iturus, -a, -um
is	ibas	ibis		
it	ibat	ibit		

imus	ibamus	ibimus		
itis	ibatis	ibitis		
eunt	ibant	ibunt		

Mittellatein: Im mittelalterlichen Latein wurde dieses Verb oft von dem Verb *vadere* (Typ *legere*) ersetzt.

Die hauptsächlichen Komposita zu *ire* sind:

- ad- → adire, adeo, -ivi (-ii), -itum: herangehen, hingehen
- ab- → abire, abeo, -ivi (-ii), -itum: weggehen
- ex → exire, exeo, -ivi (-ii), -itum: heraus-, hinausgehen
- pro(d)- → prodire, prodeo, -ivi (-ii), -itum: vorangehen, vorrücken
- re(d)- → redire, redeo, -ivi (-ii), -itum: zurückgehen
- inter- → interire, intereo, -ivi (-ii), -itum: untergehen
- intro- → introire, introeo, -ivi (-ii), -itum: hineingehen
- circum- → circumire (circuire), circumeo, -ivi (-ii), -itum: herumgehen, umgehen
- praeter (preter)- → praeterire, praetereo, -ivi (-ii), -itum: vorübergehen, übergehen
- sub- → subire, subeo, -ivi (-ii), -itum: unternehmen, etw. durchmachen
- trans- → transire, transeo, -ivi (-ii), -itum: hinübergehen, überschreiten
- ob- → obire, obeo, -ivi (-ii), -itum: sterben (gedacht: *mortem*, ›dem Tod entgegengehen‹)

2 Unpersönliche Verben

Manche Verben kommen nur in der 3. Person Singular ohne Bezugnahme auf eine Person/Sache in Verbindung mit einem Infinitiv vor; ihr sachlicher Inhalt erscheint durch den Infinitiv ausgedrückt (deutsch: *dass*-Satz oder Infinitivsatz mit *zu*). Die wichtigsten sind:

2.1 Verben zum Ausdruck einer Verpflichtung, der Schicklichkeit, der Notwendigkeit, der Offenkundigkeit

- constat (constare), constitit ≈ *es steht fest*
- oportet (oportere), oportuit ≈ *es ist nötig*
- licet (licere), licuit ≈ *es ist erlaubt, steht frei*
- libet (libere), libuit ≈ *es gefällt, beliebt*
- decet (decere), decuit ≈ *es ziemt, gehört sich*
- convenit (convenire), convenit ≈ *es empfiehlt sich, ist zweckmäßig, man sollte*
- interest (interesse), interfuit ≈ *es ist von Interesse für, betrifft*

  Beachten Sie die Konstruktion dieses Verbs: entweder mit einem Genitiv oder mit einem Possessivpronomen im Ablativ Femininum Singular: *comitis interest ≈ es betrifft den Grafen; mea interest ≈ es betrifft mich, geht mich an*

- refert (referre), retulit ≈ *es kommt darauf an*
- expedit (expedire), expedi(v)it ≈ *es ist förderlich, nützlich*
- necesse est ≈ *es ist notwendig*
- praestat, prestat (praestare), praestitit ≈ *es ist besser*
- juvat (juvare), juvit ≈ *es ist angenehm, nützlich*
- placet (placere), placuit ≈ *es gefällt, scheint gut*

2.2 Verben zum Ausdruck eines Geschehens

- accidit (accidere), accidit ≈ *es geschieht, kommt vor* (oft negativ)
- contingit (contingere), contigit ≈ *es geschieht, kommt vor* (oft positiv)
- evenit (evenire) ≈ *es geschieht, ereignet sich*

2.3 Verben zum Ausdruck eines Gefühls

- me paenitet, penitet (paenitere), paenituit ≈ *ich bereue* etw.
- me miseret (miserere) ≈ *mir tut* etw. *leid*
- me piget (pigere), piguit ≈ *mich ärgert, verdrießt*
- me pudet (pudere), puduit ≈ *ich schäme mich* für etw., einer Sache
- me taedet, tedet (taedere), taeduit ≈ *mich ekelt, ich habe Ekel* vor etw.

Diese Verben stehen mit einem Akkusativ, der die Person bezeichnet, welche das Gefühl besitzt, und mit einem Genitiv, der die Ursache des Gefühls bezeichnet:
- Me penitet erroris mei ≈ *ich bereue meinen Fehler*

2.4 Unpersönliche Wendungen

Neben diesen Verben existieren ebenfalls unpersönliche Wendungen, die entweder aus einem Adjektiv im Neutrum Sg. und dem Hilfsverb *est* bestehen:
- bonum est ≈ *es ist gut, dass* ...
- aequum est ≈ *es ist recht und billig*
- pulchrum est ≈ *es ist schön*
- turpe est ≈ *es ist schändlich, eine Schande*

- ... oder aus einem Substantiv in Verbindung mit *est*:
- fas est ≈ *es ist erlaubt* (durch göttliches Gesetz)
- opus est ≈ eine Sache *ist nötig, wird gebraucht*
- mos est ≈ *es ist Sitte, Brauch*

3   Unvollständige Verben

Von folgenden Verben sind jeweils nur einzelne Formen im Gebrauch:
1 *inquam* und *aio* kommen nur als Einschub in eine Rede vor: ..., *sage ich*, ... Man findet dieses Verb nur im Präsens, Imperfekt, Futur und Perfekt, hauptsächlich in den drei Personen des Singulars. *Beispiele:*

› inquis (*sagst du*); inquiunt (*sagen sie*); inquies (*wirst du sagen*); inquisti (*hast du gesagt*); aiebam (*sagte ich*); ait (*sagt er/sie, sagte er/sie*; Präsens und Perfekt)

2 *memini* (*ich erinnere mich*) und *odi* (*ich hasse*) sind beides Formen des Perfekts mit präsentischer Bedeutung; das ist so erklärbar, dass der *Vorgang* des Sich-Erinnerns bzw. des Hass-Aufgehäufthabens zeitlich vor diesem *Resultat* liegt.

Die Konjugation dieser Verben ist regelmäßig (nach dem Perfektstamm), für das Imperfekt stehen die Formen des Plusquamperfekts *memineram* bzw. *oderam*; die zugehörigen Infinitive sind *meminisse* bzw. *odisse*. Das mittelalterliche Latein hat jedoch auch einen Infinitiv der Gleichzeitigkeit in der Form *meminere* geprägt; diesen findet man beispielsweise in der *Regel* des Hl. Benedikt (*meminere debet semper abbas ≈ der Abt muss sich stets erinnern*).

4 fieri

Das Verb *fio*, Infinitiv *fieri* (eine alte Form des Infinitivs GZ Passiv), wird in den Formen des Präsensstamms Aktiv regelmäßig wie *audire* (*audio*) konjugiert. Es dient als Passiv zu *facere* (*facio*), das keine eigenen Formen im Präsens Passiv usw. hat. Bedeutung: ›gemacht werden‹, ›werden‹, ›geschehen‹. Als Formen des Perfekts usw. dienen ihrerseits die entsprechenden Formen von *facere*:

	Tempora des Präsensstamms	Tempora des Perfekts
Indikativ	fio, fis, fit, fimus, fitis, fiunt fiebam, fiebas, *usw.* fiam, fies, fiet, *usw.*	factus, -a, -um sum factus, -a, -um eram factus, -a, -um ero
Infinitiv	fieri (*Gleichzeitigkeit*)	factum, -am, -um esse (*Vorzeitigkeit*)

Exerzitien

1. *Übersetzen Sie:*

noluistis, voluisti, malueras, maluerunt, voluerint, mavis, nolumus, malet, nolle, malebam, volam, non vis, mavultis, maluerint, aufertis, retulimus, contuleramus, relati sunt, attuleris, intulerant, fertur, ferunt, ferent, ferebant, conferam, ablata est, introitis, obeunt, subierant, transimus, adibo, inibitis, praeteris, ieram

2. *Vergegenwärtigen Sie sich den Gebrauch der unpersönlichen Verben in der folgenden Strophe:*

Dum juventus floruit,
licuit et libuit
facere quod placuit,
juxta voluntatem

currere, peragere
carnis voluptatem.

Pierre de Blois,
De conversione hominum, Strophe 1

Übersetzung: *Als meine Jugend in Blüte stand, war es erlaubt und stand mir frei, zu tun, was mir gefiel, ganz nach meinem Willen zu laufen und der Lust des Fleisches zu folgen.*

3. *Übersetzen Sie die folgen Sätze:*

1) Decet regem discere legem. *2)* Oportet episcopum irreprehensibilem esse, sobrium, prudentem. *3)* Surrexit impius et hereticus homo, Rethwalus nomine, qui volebat omnes filios principis interficere. *4)* Interest apostolice sedis diligenter et prudenter de imperio Romano tractare. *5)* Oportet nos in nostro diligere permanere. *6)* Placet mihi tuus sermo et placet mihi id tibi dicere. *7)* Non debet venator formidolosus esse, quia varie bestie morantur in silvis. *8)* De episcopi sospitate non oportet reticere.

Lernvokabeln

die Komposita der Verben *ferre, fero* und *ire, eo*

Lektion 12

Das Supinum

Das Gerundium (nd-Formen I)

Das Gerundivum (nd-Formen II)

Das **Supinum** und das **Gerundium** sind Nominalformen (substantivische Formen) des Verbs, die diejenigen Funktionen erfüllen, die der Infinitiv nicht leisten kann; dieser wird, wie gesehen, vor allem als Subjekt, direktes Objekt und Ergänzung verwendet. Anders gesagt, Supinum und Gerundium liefern dem Verb die fehlenden Formen zu seiner Deklination, wobei der Infinitiv selbst den Nominativ sowie den Akkusativ *ohne* Begleitung einer Präposition bilden.

Das **Gerundivum** ist ein Verbaladjektiv, das in seiner Formenbildung und einigen seiner Verwendungsweisen Gemeinsamkeiten mit dem Gerundium aufweist: Wie dieses bietet es dem Lateinischen Möglichkeiten, einen Verbinhalt in nominalisierter Weise auszudrücken.

1   Das Supinum

Das Supinum (der Begriff hat keine nachvollziehbare Bedeutung)[31] tritt in zwei Formen auf:

1. Die erste Form, die auf -*um* endet (Akkusativ), bildet die letzte Form der Stammformenreihe des Verbs. Verwendet wird sie als eine das *Ziel* bezeichnende Ergänzung bei Verben der Bewegung: *ire dormitum* (*schlafen gehen*) oder zur Angabe einer *Zweckbestimmung*: *dare nuptum* (*verheiraten*, ›zum Heiraten, in die Ehe geben‹; *nuptum* ist Supinum des Verbs *nubere* ≈ ›heiraten‹ aus der Sicht der Frau). Seit der Zeit des klassischen Lateins konkurriert mit dieser Ausdrucksweise der Infinitiv (s. Lektion 10): *dare nubere, facere nubere.*

2. Die zweite Form endet auf -*u* (Form des Dativs oder Ablativs); diese wird nur als Ergänzung zu Adjektiven verwendet: *dignum memoratu* (*wert der/zur Erwähnung, erwähnt zu werden*); *horribile dictu* (*schrecklich zu sagen*).

---

[31] In der deutschen Grammatik bezeichnet ›Supinum‹ überdies etwas ganz anderes, nämlich das finale Partizip des Typs ›der anzuwendende …‹.

2 Das Gerundium (nd-Formen I)

2.1 Formenbildung

Das Gerundium wird durch Hinzufügung des Suffixes *-nd-* an den Präsensstamm gebildet. Mithilfe der Kasusendungen des Neutrums (Sg., o-Deklination) dient das Gerundium der Deklination des Infinitivs:

Akkusativ	amandum	delendum	legendum	capiendum	audiendum
Genitiv	amandi	delendi	legendi	capiendi	audiendi
Dativ	amando	delendo	legendo	capiendo	audiendo
Ablativ	amando	delendo	legendo	capiendo	audiendo

2.2 Verwendung

1. Das Gerundium in Verbindung mit der Präposition *ad* bezeichnet das Ziel bzw. den Zweck einer Handlung: *legit ad discendum* (*er/sie liest zum Lernen, um zu lernen*)
2. Das Gerundium im Genitiv bildet ein Attribut zu einem Substantiv oder eine Ergänzung zu einem Adjektiv: *tempus discendi* (*Zeit zu lernen*); *cupidus, -a discendi* (*willig, neugierig zu lernen*)
3. Das Gerundium im Dativ steht bei Verben, denen dieser Kasus folgt: *studebat jejunando atque orando* (*er widmete sich dem Fasten und Beten*). Manchmal ersetzt es auch den Akkusativ des Gerundiums mit *ad* zur Bezeichnung des Handlungsziels: *exeo diluculo minando boves ad campum* (*ich stehe sehr früh auf, um die Rinder auf das Feld zu führen*).
4. Im Ablativ mit oder ohne Präposition bezeichnet das Gerundium den Begleitumstand einer Handlung: *legendo doctus fies* (*durch Lesen/Lektüre wirst du gelehrt, indem du liest, ...*); *ex legendo voluptatem capis* (*aus Lektüre ziehst du Genuss, erfährst du ...*).

    Theoretisch unterscheidet sich dieses Gerundium, das ein *Mittel* ausdrückt, vom Partizip der Gleichzeitigkeit, das eine begleitende Handlung bezeichnet: So unterscheidet das klassische Latein *legendo doctus fies* (*durch Lesen/Lektüre wirst du gelehrt*) von *ambulo legens* (*ich gehe lesend spazieren, indem ich lese*). Im mittelalterlichen Latein dagegen ersetzt das Gerundium im Ablativ oft dieses Partizip: *redierunt dicendo psalmos* entspricht *redierunt dicentes psalmos* (*sie kamen, Psalmen rezitierend, zurück*).

Erinnerung: Im mittelalterlichen Latein ist der Infinitiv Konkurrent des Gerundiums und des Supinums (s. die vorhergehende Lektion). Aus der Interferenz der beiden Wendungen *venio ad visendum* (*klassisch*) und *venio visere* (*gesprochene Sprache*) entstehen die Ausdrucksweisen *venio ad visere* und *venio visendum*.

3 Das Gerundivum (nd-Formen II)

3.1 Formenbildung

Die Bildeweise des Gerundivums, eines Verbaladjektivs wie das Partizip, ist mithilfe des Elements -nd- die gleiche wie die des Gerundiums. Als Adjektiv nach dem Muster *bonus, -a, -um* besitzt es jedoch drei Genera und damit auch Singular- und Pluralformen: *amandus, -a, -um; delendus, -a, -um; legendus, -a, -um; capiendus, -a, -um; audiendus, -a, -um.*

3.2 Verwendung

3.2.1 Bedeutung als Verbaladjektiv

a) In Verbindung mit dem Hilfsverb *esse* (*sum*) bezeichnet es eine Notwendigkeit oder Verpflichtung:
  ‣ Deorum immortalitas est omnibus colenda/Eorum et pluralitas ubique metuenda ≈ *die Unsterblichkeit der Götter ist von allen in Ehren zu halten, muss von allen in Ehren gehalten werden/Ihre große Vielzahl ist überall zu fürchten, muss überall gefürchtet werden* (Verse aus dem ›Spiel vom Antichrist‹ [um 1160] aus dem Kloster Tegernsee).
Wie die Übersetzung der Beispiele zeigt, hat das Gerundivum *passivische Bedeutung*. Die Person, welche die bezeichnete Handlung ausführen muss/soll, wird mit dem *Dativ* (›Dativ des Urhebers‹) bezeichnet.
  Das Gerundivum wird auch im Neutrum in Verbindung mit *est* usw. in unpersönlichen Ausdrücken verwendet:
  ‣ pugnandum est ≈ *man muss kämpfen, es muss gekämpft werden*; militibus pugnandum est ≈ *die Soldaten müssen kämpfen, haben zu kämpfen.*
b) In Verbindung mit manchen Verben, die ein Ziel/einen Zweck bezeichnen, drückt das Gerundivum aus, zu welchem Zweck die Handlung ausgeführt werden muss/soll:
  ‣ dare pueros educandos ≈ *die Kinder zur Erziehung (fort)geben*
  ‣ pontem curat faciendum ≈ *er lässt eine Brücke bauen* (›sorgt für den Bau einer Brücke‹)
  ‣ praedia monachis jure perpetuo possidenda donavit ≈ *er schenkte den Mönchen Landgüter zum Besitz auf ewig* (›mit fortdauerndem Recht‹)
  ‣ Roma atque Ravenna marmora devehenda curavit ≈ *von Rom und Ravenna ließ er Marmor forttransportieren*
c) In abgeschwächter Bedeutung als Adjektiv bezeichnen Formen des Gerundivums eine Möglichkeit:
  ‣ venerandus, -a, -um (*verehrenswert*) ≈ venerabilis, -e; horrendus, -a, -um (*fürchtenswert, schrecklich*) ≈ horribilis, -e

Hinweis: Infolge seines passivischen Charakters begegnet das Gerundivum bisweilen in der Bedeutung eines Partizips der Gleichzeitigkeit oder Nachzeitigkeit Passiv: *in terra ponendus eris ≈ in terra poneris ≈ du wirst begraben (werden)* (›in die Erde gelegt‹).

3.2.2 Das Gerundivum als Ersatz des Gerundiums

Verlangt ein Gerundium eine Ergänzung (direktes Objekt) im Akkusativ, wird es häufig durch das Gerundivum ersetzt. Das geschieht in folgender Weise: Das Substantiv, das in diesem Fall die Ergänzung im Akkusativ wäre, übernimmt Funktion und Kasus des Gerundiums, das Gerundivum seinerseits passt sich ihm an: In dem Satz *erat devotissimus circa pauperes sustentandos* gehört *pauperes* als Akkusativ zu der Präposition *circa*, das Gerundivum *sustentandos* übernimmt dessen Kasus und Numerus; diese Aussage entspricht inhaltlich einem Satz in der Form *devotissimus erat circa sustentandum pauperes*. Die Übersetzung lautet für beide Ausdrucksweisen: *Er war um die Unterstützung der Armen äußerst bemüht.*

In der gleichen Weise findet man *in suscipiendis peregrinis magnam habebat curam ≈ in suscipiendo peregrinos ≈ er wandte große Mühen beim Empfang der Pilger auf; cupidus erat videndae urbis ≈ cupidus erat videndi urbem ≈ er war neugierig, die Stadt zu sehen, auf die Besichtigung der Stadt.* In all diesen Fällen enthält das Gerundivum *keine* Vorstellung von Notwendigkeit.

Hinweis: Die sprachliche Funktion des Gerundiums wie des Gerundivums besteht in solchen Fällen in einer ›nominalen‹ Ausdrucksweise, wie sie das Deutsche durch Substantive mit verbalem Inhalt, oft auf ›-ung‹, bietet, hier: ›Empfang‹, ›Besichtigung‹.

ℰℐ Exerzitien ℛℰ

1. *Übersetzen Sie die folgenden Ausdrücke: nunc est bibendum; licentia docendi; peritia pugnandi; studium laborandi; cupiditas pecuniae habendae; taedium pugnandi.*

2. *Übersetzen Sie die folgenden Sätze:*
   1) De divitiis congregandis non studemus. *2)* Injuriam facitis conditori vestro pejora amando et meliora amittendo. *3)* Rhetorica spectat ad bene dicendi scientiam. *4)* Tam difficile factu est quam breve est auditu. *5)* Ardor corporum frigidioribus cibis temperandus est. *6)* A Domino cuncta bona sunt omnino petenda. *7)* Ardentes diaboli sagittae jejuniorum et vigiliarum frigore sunt restinguendae. *8)* Hominis officium est perennem potius vitam quam perennem memoriam quaerere, non scribendo aut pugnando vel philosophando, sed pie, sancte religioseque vivendo. *9)* Episcopus dat clericis abeundi et tollendi corporis licentiam. *10)* Corporis cura monachis est fugienda. *11)* Interea beatus Ansgarius captivos redimendo, tribulatos refovendo, erudiendo domesticos, barbaros evangelizando, foris apostolus, intus monachus, nunquam legitur otiosus. *12)* Ut exercitum Ungrorum ad expugnandum civitatem circumdare viderunt, eis obviam exire voluerunt. *13)* Ad cellam Meginradi perrexit ad videndum servum Dei sanctum Eberhardum ejusque necessitatibus sibique subjectis monachis subveniendum.

Lernvokabeln

brevis, -e   kurz

conditor, -oris, *m.*   Schöpfer

cupidus, -a, -um (*mit Gen.*)   begierig,
  neugierig *auf etw.*

foris, *Adv.*   draußen

intus, *Adv.*   drinnen

jejunium, -i, *n.*   (das) Fasten

perennis, -e   ewig

studere, -eo, ui (*mit Dat.*)   sich bemühen
  um etw.

taedium, -i, *n.*   Ekel

tribulare, -avi, -atum   martern, foltern

Lektion 13

Die u- und e-Deklination
Akkusativ, Genitiv, Dativ: Funktionen im Satz

1   Die u-Deklination

Zu dieser Deklination gehören Wörter, deren Stamm auf -*u*- und deren Genitiv Singular auf -*us* auslautet. Die Wörter des Typs *exercitus, -us* sind fast alle maskulin; feminin sind nur Bezeichnungen von Bäumen sowie *manus, -us* (*die Hand*), *porticus, -us* (*Portikus, Säulenhalle*), *tribus, -us* (*Tribus, (Volks)Stamm*), *idus, -uum* (*Pl. die ›Iden‹*), *domus* (*das Haus*). Wörter des Typs *cornu, -us* sind allesamt Neutra.

	Maskulina, Feminina		Neutra	
	Singular	Plural	Singular	Plural
Nominativ	exercitus	exercitus	cornu	cornua
Akkusativ	exercitum	exercitus	cornu	cornua
Genitiv	exercitus	exercituum	cornus	cornuum
Dativ	exercitui	exercitibus	cornui	cornibus
Ablativ	exercitu	exercitibus	cornu	cornibus

Hinweise:

– Der Dativ und Ablativ Plural lauteten ursprünglich auf -*ubus*; manche Substantive bewahren diese Form: *arcubus* (*Bogen*), *lacubus* (*See*), *quercubus* (*Eiche*), *tribubus* (*Tribus*), *artubus* ((*Körper)Glieder*).
– Der Dativ Singular weist manchmal die Endung -*u* anstelle von -*ui* auf.
– Das Wort *domus* hat neben den regelmäßigen Formen der u-Deklination einige Formen nach der o-Deklination:

	Singular	Plural
Nominativ	domus	domus
Akkusativ	domum	domus, domos
Genitiv	domus	domuum, domorum
Dativ	domui	domibus
Ablativ	domo	domibus
Lokativ	domi	domibus

Der **Lokativ** bezeichnet den Ort auf die Frage ›wo?‹, also ›zuhause‹. Der Akkusativ *domum* bedeutet als Richtungangabe auch ›nach Hause‹.

2 Die e-Deklination

Zu dieser Deklination gehören die Wörter mit Stammauslaut auf *-e-* mit dem Genitiv Singular *-ei*. Es sind recht wenige Wörter, fast alle ungebräuchlich im Plural (außer: *res* ≈ *die Sache, das Ding*, und *dies* ≈ *der Tag*). Alle sind Feminina, bis auf *dies*, das nur in der Bedeutung ›Termin, Zeitpunkt‹ feminin ist (*die dicta* ≈ *am festgelegten Tag*), sowie *meridies* ≈ *Mittag*, beide Maskulina.

	Singular	Plural
Nominativ	res	res
Akkusativ	rem	res
Genitiv	rei	rerum
Dativ	rei	rebus
Ablativ	re	rebus

3 Akkusativ, Genitiv, Dativ: Funktionen im Satz

3.1 Der Akkusativ

1 Der Akkusativ ist in der Funktion der Verbergänzung der Kasus des direkten Objekts; Verben, die den Akkusativ verlangen, heißen in der Grammatik *transitive* Verben, wenn sie auch im Passiv auftreten können. Einzelne lateinische Verben haben – wie einige deutsche – eine zweite Ergänzung ebenfalls im Objekt; dann bezeichnet das erste (direkte) Objekt eine Person, das zweite eine Sache. Diese Erscheinung heißt in der Grammatik ›doppelter Akkusativ‹:

› doceo pueros grammaticam (*ich lehre die Kinder Grammatik, ich unterrichte die Kinder in Grammatik*).

An den Akkusativ des direkten Objekts schließt sich auch der *Akkusativ des Ausrufs* an: *me miserum!* ≈ *oh ich Armer* (›ich finde mich arm‹).

2 Der Akkusativ bezeichnet die *Ausdehnung* in Raum und Zeit:

a) Raum:

– als Ortsergänzung mit oder ohne Präposition, um zu bezeichnen, *wohin* man sich begibt: *eo in hortum* (*ich gehe in den Garten*), *eo Coloniam* oder *ad Coloniam* (*ich gehe nach Köln*). Details zur Ortsergänzung werden in Lektion 15 behandelt;

– als Ergänzung, auch bei Adjektiven, zur Bezeichnung des zurückgelegten *Raumes*, der *Entfernung*, der *Ausdehnung*: *murus decem pedes altus* (*eine zehn Fuß hohe Mauer*).

b) Zeit

– zur Beschreibung der *Dauer*; in diesem Sinn wird der Akkusativ bisweilen von der

Präposition *per* begleitet: (*per*) *septem annos regnavit* (*er regierte sieben Jahre, über eine Dauer von ...*).

– *natus, -a* mit einer Angabe im Akkusativ bezeichnet das Alter: *decem annos natus zehn Jahre alt* (›zehn Jahre [zuvor] geboren‹).

3 Außerdem kann der Akkusativ eine Art *Bezugnahme* auf etwas, die *Richtung des Gemeinten* bezeichnen, insbesondere bei Substantiven, welche die Bezeichnung einer Art oder Kategorie, insbesondere auch einen Körperteil ausdrücken; diese aus dem Griechischen entlehnte Ausdrucksweise ist in Prosa freilich ziemlich selten:

‣ doleo pedem ≈ *ich habe Schmerz am Fuß* (›bezüglich des Fußes‹), *mich schmerzt der Fuß*

‣ religionem christianam ab infantia fuerat imbutus ≈ *von der christlichen Religion war er seit seiner Kindheit durchdrungen/erfüllt*

An diese Verwendung des Akkusativs schließt sich der sog. *adverbiale Akkusativ* an: *magnam partem (zum großen Teil, großenteils).*

4 Den Akkusativ regiert eine gewisse Anzahl von *Präpositionen*, deren Sinn den oben behandelten entweder entspricht oder auch nicht entspricht (s. Lernvokabular zu dieser Lektion).

3.2 Der Genitiv

Der Genitiv ist in erster Linie der Kasus der attributivischen Ergänzung eines Substantivs, doch ebenso kann er eine Ergänzung zu einem Verb, Pronomen, Adjektiv usw. bilden. Dabei bestehen zwischen dem Genitiv und dem Wort, von dem er abhängig ist, folgende Sinnbeziehungen:

1 Besitz: *domini domus* (*das Haus des Herrn, des Herrn Haus*); zumeist steht der Genitiv im Lateinischen *vor* seinem Bestimmungswort, doch ist das keine absolute Regel. Zu dieser Funktion gehören Wendungen im Genitiv mit der Bedeutung ›es ist ein Zeichen, ein Merkmal von jd./etw.‹:

‣ laudare se vani, vituperare stulti est ≈ *sich zu loben ist Zeichen des Eingebildeten, sich zu tadeln Merkmal des Dummkopfs.*

2 nähere Bestimmung, Eingrenzung: Der Genitiv präzisiert das Substantiv mit dem breiteren Sinnfeld, von dem er abhängt:

‣ virtus justitiae ≈ *die Tugend der Gerechtigkeit.*

3 Qualität (in Konkurrenz mit dem Ablativ der Qualität):

‣ generis est Teutonici (*er ist von germanischer Herkunft*), *puer egregiae indolis* (*ein Junge von herausragender Begabung*); Preis-, Wertangabe: *parvi facere ≈ geringschätzen.*

4 Angabe des Ganzen, zu dem eine Teilmenge gehört (›Genitivus partitivus‹):
Dieser Genitiv erscheint als Ergänzung zu einem Superlativ (*regum potentissimus ≈ der Mächtigste der Könige, unter den ...*), als Ergänzung zu Zahladjektiven (*secundus erat eorum ≈ er war der zweite von/unter ihnen*), als Ergänzung zu Substantiven (*pars militum ≈ ein Teil der Soldaten*), zu Pronomina (*nemo civium ≈ niemand von/unter den Bürgern*), zu Mengenangaben (*multum vini ≈ viel Wein, ›viel an Wein‹*), zu Adjektiven (*eruditionis expers ≈ frei von Bildung, ohne jede ...*), schließlich zu Verben, die eine Fülle an etwas, den Verlust von etwas, die Erinnerung an oder das Vergessen von etwas bezeichnen

(*memini amicorum* ≈ ich erinnere mich meiner Freunde, an meine ...), manchmal auch zu Adverbien (*ubi terrarum?* ≈ wo auf Erden, wo in der Welt?).

5 verschiedene ›Bezugspunkte‹:

  › *animi angi* (sich im Herzen ängstigen); *incertus, -a consilii* (unsicher in der Entscheidung); *patiens frigoris* (an/unter Kälte leidend); *me pudet stultitiae meae* (ich schäme mich meiner Dummheit); *avaritiae accusare* oder *argui* (des Geizes beschuldigen); *capitis damnare* (zum Tode verurteilen, *caput*: ›Haupt, Person, Leben‹ ≈ ›um das Leben verurteilen‹, eine feste Wendung).

6 Das Lateinische kennt beim Genitiv *keine* Präpositionen. *Causa* oder *gratia*, denen ein Genitiv stets *voran*geht, sind eigentlich Ablative mit der Bedeutung ›um ... willen‹ oder ›wegen‹:

  › veni petitionis causa ≈ *ich kam wegen der Eingabe, des Gesuches*
  › veni tui videndi causa ≈ *ich kam, um dich zu sehen*

Hinweis: *Genitivus subiectivus* und *Genitivus obiectivus*

Der Ausdruck *metus hostium* ›Furcht hinsichtlich der Feinde‹ kann je nach Kontext bedeuten:

– die ›Furcht, welche die Feinde zeigen‹; hier liegt ein Genitivus subiectivus vor, denn die Feinde sind Sinn-Subjekt des Vorgangs;
– die ›Furcht, welche die Feinde verbreiten‹; hier liegt ein Genitivus obiectivus vor, denn die Furcht richtet sich *auf* die Feinde, die mithin Sinn-Objekt sind.

Diese scheinbare Ambivalenz, die jedoch nur bei isolierten Wendungen, also ohne Kontext besteht, ist für bestimmte Substantive mit verbalem Inhalt möglich (*Liebe, Hass* u. a.). Oft steht anstelle eines Genitivus obiectivus auch eine Wendung mit Präposition.

3.3   Der Dativ

Der Dativ drückt hauptsächlich denjenigen oder dasjenige aus, dem etwas *zugewiesen* wird (*Zuweisung*) bzw. zu dem eine *Zuwendung* erfolgt, darunter denjenigen oder dasjenige, in dessen *Interesse* etwas liegt (positiv), bzw. denjenigen oder dasjenige, der/das durch etwas einen *Nachteil* erfahren kann.

3.3.1   Zuweisung, Zuwendung

In dieser Funktion tritt der Dativ als zweites, indirektes Objekt auf und bezeichnet etwa die Person, der etwas zugewiesen wird; es handelt sich um Verben aus dem Sinnfeld ›geben‹:

  › do panem pauperibus ≈ *ich gebe den Armen Brot*

3.3.2   Interesse oder Nachteil

Hierbei handelt es sich um eine Sinnvariante des Vorherigen: Der Dativ bezeichnet z. B. die Person, zu deren Nutzen (in deren Interesse) oder Nachteil sich eine Handlung vollzieht:

  › Karolus episcopis sui regni maxima gesserat ≈ *Karl hatte größte Anstrengungen für die Bischöfe seines Reiches unternommen* (›zum Nutzen‹, ›im Interesse‹).

Aus diesen Bedeutungen entfalten sich die anderen Verwendungen des Dativs:
- als Ergänzung (Objekt) bei bestimmten Verben und Adjektiven:
  - consulere *mit Dat.*: *Sorge tragen* für jd.
  - eripere, -io *mit Dat.*: jd. etw. *fortnehmen*
  - parcere *mit Dat.*: jd. *schonen*
  - saevire *mit Dat.*: *streng vorgehen* gegen jd.
  - Verben mit der Bedeutung *dienen, beistehen: ministrare, servire, famulari, militari:*
  - *Karolomannus diaconus pontifici missam celebranti juxta morem ministravit* ≈ *der Diakon Karlmann half gemäß dem Brauch dem Bischof, der die Messe zelebrierte*
  - iratus, -a, -um *mit Dat.*: *zornig* auf
  - utilis, -e *mit Dat.*: jdm. *nützlich*
  - invisus, -a, -um *mit Dat.*: *verhasst*
  - gratus, -a, -um *mit Dat.*: *angenehm*
- zusammen mit dem Verb *esse* bezeichnet der Dativ den *Besitz* im Sinne von ›haben‹:
  - *mihi multi servi sunt* ≈ *ich habe viele Sklaven*

    Im klassischen Latein wird diese Ausdrucksweise fast immer dem Wort *habere, -eo* oder *tenere, -eo* vorgezogen, welche einen etwas stärkeren Akzent auf die Tatsache des Besitzes legen, oft verbunden mit der Vorstellung der Dauerhaftigkeit. Im mittelalterlichen Latein dagegen ist das nicht mehr der Fall, so dass man durchaus *multos servos habeo* findet.
- der Dativ bezeichnet den *Standpunkt* oder die *Perspektive* desjenigen, für den eine Aussage zutrifft.
  - *est formosus multis* ≈ *für viele ist er schön, viele finden ihn schön*
- zur Bezeichnung des *Urhebers* konkurriert der Dativ bei manchen passivischen Wendungen mit dem Ablativ:
  - *consilium mihi captum est* ≈ *ich habe den Plan gefasst*; *familiae diligebantur* ≈ *sie wurden von ihren Leuten geliebt*
- im Lateinischen gibt es beim Dativ *keine* Präpositionen; das Wort *obviam*, begleitet von einem Dativ, ist ein Adverb:
  - *abbas obviam regi venit* ≈ *der Abt kam dem König entgegen*

3.4 Zweckbestimmung, Ziel

Der Dativ drückt aus, zu welchem *Zweck* eine Handlung stattfindet:
  - *auxilio mittere* ≈ *zu Hilfe schicken*
Diese Verwendung ist recht häufig in Verbindung mit dem Gerundivum:
  - *peregrinis linguis ediscendis operam impendit* ≈ *er verwandte Mühe auf das Erlernen von Fremdsprachen.*
Dieser Dativ begegnet ebenfalls bei bestimmten Verben, oft in Verbindung mit einem zweiten Dativ der Person (›doppelter Dativ‹):
  - *tibi sum curae, dolori, gaudio* ≈ *ich bin für dich ein Ziel/Gegenstand der Sorge, des Schmerzes der Freude, ich bereite dir …*

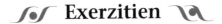 **Exerzitien**

1. *Übersetzen Sie die folgenden Sätze, die Schuldialogen der Karolingerzeit entnommen wurden:*

1) Eia, me interrogante responde (*antworte*), quia tu majoris es aetatis. *2)* Arduum est iter scientiae, sed magna sunt ei praemia. *3)* Amor saeculi contemptus est Dei. *4)* Coepisse bona multorum est; perseverare vero in bonis paucorum. *5)* De peccato in peccatum corruunt, qui Deum timere et amare negligunt. *6)* Animalis homo non percipit ea quae sunt spiritus Dei. *7)* Fortissima spes beatificat res. *8)* Non potest arbor bona fructus malos facere, neque arbor mala fructus bonos.

2. *Übersetzen Sie die folgenden Auszüge aus Urkunden:*

a) Richerus a Girardo terram aliquandiu tenuit, de quo ei duos solidos pro censu pluribus annis persolvit.

b) Quoniam ineffabilis divine majestatis clementia parvitatem nostram usque ad solium principum sublimare et curam ovium suarum, quas proprio sanguine Christus redemit, humeris nostris imponere dignatus est, decorem domus ejus debemus diligere et pauperum suorum necessitatibus misericorditer subvenire.

c) Ego Manasses Dei miseratione Remorum archiepiscopus, petitione fratris et coepiscopi nostri Manasse Cameracensis episcopi et auctoritate nostra, confirmo et sigilli inpressione corroboro, excommunicatione etiam munio, redditionem et libertatem dimidii altaris sancti Leodegarii martyris de Sandemont, quam ipse frater et coepiscopus noster predictus Manasses concessit ecclesie sancte Dei genitricis Marie et gloriosi confessoris Amati de Duaco.

3. *Übersetzen sie den folgenden Auszug aus einer Chronik:*

Anno dominicae incarnationis DCCCXCVI, Arnulfus secundo Italiam ingressus Romam venit et urbem Romanam cum consensu summi pontificalis armis cepit. Arnulfus civitatem ingressus a Formoso apostolicae sedis presule cum magno honore susceptus est et ante confessionem sancti Petri coronatus imperator creatur. Inde revertens paralisi morbo gravatur, ex qua infirmitate diu languescit. Per idem tempus circa festivitatem sancti Andreae Albricus comes, qui Megingaudum occiderat, a Stephano fratre Walonis interficitur.

Chronik des Regino von Prüm, Jahr 896

4. *Übersetzen Sie die folgenden Sätze aus den Gesta der Bischöfe von Hamburg und Bremen (9. Jh.):*

1) Erant enim, sicut omnes fere Germaniam incolentes, et natura feroces et cultui demonum dediti veraeque religioni contrarii neque divina neque humana jura vel polluere vel transgredi inhonestum arbitrabantur. *2)* Rethwalus accensus furore ad cellulam viri Dei nocturna profectione iter direxit ingressusque est et infantulum principis exinde jussit expelli. *3)* Iniquissimus Rethwalus post homicidium perpetratum morte turpissima vitam finivit.

5. *Übersetzen Sie die folgenden Auszüge aus hagiografischen Texten:*

1) Constantiam civitatem causa orationis visitavit. *2)* Eratque ei in ingressu simplicitas, in motu puritas, in gestu gravitas, in incessu honestas, in jejunio hilaritas; animus enim ejus in modestissimo corporis habitu apparebat: erat enim parcus in sermone blandusque in eloquio, tristem immoque dolentem dulci consolabatur affatu. *3)* Vir Dei cecis visum, claudis gressum, surdis auditum, mancis restaurationem prestabat, spiritus immundos ex obsessis corporibus repellebat et omnem amaritudinem per celestem gratiam auferebat. *4)* Criptam in praedestinato loco fieri prohibuit propter reliquias sanctorum, quae in eo loco diem expectare debent judicii.

Lernvokabeln

◻ *Die folgenden Präpositionen stehen stets beim Akkusativ:*

ad   zu, nach, zu … hin, bei; *oft* usque
  ad   bis … hin
adversus   gegen, gegen hin, in Anbetracht von
ante   vor
apud   bei, hin zu
circa, circum   um, um … herum; ungefähr
contra   gegen, gegenüber, im Vergleich (Gegensatz) zu
erga   gegen, gegenüber, verglichen mit
extra   außerhalb von
infra   unterhalb von
inter   innerhalb von, unter (einer Anzahl von), zwischen
intra   innerhalb von
juxta   nahe bei

ob   wegen, angesichts
per   durch, durch … hindurch, während, mittels
post   hinter, nach
praeter, preter   entlang, an … entlang, außer, ausgenommen, im Gegensatz zu
prope   nahe bei, bei
propter   wegen
supra   über, oberhalb von
trans, ultra   über, hinüber, jenseits von

◻ *Die folgenden Präpositionen begleiten* entweder *den Akkusativ* oder *den Ablativ:*

in *beim Akk.*   in, in … hinein, auf (hinauf), angesichts, gegen
sub *beim Akk.*   unter … hin, gegen (*zeitlich*)
super *beim Akk.*   auf … hinauf, über … hin, über
(*s. dazu S. 80*)

Lektion 14

Die Demonstrativpronomina
Die Identitätspronomina

Alle in dieser Lektion behandelten Pronomina weisen die für Pronomina charakteristischen Formen *-ius* (Gen. Sg.) sowie *-i* (Dat. Sg.)[32] jeweils für alle drei Genera auf. Man achte besonders auf die gleich lautenden Formen im Dativ Sg. sowie im Nom. *Pl.* Mask.

Mittellatein: Im mittelalterlichen Latein herrscht in der Verwendung der hier dargestellten Pronomina eine gewisse Interferenz (s. unten 1.2.2 und 2.2).

1 Die Demonstrativpronomina

1.1 Die Formen

hic, haec, hoc: dieser, diese, dieses (hier)

	Singular			Plural		
	Mask.	**Fem.**	**Ntr.**	**Mask.**	**Fem.**	**Ntr.**
Nominativ	hic	haec, hec	hoc	hi	hae, he	haec, hec
Akkusativ	hunc	hanc	hoc	hos	has	haec, hec
Genitiv		hujus, huius		horum	harum	harum
Dativ		huic			his	
Ablativ	hoc	hac	hoc		his	

iste, ista, istud: der, die, das dort

	Singular			Plural		
	Mask.	**Fem.**	**Ntr.**	**Mask.**	**Fem.**	**Ntr.**
Nominativ	iste	ista	istud	isti	istae, iste	ista
Akkusativ	istum	istam	istud	istos	istae	ista
Genitiv		istius		istorum	istarum	istorum
Dativ		isti			istis	
Ablativ	isto	ista	isto		istis	

[32] Das hauptsächlich bei *hic, haec, hoc* auftretende verstärkende Suffix *-c* (vgl. *ecce!* ≈ *sieh da!*) findet sich z. B. auch bei anderen Demonstrativa, etwa *istunc, istanc* (Akk. mask./fem. Sg.).

ille, illa, illud: jener, jene, jenes; dieser, diese, dieses

	Singular			Plural		
	Mask.	**Fem.**	**Ntr.**	**Mask.**	**Fem.**	**Ntr.**
Nominativ	ille	illa	illud	illi	illae, ille	illa
Akkusativ	illum	illam	illud	illos	illas	illa
Genitiv	illius			illorum	illarum	illorum
Dativ	illi			illis		
Ablativ	illo	illa	illo	illis		

1.2 Die Demonstrativpronomina im Satz

Alle diese Demonstrativpronomina finden sich im Satz sowohl als Begleiter (adjektivisch) als auch selbstständig (substantivisch). Sie verweisen entweder auf etwas im Text Genanntes oder auf ein Element außerhalb des Textes (›Zeige-Gestus‹). Verweisen sie auf ein Element innerhalb des Textes, kann dieses schon *vorher* genannt sein oder noch folgen.

1.2.1 Besonderheiten der Kongruenz

Anders als das Deutsche verhält sich das klassische Latein in dem Fall, wo ein Demonstrativpronomen die Funktion eines selbstständigen Verweisers hat und sich auf ein substantivisches Prädikatsnomen bezieht. Der Satz ›Das sind Weinreben‹ lautet hier *haec sunt vineae*: Während das deutsche Demonstrativpronomen grundsätzlich in der Form des Neutrums Singular auftritt (hier: ›das‹), kongruiert das lateinische in Genus und Numerus mit dem Beziehungswort (*vineae → haec*).

Im Mittellatein dagegen finden sich beiderlei Ausdrucksweisen, also (entsprechend dem Deutschen) *hoc sunt vinee* neben *haec est mea culpa ≈ das ist meine Schuld*.

1.2.2 Bedeutung und Verwendung

1 Ursprünglich (im klassischen Latein) sind die drei Demonstrativpronomina in der Bedeutung klar differenziert:
- *hic, haec, hoc* bezieht sich auf den Sprecher, d.h. es verweist auf etwas in dessen Bereich: *hic liber ≈ dieses Buch (von dem ich spreche, das sich bei mir befindet)*.
- *iste, ista, istud* bezieht sich auf den mit dem Text Angesprochenen (Hörer oder Leser). In der juridischen Praxis der Antike bezog es sich auf die gegnerische Seite und nahm daher oft eine pejorative Bedeutung an: *iste liber ≈ dieses Buch da (das du in der Hand hast, das du geschrieben hast, dieses üble Machwerk)*.
- *ille, illa, illud* bezieht sich auf eine dritte Person/Instanz oder auf ein ferner stehendes Element. Mit dieser ›Entfernung‹ verbindet sich oft eine lobende, emphatische Bedeutung: *ille liber ≈ jenes Buch (von dem er spricht, das sich dort befindet, dieses großartige, berühmte Werk)*.

Mittellatein: Im mittelalterlichen Latein werden diese ursprünglichen Unterschiede je nach dem Einfluss, dem der Autor seitens der klassischen Vorbilder unterliegt (oder eben nicht), einerseits bewahrt, andererseits nicht mehr streng beachtet. Besonders hat *iste, ista, istud* die Tendenz, *hic, haec, hoc* zu ersetzen, da die Demonstrativa überhaupt weiterhin mit dem anaphorischen *is, ea, id* konkurrieren, besonders *ille, illa, illud*.

2 Wenn *hic* und *ille* auf zuvor genannte Substantive Bezug nehmen, bezieht sich *hic* auf das zuletzt genannte (das nächststehende), *ille* auf das zuerst Genannte (ferner stehende). *Hic* und *ille* können in *Opposition* zueinander zwei Personen oder Sachen einander gegenüberstellen:

> *hic scribit, ille legit ≈ der eine schreibt, der andere liest.*

Hinweis: Im Deutschen wird ›jener, jene, jenes‹ als Wiedergabe für *ille, illa, illud* vorwiegend nur in Opposition zu ›dieser, diese, dieses‹ verwendet; für sich wird es nach dem Standarddeutschen eher mit ›dieser dort, die da‹ wiedergegeben.

2 Die Identitätspronomina

2.1 Formen

idem, eadem, idem: der-, die-, dasselbe

	Singular			Plural		
	Mask.	**Fem.**	**Ntr.**	**Mask.**	**Fem.**	**Ntr.**
Nominativ	idem	eadem	idem	eidem, iidem, idem	eaedem eedem	eadem
Akkusativ	eumdem eundem	eamdem eandem	idem	eosdem	easdem	eadem
Genitiv		ejusdem		eorumdem eorundem	earumdem earundem	eorumdem eorundem
Dativ		eidem		eisdem, iisdem, isdem		
Ablativ	eodem	eadem	eodem	eisdem, iisdem, isdem		

Hinweise:
- *idem, eadem, idem* ist aus *is, ea, id* gebildet, an das die Partikel *-dem* angehängt ist; es wird daher wie dieses dekliniert, außer im Nominativ Mask. Singular sowie im Nominativ/Akkusativ Singular.
- Ein *-m-* wird vor *-d-* häufig zu *-n-* angeglichen, daher *eorundem ≈ eorumdem, eundem ≈ eumdem*. Zudem findet man *isdem* statt *eisdem*.

ipse, ipsa, ipsum: selber, selbst

	Singular			Plural		
	Mask.	Fem.	Ntr.	Mask.	Fem.	Ntr.
Nominativ	ipse	ipsa	ipsum	ipsi	ipsae, ipse	ipsa
Akkusativ	ipsum	ipsam	ipsum	ipsos	ipsas	ipsa
Genitiv	ipsius			ipsorum	ipsarum	ipsorum
Dativ	ipsi			ipsis		
Ablativ	ipso	ipsa	ipso	ipsis		

2.2 Die Identitätspronomina im Satz

idem und *ipse* markieren beide die Identität, *idem* die Identität im denkbaren Vergleich, *ipse* betont die Identität des Genannten: *vir ipse* ≈ *der Mann selbst, persönlich* (genau er); *idem vir* ≈ *derselbe Mann* (also kein anderer).

Mittellatein: Im mittelalterlichen Latein ersetzt *ipse, ipsa, ipsum* manchmal *idem, is* oder *ille*, genauso wie *hic, iste, ille, is, ipse* und *idem* mit derselben Bedeutung verwendet werden können. Besonders *idem, eadem, idem* wird sehr oft mit Bezug auf etwas verwendet, wovon schon gesprochen wurde, und erhält so einen Sinn ähnlich *predictus, -a, -um, prelibatus, -a, -um, supradictus, -a, -um, jam dictus, -a, -um, jam memoratus, -a, -um* (*der, die, das oben Gesagte, Erwähnte*):

> ‣ Quo peracto sanctus episcopus eosdem fratres salutavit et muneribus honoravit ≈ *nachdem das vollzogen war, begrüßte der heilige Bischof die erwähnten Mönche und ehrte sie mit Geschenken.*

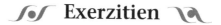

Exerzitien

1. *Übersetzen Sie den folgenden Text:*

Vox animae. Ego sum orphana absque matre, inops et pauper sum ego. Prae Iesu consolationem nullam habeo. Ipse solus sitim animae meae potest satiare. Ipse est praeelectus amicus cordis mei et unicus. Ipse est rex regum et dominus dominantium. Si ipse summus imperator mihi miserae, mihi vilissimae, ostendere voluerit suam clementiam, si ipse mecum facere vult secundum suam misericordiam, secundum suam infinitam pietatem, hoc sola bonitas sua praevalet, et hoc ex bona voluntate sua pendet. Ego sum eius propria; corpus et animam meam habet in manu sua.

Gertrud von Helfta (s. Anm 13),
zitiert nach: Oeuvres spirituelles (Exercitia spiritualia), 1, Sources chrétiennes 127, S. 96

2. *Übersetzen Sie die folgende Grabinschrift des Abtes Dodon von Saint-Savin-sur-Gartempe:*

IN HOC TUMULO RESQUIESCIT SANCTE MEMORIE DOMNUS DODO ABBA QUI MULTO-
RUM MONACHORUM EXTITIT PATER. NAM HUIUS LOCI PATER ELECTUS NON SOLUM
HUNC LOCUM EDIFICIIS ET REBUS AMPLIFICAVIT SED ETIAM QUINQUE A FUNDAMEN-
TIS MONASTERIA CONSTRUXIT. IN PLURIBUS VERO ALIIS[33] LOCIS IN QUIBUS REGULA-
RIS ORDO DEFECERAT SUO EXEMPLO MONASTICUM ORDINEM REFORMAVIT. MIGRA-
VIT AUTEM A SECULO IIII IDUS JUNIAS ANNO INCARNATIONIS DOMINI DCCCLIII
ETATIS VERO FERME XC. REXIT AUTEM HUNC LOCUM NOBILITER ANNOS CIRCITER
XXX.[34]

Robert Favreau, Etudes d'épigraphie médiévale, Limoges, 1995, S. 23

3. *Übersetzen Sie den folgenden Auszug aus einer Urkunde*

Domina Arenburgis, uxor Viviani, dedit Deo et sancte Marie Fontis Ebraldi pro pecca-
torum suorum remissione totam terram illam quam habebat pro medietate terragii in
perpetuum colendam. Hoc autem fecit cum consilio et concessione supradicti Viviani
mariti sui et filiorum suorum, Stephani videlicet et Bricii et Johannis et Aalitz sororis
eorum.

Hinweise zur Lektüre einer Urkunde

Da Urkunden häufig recht lange Sätze enthalten, ist es notwendig, ihre Struktur peinlich
genau festzustellen; hier ein Beispiel für ein solches Vorgehen:

— 1178: *Schenkung eines Nießbrauchrechts seitens des Herrn von Commercy an die Stifts-
  herren der Abtei Riéval auf seinem Allod (Ganzeigentum) von Morley*
— Ego Symon, dominus de Commarceio (= *Verfasser der Akte*)
— notum facio tam praesentibus quam futuris quod (= *offizielle Mitteilung*)
— laude et assensu uxoris mee Nicholae sororumque mearum Sophie et Agnetis (= *Umstände der Mitteilung*)
— pro remedio anime mee et antecessorum meorum (= *Absicht*)
— ecclesiae beate Marie Regievallis et fratribus inibi Deo servientibus (= *Begünstigte*)
— usuarium quercuum et fagorum (= *Gegenstand der Schenkung*)
— per totum alodium meum de Morlei (= *Ort der Ausübung des Rechts*)
— libere et absque ulla exactione vel costumia ministerialium (= *Bedingungen der Rechts-
  ausübung*)
— ad construenda vel edificanda jam dicte ecclesie ubicumque sint vel habitura sint que-
  libet edificia (= *Zweck der Schenkung*)
— in perpetuum possidendum concessi et donavi. (*Rechtshandlung und Dauer der Schenkung*)
— Data anno ab incarnatione Domini MCLXXVIII (= *Datum*).

Übersetzung *Ich, Simon, Herr von Commercy, tue kund den Jetzigen wie den Künftigen,
dass ich mit Billigung und Zustimmung meiner Gemahlin Nicola und meiner Schwestern
Sophia und Agnes zum Heil meiner Seele und meiner Vorfahren der Kirche der Seligen Maria*

---

[33] Zu *alius, alia, aliud* s. Lektion 15.
[34] Zu Zahlen und Daten s. Lektion 16.

von Riéval und den Brüdern, die dort Gott dienen, den Nießbrauch der Eichen und Buchen auf meinem gesamten Allod von Morley frei und ohne Steuern oder Abgaben an Ministeriale zur Errichtung oder zum Bau jedweder Bauten der schon genannten Kirche, wo immer sie jetzt oder künftig sein sollen, auf ewigen Besitz überlassen und geschenkt habe. (Urkunde) gegeben im Jahre 1178 nach der Fleischwerdung des Herrn.

Lernvokabeln

alodium, -ii, n.   Allod, Eigentum

amplificare, -avi, -atum   erweitern, vergrößern

assensus, -us, m.   Zustimmung

costumia (custumia), ae, f.   (auf Gewohnheit gründende) Abgabe

fagus, -i, f.   Buche

ministerialis, -is, m.   Ministeriale, Beamter

probare, -avi, -atum   billigen, zustimmen

quercus, -us, f.   Eiche

servire, -io, -ivi, -itum, mit Dat.   dienen (zu)

tumulus, -i, m.   Grab

Lektion 15

Die unbestimmten Pronomina *alius* und *alter*
Ortsergänzungen und Ortsadverbien

1 Die unbestimmten Pronomina *alius* und *alter*

Die beiden unbestimmten Pronomina bezeichnen jeweils *einen anderen, etwas anderes* mit Bezug auf einen Gegenpol. *Alius, alia, aliud* wird gebraucht, wenn die Rede von einer *unbestimmten Anzahl* von Personen oder Sachen ist, *alter, altera, alterum* dann, wenn von zwei Personen, Sachen oder Gruppen gesprochen wird.

1.1 Deklination

Singular

	Mask.	Fem.	Ntr.	Mask.	Fem.	Ntr.
Nominativ	alius	alia	aliud	alter	altera	alterum
Akkusativ	alium	aliam	aliud	alterum	alteram	alterum
Genitiv	alius, alterius			alterius		
Dativ	alii			alteri		
Ablativ	alio	alia	alio	altero	altera	altero

Plural
Der Plural lautet wie derjenige von *ille, illa, illud* (s. Lektion 14) und folgt dem Muster von *boni, -ae (-e), -a* bzw. *miseri, -ae (-e), -a*.

Hinweise:
- Wie bei den Demonstrativa lautet der Genitiv Sg. auf *-ius* und der Dativ Sg. auf *-i*. Die übrigen Kasus folgen – bis auf den pronominalen Ausgang *-d* (Nom./Akk. Neutrum Sg.; vgl oben *id* usw.) – der a- und o-Deklination.
- Zur Vermeidung von Unklarheiten ersetzt das Lateinische gern die Form *alius* (Nom. und Gen. Sg.) durch *alterius* (Gen. Sg.).

1.2 Verwendung

Auch diese Pronomina kommen selbstständig (substantivisch) oder als Begleiter (adjektivisch) vor.

1 Alleinstehend verwendet: *alius, alia, aliud* ≈ *ein anderer* (im Plural auch *die anderen* sowie *andere*); *alter, altera, alterum* ≈ *der andere*

> *alii venerunt* ≈ *andere/die anderen kamen*
> *alter venit* ≈ (je nach Kontext!) *der eine* (von zweien) *kam, der andere kam*

2 In Gegenüberstellung und im jeweils selben Kasus: *alius ... alius ... alius ...* ≈ *der eine ... ein anderer ... ein weiterer ...*; *alter ... alter ...* ≈ *der eine ... der andere*:

> *alii sunt aratores, alii piscatores, alii bubulci* ≈ *die einen sind Feldarbeiter, (die) andere(n) Fischer, andere wieder (die übrigen) Rinderhirten*

3 Im selben Satz, doch in jeweils anderen Kasus drücken die Pronomina *Reziprozität* (Wechselseitigkeit) oder *Verschiedenheit* aus:

— Reziprozität: *alii alios laudant* ≈ *die einen loben die anderen, sie loben sich gegenseitig*; *alter alteri auxilium fert* ≈ *der eine bringt dem anderen/sie bringen sich gegenseitig Hilfe*.

— Verschiedenheit: *alii in aliam partem discesserunt* ≈ *sie gingen in jeweils verschiedene Richtungen auseinander*; *alter altero more vivebat* ≈ *beide lebten auf verschiedene Weise*.

2 Ausdrucksweisen bei Ortsangaben

2.1 Übersicht

Frage	Ergänzungen	Adverbien
ubi? wo? (statische Ortsangabe, Punkt) *ubi manes? wo wohnst du?*	☐ Lokativ: *Francfurti, domi sum* (*ich bin in Frankfurt, zu Hause*). ☐ Ablativ in Lokativbedeutung, mit der Präposition *in* mit Ablativ, zumeist ohne *in* bei Städtenamen: *sum in urbe, Hierosolimis* (*ich bin in der Stadt, in Jerusalem*). ☐ verschiedene Präpositionen: *apud Antiochiam sum* (*ich bin bei Antiochia*).	*hic* ≈ *hier* *istic* ≈ *dort* *illic* ≈ *dort drüben* *ibi* ≈ *dort* *ibidem* ≈ *ebendort* *alibi* ≈ *anderswo* *ubique* ≈ *überall*
quo? wohin? (Richtung bei Ortsveränderung) *quo vadis? wohin gehst du?*	☐ *in* oder *ad* beim Akkusativ, manchmal bei Städtenamen ohne Präposition: *in Egyptum, Alexandriam eo* (*ich gehe nach Ägypten, nach Alexandria*).	*huc* ≈ *hierher* *istuc, isto* ≈ *dorthin* *illuc, illo* ≈ *dorthin (drüben)* *eo* ≈ *dorthin* *eodem* ≈ *ebendorthin* *alio* ≈ *anderswohin*
unde? von wo? (Ort, von dem man kommt) *unde venis? von wo kommst du?*	☐ *de, ex (e), ab (a)* beim Ablativ, bei Städtenamen zumeist ohne Präposition: *redeo ex urbe, Roma* (*ich komme aus der Stadt, aus Rom zurück*).	*hinc* ≈ *von hier* *istinc* ≈ *von dort* *illinc* ≈ *von dort (drüben)* *aliunde* ≈ *von anderswo her* *undique* ≈ *von überall her*

qua? wo ... her? (Ort, den man passiert) *qua iter fecisti? wo bist du her-gekommen?*	☐ *per* mit Akkusativ.: *durch, über* ☐ Namen von Straßen, Toren oder Brücken stehen entweder im Ablativ (Abl. in-strumentalis) ohne Präposi-tion (so die Konstruktion im klassischen Latein: *ibam Via Sacra ≈ ich ging auf der Heili-gen Straße*), oder im Akkusa-tiv mit *per*: *per portam quae Campaniana dicitur ingressi sunt (sie sind durch das soge-nannte Kampanische Tor her-eingekommen)*	*hac ≈ von hier (her)* *istac ≈ von dort (her)* *illac ≈ von dort (drüben her)* *ea ≈ von da, dort* *eadem ≈ von ebendort (her)* *alia ≈ von woanders, von an-derswo her*

2.2   Die Ortsergänzungen

1 Zur Angabe eines Ortes (oder Punktes), an dem man sich befindet, verwendet das Lateinische generell den Ablativ mit der Präposition *in*. Die Namen von Städten wer-den dabei im klassischen Latein ohne Präposition gebraucht, eine große Zahl mittel-alterlicher Autoren folgt dieser Praxis weiterhin.

Gehören Städtenamen der a- und o-Deklination, seltener auch der konsonantischen, an und haben sie die Form des Singulars, besitzen sie eine *Lokativ* genannte Kasusform; diese lautet in der a- und o-Deklination mit dem Genitiv gleich. Drei weitere Wörter verfügen ebenso über einen solchen Lokativ: *domus, -us*, Lok. *domi (zu Hause)*; *rus, ruris*, Lok. *ruri (auf dem Lande)*; *humus, -i*, Lok. *humi (auf der Erde, dem Boden)*.

Mittellatein: Im mittelalterlichen Latein wird der Lokativ oft durch die Präposition *apud* beim Akkusativ ersetzt. Im Gegenzug wird er bei Namen von Länder oder Landstrichen in neuartiger Weise ausgedrückt. So findet man unterschiedslos *in Antiochia, Antiochiae, apud Antiochiam; in Italia, apud Italiam, Italiae*. Die Präposition *apud*, die im klassischen Latein die Nähe ausdrückte, wurde so im mittelalterlichen Latein zu einem Äquivalent von *in*.

2 Zur Angabe eines Ortes, zu dem man sich hinbewegt, also zur Richtungsangabe, benutzt das Lateinische generell den Akkusativ mit der Präposition *in*, bei Städte-namen sowie den Wörtern *domus* und *rus* zumeist ohne *in*. Die Präposition *ad*, die im klassischen Latein die Nähe ausdrückte (›zu ... hin, zu, nach, bei‹), wurde im mittel-alterlichen Latein zu einem Äquivalent von *in*:

‣ eo in Italiam, Romam ≈ *ich gehe nach Italien, nach Rom*
‣ redire ad Augustam civitatem decrevit ≈ *er/sie beschloss, nach Augsburg zurückzukehren*
‣ domum redeo ≈ *ich kehre nach Hause zurück*

3 Die Angabe des Ortes, *von dem her* man kommt, also die Angabe einer *Trennung*, erfolgt generell im Ablativ mit den Präpositionen *ex (e)* oder *de*, bei Namen von Städten sowie den Wörtern *domus* und *rus* ohne Präposition. Wird eine Nähe zum Trennungsort ausgedrückt, setzt man *a* oder *ab* mit Ablativ, das nichtsdestoweniger auch ein einfaches Äquivalent zu *e, ex* bildet:

‣ redeo de civitate ≈ *ich komme aus der Stadt zurück*
‣ De monasterio sancti Galli redire ad Augustam civitatem decrevit ≈ *er beschloss, vom Kloster St. Gallen nach Augsburg zurückzukehren*
‣ redeo a domino ≈ *ich komme vom Herrn zurück*
‣ Roma atque Ravenna marmora devehenda curavit ≈ *er ließ Marmor von Rom und Ravenna fortschaffen*

Gelegentlich weitet das mittelalterliche Latein den klassischen Gebrauch bei Städtenamen (Fehlen der Präposition) auch auf Ländrnamen aus:

‣ Italia pulsus ≈ *aus Italien vertrieben*

4 Die Örtlichkeit, der Ort, die Gegend, über die bzw. den/an der bzw. dem vorbei man seinen Weg nimmt, wird immer durch *per* beim Akkusativ ausgedrückt. Wenn es sich jedoch um ein Verbindungsmittel – Straße, Tor, Brücke, Fluss (dessen Verlauf man folgt) – handelt, wird die Ergänzung gemäß dem klassischen Gebrauch oft in den Ablativ gesetzt, der somit instrumentalen Sinn hat (Instrumentalergänzung):

‣ iter feci per Germaniam, per Mogonciam ≈ *ich bin durch Germanien an Mainz vorbei gereist*
‣ iter feci per portam Campanianam ≈ *ich habe den Weg durch das Kampanische Tor genommen*
‣ iter feci Porta orientali ≈ *ich bin durch das Westtor gekommen*
‣ Ad colloquium Ottonis imperatoris ad Radesponam civitatem navigando per Danubium venire decrevit ≈ *er beschloss, zur Unterredung mit Kaiser Otto den Weg mit dem Schiff über die Donau zu nehmen.*

5 Eine Reihe von Präpositionen, die sowohl beim Akkusativ als auch mit dem Ablativ stehen, dient ebenfalls zur Einführung einer Ortsergänzung: *prae (pre)*, *pro* beim Ablativ: *vor*; *ante* beim Akkusativ: *vor*; *sub* beim Akkusativ oder Ablativ: *unter* usw. (s. Lektion 9).

2.3 Die Ortsadverbien

An die Demonstrativpronomina ebenso wie an *alius* und *idem* schließen sich Adverbien an, die auf die vier Fragen nach dem *Ort* bzw. der *Richtung* antworten. Diejenigen, die eine Antwort auf die Frage *ubi?* geben, weisen als charakteristisches Merkmal den Vokal *-i* auf; auf die Frage *quo?* antworten Adverbien mit den Vokalen *-u-* oder *-o-*; auf die Frage *unde?* solche mit der Silbe *-in-* oder *-un-*; auf die Frage *qua?* schließlich solche mit dem Vokal *-a* (s. Übersichtstabelle).

Zur Ortsangabe dienen noch weitere Adverbien, die generell auch als Präpositionen verwendet werden können (s. Lernvokabeln unten).

✒ Exerzitien ✒

1. *Übersetzen Sie:*

1) Alter alterius onera portatis, et sic impletis legem Christi. *2)* Alia percussio est qua peccator corrigitur, alia qua condemnatur. *3)* Hoc sunt vinee, campi, terra culta et inculta, et quicquid ipsi sancto Martino dederunt in villa Floriacensi; infra hos fines vel terminos totum ad integrum donant predicti monachi. *4)* Historiam Hammaburgensis ecclesiae scripturi, quoniam Hammaburg nobilissima quondam Saxonum civitas erat, non indecens aut vacuum fore putamus, si prius de gente Saxonum et natura ejusdem provinciae ponemus ea quae doctissimus vir Einhardus aliique non obscuri auctores reliquerunt in scriptis suis. *5)* Erat in eodem vico cecus quidam provecte etatis, qui, ut ipse asserebat, ante triennium subita cecitate percussus inter alios pauperes stipem ostiatim mendicare solebat. *6)* Ipse Romam pergere decrevit et illuc feliciter pervenit liminaque beatorum apostolorum Petri et Pauli devotionis studio humiliter visitavit et ibi aliquantos dies perduravit. *7)* Omnes salvi et incolumes Deum laudantes gaudendo ibant per viam. *8)* Hortulanus nomine Adalpoldus ibi deambulando inter gramina speluncam invenit, in quam intrans formosam aediculam sub terra muratam conspexit. *9)* Fluvius Gyon ipse est qui circumit omnem terram Aethiopiae (*Gen.* 2, 13).

2. *Untersuchen Sie die Ortsergänzungen in folgendem Textauszug, und übersetzen Sie:*

Cum ad insulam venerunt, navis stetit (...). Tunc Brandanus jussit fratres in mare descendere, et navem cum funibus usque ad portum optatum ducere. Quod factum est. Illa vero insula erat multum setosa; in ea nulla erat herba et in litore ejus nulla arena inveniebatur. Porro, pernoctantibus fratribus in oratione et vigiliis in insula, solus Brandanus remansit in nave.

Peregrinatio Brandani, 9. Jh.

Lernvokabeln

asserere, -o, -serui, -sertum   zusichern,
  bestätigen
finis, -is   Grenze (im Pl.   Gebiet)
insula, ae, *f.*   Insel
litus, -oris, *n.*   Ufer, Gestade
navis, -is, *f.*   Schiff
terminus, -i, *m.*   Grenzstein
oratio, -onis, *f.*   Gebet
vacuus, -a, -um   leer
vinea, ae, *f.*   Weinrebe

Ortsadverbien:
ante   vor
post   hinter, nach
procul   fern von
prope   bei
supra   über, oberhalb
infra   unterhalb
ultra   jenseits
citra   diesseits
circa, circum, circumcirca   um ... herum
nusquam   nirgends

Lektion 16

Die Zahlen

Zeitangaben

Der Kalender

1 Die Zahlen

1.1 Die Schreibweise der Zahlen

Der moderne Gebrauch arabischer Ziffern hat das römische Zahlensystem nicht in Vergessenheit geraten lassen, das auch heute noch stark verbreitet ist. Zur Darstellung von Grundeinheiten dienen darin Buchstaben:

I ≈ *eins*; V ≈ *fünf*; X ≈ *zehn*; L ≈ *fünfzig*; C ≈ *hundert*; D ≈ *fünfhundert*; M ≈ *tausend*

Weitere Zahlen erhält man, indem dieses Basisbuchstaben aneinandergefügt werden. So ergeben sich für die erste Zehnerreihe: I, II, III, IIII, V, VI, VII, VIII, VIIII, X, XI, usw.:
XVIIII ≈ *neunzehn* (X (*zehn*) + V (*fünf*) + IIII (*vier*)); LVI ≈ *sechsundfünfzig*

Die Römer und (in geringerem Maß) die Menschen des Mittelalters bedienten sich zur Darstellung der Zahlen auch der Substraktion. Aus diesem Grund konnte man für *vier* IV schreiben, das heißt *eins* weniger von *fünf*, *neun* wurde IX, *neunzehn* XIX, *neunzig* XC, *neunhundert* CM.
   Die Schreiber des Mittelalters pflegten Zahlen mit zwei Punkten einzurahmen, um so zu vermeiden, dass man sie mit den Buchstaben eines Wortes verwechselte. Daher ist .VI. als *sex* und nicht *vi* zu lesen.

1.2 Die Kardinalzahlen

▢ Von *eins* bis *zwanzig* haben die Zahlen jeweils ein besonderes Wort; darauf werden sie – wie bei der Nummerierung durch Buchstaben – durch Aneinanderfügung gebildet. So ergibt sich:
   ‣ unus, duo, tres, quatuor, quinque, sex, septem, octo, novem, decem, undecim, duodecim, tredecim, quatuordecim, quindecim, sedecim, septendecim, duodeviginti (octodecim), undeviginti, viginti
▢ Von *zwanzig* bis *hundert* hat man zehnerweise:
   ‣ triginta, quadraginta, quinquaginta, sexaginta, septuaginta, octoginta, nonaginta, centum

☐ Von *hundert* bis *tausend* lauten die Zahlen:
  ‣ ducenti, trecenti, quadringenti, quingenti, sexcenti, septingenti, octingenti, non-genti, mille

Das Verfahren der Substraktion gilt auch bei *achtzehn* und *neunzehn*, wörtlich ›zwei-weg-von-zwanzig‹, ›eins-weg-von-zwanzig‹, darauf generell für alle Zahlen mit einer *acht* sowie einer *neun* an der Einerstelle (*duodetriginta* für *achtundzwanzig*, *undetriginta* für *neunundzwanzig*, *duodecentum*, *undecentum* für *achtundneunzig* und *neunundneunzig*).

Beispiele:
  ‣ *dreiunddreißig* ≈ triginta tres; *einhundertundachtzig* ≈ centum octoginta; *eintausend-zweihundertfünfunddreißig* ≈ mille ducenti triginta quinque; *viertausendfünfundzwan-zig* ≈ quatuor milia viginti quinque

1.2.1 Deklination

Die drei ersten Zahlen (das entspricht dem Deutschen) sowie die Hunderter (mit Ausnahme von *hundert*) werden dekliniert.

Unus, una, unum folgen in der Deklination den Adjektiven der a- und o-Deklination außer im Genitiv und Dativ Singular (diese Kasus enden wie die entsprechenden der Pronomina auf *-ius* und *-i* aus). *Duo, duae, dua* werden wie *boni, -ae, -a* dekliniert, doch lauten Dativ und Ablativ auf *-bus* aus (*duobus, duabus*); *tres* (mask u. fem.), *tria* folgen dem Muster der konsonantischen Deklination (Gen. *trium*, Dativ/Ablativ *tribus*).

	eins			*zwei*			*drei*		
	Mask.	**Fem.**	**Ntr.**	**Mask.**	**Fem.**	**Ntr.**	**mask.**	**fem.**	**ntr.**
Nominativ	unus	una	unum	duo	duae, due	duo		tres	tria
Akkusativ	unum	unam	unum	duos	duas	duo		tres	tria
Genitiv		unius		duorum	duarum	duorum		trium	
Dativ		uni		duobus	duabus	duobus		tribus	
Ablativ	uno	una	uno	duobus	duabus	duobus		tribus	

Die Hunderter folgen dem Muster der Adjektive der a- und o-Deklination im Plural: Nom. *ducenti, ducentae, ducenta*; Akk. *ducentos, ducentas, ducenta*; Gen. *ducentorum, du-centarum*; Dat./Abl. *ducentis*.

Mille ist unveränderlich, wenn es *eintausend* bedeutet, doch es hat einen Plural *milia* (mit Gen. *milium* sowie Dat./Abl. *milibus*). Ausdrücke ab *zweitausend* werden entsprechend mit dem Genitiv konstruiert: *duo milia militum* ≈ *zweitausend Soldaten*.

1.3 Die Ordnungszahlen

Bis auf wenige Ausnahmen werden die Ordnungszahlen unter Anfügung eines Ausgangs auf *-us, -a, -um* nach den Grundzahlen gebildet; die Flexion folgt also der entsprechenden Deklination.

☐ Von *erster, erste, erstes* bis *neunzehnter, -te, -tes* lauten sie:
  ‣ primus, -a, -um, secundus, -a, -um, tertius, -a, -um, quartus, -a, -um, quintus, -a,

-um, sextus, -a, -um, septimus, -a, -um, octavus, -a, -um, nonus, -a, -um, decimus, -a, -um, undecimus, -a, -um, duodecimus, -a, -um, tredecimus, -a, -um, quatuordecimus, -a, -um, quindecimus, -a, -um, sedecimus, -a, -um, septemdecimus, -a, -um, octodecimus *oder* duodevicesimus, -a, -um, novemdecimus *oder* undevicesimus, -a, -um,

◻ Von *zwanzigster, -te, -tes* bis *hundertster, -te, -tes*:
  ‣ vicesimus, -a, -um (vigesimus, -a, -um), tricesimus, -a, -um (trigesimus, -a, -um), quadragesimus, -a, -um, quinquagesimus, -a, -um, sexagesimus, -a, -um, septuagesimus, -a, -um, octagesimus, -a, -um, nonagesimus, -a, -um, centesimus, -a, -um (*hierzulande finden sich noch die Sonntagsnamen vor Ostern*: Septuagesimae, Sexagesimae, Quinquagesimae, Quadragesimae für ›Siebzigster Tag‹ usw.)

◻ Von *zweihundertster, -te, -tes* bis *tausendster, -te, -tes*:
  ‣ ducentesimus, -a, -um, trecentesimus, -a, -um, quadringentesimus, -a, -um, quingentesimus, -a, -um, sexagentesimus, -a, -um, septuagentesimus, -a, -um, octingentesimus, -a, -um, nonagesimus, -a, -um, millesimus, -a, -um

Die Zusammensetzung von Ordinalzahlen geschieht wie bei den Kardinalzahlen.

Zahlwörter in besonderer Verwendung

◻ In **Aufzählungen** wird statt *secundus, -a, -um* häufig *alter, -ra, -rum* gesagt (*primus ... alter ... tertius ...*); auch als Zahlwort kommt es vor: *vicesimus alter* ≈ *vicesimus secundus* ≈ *der zweiundzwanzigste.*

◻ Wenngleich weniger häufig, finden sich **Distributivzahlen** in folgender Form: *je einer, eine, eines; einzeln* ≈ *singuli, -ae, -a; je zwei* ≈ *bini, -ae, -a,* usw. *Singuli, -ae, -a* ist darunter das einzige Wort mit recht häufiger Verwendung. Die anderen werden bisweilen anstelle der Kardinalzahlen verwendet: *bini, -ae, -a* ≈ *duo, duae.*

◻ Als **Multiplikativadverb** finden sich: *semel* ≈ *einmal, bis* ≈ *zweimal, ter* ≈ *dreimal, quater* ≈ *viermal, quinquies* ≈ *fünfmal, sexies* ≈ *sechsmal, septies* ≈ *siebenmal, octies* ≈ *achtmal, novies* ≈ *neunmal, decies* ≈ *zehnmal,* usw. (Schreibweise im Deutschen wahlweise oder fallweise ›zweimal‹ bzw. ›zwei Mal‹)

◻ **Brüche** werden mithilfe der Ordnungszahlen (Ordinalzahlen) ausgedrückt: die ›Hälfte‹ heißt *dimidia pars,* ein Drittel *tertia pars,* ein Viertel *quarta pars,* ein Fünftel *quinta pars* usw.

◻ Wie noch heute in vielen lebenden Sprachen wird die eine Person in einer Namensreihe bezeichnende Zahl als **Ordnungszahl** ausgedrückt. ›Leo IX.‹ heißt mithin *Leo nonus,* ›Gregor VII.‹ *Gregorius septimus.* Ebenso verhält es sich mit Jahren, Uhrzeit (Stunde) und einer Reihenfolge. ›Buch IV‹ heißt *Liber quartus,* das Jahr Tausend *annus millesimus.*

2 Angaben zur Zeit

2.1 Zeitergänzungen im Satz

Generell bezeichnet der Ablativ den Zeitpunkt und der Akkusativ die Zeiterstreckung bzw. Dauer.

Fragen	Zeitergänzungen
quando? wann? (Zeitpunkt)	◘ Ablativ ohne Präposition bei Nomina, die einen Zeitbegriff bezeichnen: *tertia hora veniet* ≈ *er/sie wird zur dritten Stunde kommen* (≈ um 3 Uhr); *eo tempore* ≈ *zu dieser Zeit* (manchmal *id temporis*); *vere* ≈ *im Frühling* ◘ *In* beim Ablativ bei verschiedenen Nomina, die nicht näher durch ein Adjektiv oder eine Ergänzung bestimmt sind: *extrema senectute* ≈ *im höchsten Alter*; *in senectute* ≈ *im Alter*
quamdiu? wie lange? (Zeitdauer)	◘ Akkusativ mit oder ohne *per*: *(per) triginta annos regnavit* ≈ *er regierte während/über dreißig Jahre/n* ◘ im Ausnahmefall Ablativ, v. a. mit *totus, -a, -um*: *tota nocte* ≈ *in der ganzen Nacht, die ganze Nacht*
quam dudum? wie lange schon? (... dauert die Handlung?) (Zeitdauer)	Akkusativ, begleitet von *jam*, das zwischen Ordinalzahl und Nomen eingeschoben ist: *quartum jam annum regnat* ≈ *er regiert das vierte Jahr, schon drei (!) Jahre*
ex quo tempore? oder *quam pridem? seit wann?* (... ist die Handlung beendet?) (Zeitdauer)	Akkusativ mit *abhinc* oder *ante*: *abhinc tres annos mortuus est* ≈ *vor nunmehr drei Jahren ist er gestorben*, oder *ante hos tres annos mortuus est* ≈ *vor (den letzten) drei Jahren ist er gestorben*
quanto tempore? innerhalb welchen Zeitraums? (Zeitraum als Mittel, benötigte Zeit)	instrumentaler Ablativ: *tribus annis urbem cepit* ≈ *er nahm die Stadt innerhalb von drei Jahren ein*

Zum Ausdruck verschiedener Nuancen dienen verschiedene Präpositionen:
◘ mit **Ablativ**
  ‣ ab   a pueritia, a puero ≈ *von Kindheit an*
           statim a pugna ≈ *sogleich nach der Schlacht*
  ‣ ex   ex eo tempore ≈ *seit dieser Zeit*
           ex episcopatu ≈ *mit Beginn seines Episkopats*
  ‣ de   de media nocte ≈ *in der Mitte der Nacht*
◘ mit **Akkusativ**
  ‣ (usque) ad   (usque) ad senectutem ≈ *bis ins Alter*
  ‣ ad, sub   ad vesperum, sub vesperum ≈ *gegen Abend*
  ‣ ante   ante bellum ≈ *vor dem Krieg*
          ante hos tres dies ≈ *vor drei Tagen*
          ante paucos dies ≈ *vor wenigen Tagen*
  ‣ post   post bellum ≈ *nach dem Krieg*
          post tres dies ≈ *nach drei Tagen, in drei Tagen*

‣ in   in diem ≈ *von Tag zu Tag*
        de die in diem, in dies ≈ *von Tag zu Tag*
        in annum ≈ *auf das Jahr, für das Jahr*
‣ inter inter tot annos ≈ *im Laufe so vieler Jahre*

2.2   Zeitadverbien

🞏 *Adverbien zur Angabe des Zeitpunkts*
hodie ≈ heute
heri ≈ gestern
cras ≈ morgen
interdiu ≈ tagsüber
mane ≈ morgens
vespere ≈ abends
pridie ≈ tags zuvor
postridie ≈ tags darauf
perendie ≈ übermorgen
nuper, modo ≈ neulich, gerade eben
hactenus ≈ bis hierher, bis jetzt
adhuc ≈ bisher, bis jetzt
antea, ante, prius ≈ vorher, zuvor
interea, interim ≈ inzwischen, derweil
jam ≈ schon, nunmehr
nunc ≈ jetzt
tum, tunc ≈ damals
hic ≈ hier und jetzt
ibi ≈ da, dann, alsdann
mox ≈ bald
brevi ≈ in Kürze
sero ≈ (zu) spät
simul ≈ zugleich
statim, continuo ≈ sofort
repente, subito ≈ plötzlich
quondam ≈ einst, einstmals
posthac ≈ nachher; von nun an, später
non ... jam ≈ nicht ... mehr
nondum ≈ noch nicht
primum ≈ zuerst, zunächst
quam primum ≈ möglichst bald
primo ≈ an erster Stelle

deinde, dein ≈ darauf
deinceps ≈ gleich darauf
tandem ≈ endlich
denique, postremo ≈ schließlich
olim, aliquando ≈ eines Tages (*Vergangenheit und Zukunft*)
tum ... tum ... *oder* modo ... modo ... ≈ bald ... bald ...

🞏 *Adverbien zur Angabe der Zeitdauer*
diu ≈ lange
paulisper ≈ ein Weilchen
aliquandiu ≈ eine Zeitlang, ziemlich lange
jamdiu, jampridem ≈ seit langem
vix ≈ kaum, gerade

🞏 *Adverbien zur Angabe der Häufigkeit*
nunquam (numquam) ≈ niemals
semel ≈ einmal
iterum ≈ erneut, ein zweites Mal
alias ≈ ein anderes Mal
rursus ≈ wiederum
quotidie ≈ täglich
quotannis ≈ jährlich
fere ≈ meistens, fast immer
ferme ≈ fast, beinahe
raro ≈ selten
nonnunquam ≈ zuweilen
interdum ≈ manchmal, mitunter
crebro ≈ häufig
saepe ≈ oft
plerumque ≈ meistens, gewöhnlich
semper ≈ immer

2.3   Substantivische Wendungen

Häufig findet man Substantive, die eine Zeitdauer ausdrücken: *biennium ≈ Zeitraum von zwei Jahren, triennium ≈ Zeitraum von drei Jahren, quinquennium ≈ Zeitraum von fünf Jahren* usw.; (selten:) *lustrum ≈ Jahrfünft*:

> ‣ ante hoc triennium ecclesiam edificavit ≈ *vor drei Jahren ließ er eine Kirche bauen*

3   Der Kalender

Zur Bezeichnung der **Monate** dienen folgende Adjektive (Adjektive, weil sie zumeist mit dem Begriff *mensis* ›Monat‹ auftreten):

> ‣ januarius (*Januar*), februarius (*Februar*), martius (*März*), aprilis (*April*), maius (*Mai*), junius (*Juni*), julius (*Juli*), augustus (*August*), september, -bris (*September*), october, -bris (*Oktober*), november, -bris (*November*), december, -bris (*Dezember*)

Die **Tage** werden im Mittelalter auf zweierlei verschiedene Weise bezeichnet:

— Nach der Liturgie heißen die Wochentage von *Sonntag* bis *Freitag*: *prima feria, secunda feria, tertia feria, quarta feria, quinta feria, sexta feria*; der *Samstag* dann trägt die Bezeichnung *sabbatum*, ›Sabbat‹.

— Meistens jedoch bezeichnen die Schreiber den jeweiligen Tag des Jahres durch die Angabe des darauf fallenden Heiligenfestes.[35]

— Im Übrigen finden sich die auf die alten lateinischen Bezeichnungen zurückgehenden Namen *Dominica* (*Sonntag*), *lunae dies* (*Montag*), *martis dies* (*Dienstag*), *mercuris dies* (*Mittwoch*), *jovis dies* (*Donnerstag*), *veneris dies* (Freitag). Ab Beginn des 13. Jahrhunderts erscheinen diese Namen in regionalsprachlicher Form in religiösen Urkunden (z. B. *lunedi, martedi* usw.).

— Während der ersten Hälfte des Mittelalters erfolgt die Bezeichnung der Wochentage fast ausschließlich nach dem römischen System. Jeder Monat weist drei Tage auf, die als Bezugspunkte dienen: die *Kalenden* (1. Tag des Monats), die *Nonen* (5. oder 7. Tag des Monats) und die *Iden* (13. oder 15. Tag des Monats). Mit deren Hilfe werden die einzelnen Tage dahingehend gezählt, wie viele jeweils von dem einen bis zum nächsten festen Bezugsdatum – d. h. zu den Kalenden, Nonen oder Iden – noch zu durchlaufen sind. Diese Fixpunkte bilden Ausgangspunkt für die Zählung. Somit ist unser 31. Januar der Vortag der bzw. der zweite Tag vor den Kalenden des Februar, also: *pridie kalendas*[36] *februarii* oder *II kalendas februarii*; der 30. Januar ist der *III kalendas februarii* usw. Unser 12. Januar ist der 2. Tag vor den Iden des Januar (*II idus januarii*), der 2. Januar der 4. Tag vor den Nonen des Januar (*IV nonas januarii*). Die Zahlen sind beispielsweise zu lesen: *IV ≈ quartus dies* bzw. *IV⁰ ≈ quarto [die]* (Ablativ; s. Tabelle).

---

[35]   Maßgeblich zur Aufschlüsselung solcher Angaben ist nach wie vor Arthur Giry, Manuel de diplomatique, Paris, 1894, Nachdruck u. a. Genf 1975.

[36]   Der Akkusativ *kalendas* erklärt sich folgendermaßen: ›pridie‹ ist der Tag vor (lat. ›ante‹) den Kalenden; *ante* steht mit Akkusativ (*ante kalendas*) und wird daher bei dem Ausdruck nur ›mitgedacht‹, nicht ausgedrückt. Bei der Ausdrucksweise mit Nummerierung wird, wie im Lateinischen üblich, der Bezugstag mitgezählt.

Zur deutlicheren Übersicht lassen sich weitere Einzelheiten der nachfolgenden Tabelle entnehmen, die Folgendes genauer ausweist: In den Monaten März, Mai, Juli und Oktober fallen die Nonen auf den 7. und die Iden auf den 15. Tag, in den übrigen auf den 5. bzw. den 13. Tag. Die Nonen sind also der ›neunte‹ Tag vor den Iden. Schließlich ist zu berücksichtigen, dass der Februar nur 28 Tage zählt und 29 in den ›bisextiles‹, den Schaltjahren: In diesen wird der sechste Tag des Februar vor den Kalenden verdoppelt (›bis‹ lat. ≈ ›zweimal‹) und heißt entsprechend ›bis-sextus‹.

Weitere Beispiele: *IV nonas januarii ≈ 2. Januar, VII idus aprilis ≈ 7. April, XVIII kalendas septembris ≈ 15. August, Idus martii ≈ 15. März, III idus octobris ≈ 13. Oktober.*

	März · Mai · Juli · Oktober	Januar · August · Dezember	April · Juni · September · November	Februar
Kalendis	1.	1.	1.	1.
VIº Nonas	2.	–	–	–
Vº Nonas	3.	–	–	–
IVº Nonas	4.	2.	2.	2.
IIIº Nonas	5.	3.	3.	3.
pridie Nonas	6.	4.	4.	4.
Nonis	7.	5.	5.	5.
VIIIº Idus	8.	6.	6.	6.
VIIº Idus	9.	7.	7.	7.
VIº Idus	10.	8.	8.	8.
Vº Idus	11.	9.	9.	9.
IVº Idus	12.	10.	10.	10.
IIIº Idus	13.	11.	11.	11.
pridie Idus	14.	12.	12.	12.
Idibus	15.	13.	13.	13.
XIXº Kalendas	–	14.	–	–
XVIIIº Kalendas	–	15.	14.	–
XVIIº Kalendas	16.	16.	15.	–
XVIº Kalendas	17.	17.	16.	14.
XVº Kalendas	18.	18.	17.	15.
XIVº Kalendas	19.	19.	18.	16.
XIIIº Kalendas	20.	20.	19.	17.
XIIº Kalendas	21.	21.	20.	18.
XIº Kalendas	22	22.	21.	19.
Xº Kalendas	23.	23.	22.	20.
IXº Kalendas	24.	24.	23.	21.
VIIIº Kalendas	25.	25.	24.	22.
VIIº Kalendas	26.	26.	25.	23.
VIº Kalendas	27.	27.	26.	24.
Vº Kalendas	28.	28.	27.	25.
IVº Kalendas	29.	29.	28.	26.
IIIº Kalendas	30.	30.	29.	27.
pridie Kalendas	31.	31.	30.	28.

Mittelalter: Mittelalterliche Datumsangaben, insbesondere in Urkundentexten, enthalten zahlreiche zusätzliche Angaben wie die *Indiktion* (*indictio*), die *Epakte* (*epacta*), den *Concurrens* (*dies concurrens*),[37] dazu Erwähnungen der Regierungs- bzw. Amtszeiten von Kaisern, Päpsten, Königen, Bischöfen, von denen die eine oder andere ganz nach Wunsch der Kanzleien vermerkt ist.

Beispiele für Datumsangaben

1. *Anno Domini millesimo trecentesimo tercio, indictione prima, die nono mensis decembris* ≈ *Im Jahre des Herrn 1303, Indiktion eine, neunter Tag des Dezember*
2. *Anno Domini 1224, tempore domini Honorii papae, scilicet eodem anno quo confirmata est ab eo regula beati Francisci, anno domini Henrici filii Johannis octavo, feria tercia post festum nativitatis beatae Virginis quod illo anno fuit dominica* ≈ *Im Jahre des Herrn 1224, unter dem Pontifikat des Herrn Papstes Honorius, in demselben Jahr, in dem dieser die Regel des heiligen Franziskus bestätigte, im achten Jahr (der Herrschaft) des Königs Heinrich, Sohnes des Johannes, am Dienstag nach dem Fest der Geburt der heiligen Jungfrau, das in jenem Jahr ein Sonntag war*

 # Exerzitien

1. *Übertragen Sie die folgenden Daten in ausgeschriebene Zahlen; es handelt sich um diejenigen, auf welche die Urkunden des Kaisers Friedrich Barbarossa im Laufe der Jahre 1172 und 1173 datiert wurden:*

   nº588: Acta sunt hec anno dominice incarnationis MºCºLXXºIIº, indictione Vª, regnante domino Frederico Romanorum imperatore gloriosissimo, anno regni eius XXIº, imperii vero XºVIIIº; datum Wirzburc XºIIIº kal. maii; feliciter amen.

   nº590: Datum Wirceburg Xº kal. maii.

   nº591: Datum Wirceburg VIIIº kal. maii.

   nº594: Datum in Aldenburch XIIº kal. augusti.

   nº595: Datum apud Wirzeburg VIIIº id. decembris.

   nº596: Anno MºCºLXXºIIIº, datum apud castrum Lenceburg Xº kal. marcii.

   nº597: Datum Basilee IIIIº non. martii.

   nº599: Datum Goslarie IIIIº non. maii.

   nº601: Datum Goslarie ydus maii.

   nº602: Datum apud Fuldam IIIIº kal. iunii.

   nº605: Data Wormatie XIIIº kal. iunii.

   nº608: Datum Wormatie IIIº kal. decembris.

   Die Urkunden Friedrichs I. (1168–1180), Hannover, 1985, nº 588 bis 608

---

[37] Mittelalterliche Berechnungsweisen von Tagen, z.B. im Verhältnis von Mondjahr zu Sonnenjahr, oder zur Osterfestbestimmung. Genauere Erklärungen liefert etwa das genannte Werk von Arthur Giry (Anm. 33), S. 96, 137, 149.

2. *Untersuchen und beschreiben Sie die Art der Zählung und Datierung in diesem Auszug der kurzen Annalen der normannischen Abtei Notre-Dame du Bec:*

1109. Obiit venerabilis memoriae dominus Anselmus archiepiscopus, qui factus monachus ecclesiae Becci anno vitae suae XXVII, vixit monachus claustralis tribus annis sine praelatione, quindecim prior post bonae memoriae Lanfrancum Cantuariensem archiepiscopum, deinde aliis quindecim annis abbas extitit post piae recordationis venerabilem Herluinum primum abbatem ipsius loci. Inde assumptus est ad archiepiscopatum Cantuariae post venerandum Lanfrancum, quem rexit annis sexdecim. Septimo decimo autem archiepiscopatus anno, monachatus vero quadragesimo nono, porro aetatis LXXVI, transiit e mundo XI kalendas maii, feria IV ante coenam Domini. Ipso anno fuit ultimum Pascha, hoc est VII° kalendas maii. Eodem anno III° kalendas maii obiit dominus Hugo Cluniacensis abbas qui LX annis et duobus mensibus rexit abbatiam suam.

Lesetext: Ein Rätsel Alkuins

Duo homines ambulantes per viam, videntesque ciconias, dixerunt inter se: Quot sunt? Qui conferentes numerum dixerunt: Si essent aliae tantae, et ter tantae et medietas tertii, adjectis duobus, C essent. Dicat, qui potest, quantae fuerunt, quae in imprimis ab illis visae sunt.

Solutio: XXVIII et XXVIII et tercio sic fiunt LXXXIIII. Et medietas tertii fiunt XIIII. Sunt in totum XCVIII. Adjectis duobus, C apparent.

Übersetzung: *Zwei Männer gingen auf einer Straße spazieren und sahen Störche; da sagten sie zueinander: »Wie viele sind das?« Nachdem sie [ihre Überlegungen] verglichen hatten, sagten sie die Zahl: »Wenn es noch einmal so viele wären und dreimal so viele und die Hälfte eines Drittels und zwei hinzugefügt, wären es hundert.« Es sage,*[38] *wer kann, die Zahl der Störche, die ursprünglich von ihnen gesehen wurden.*

Lösung: 28 plus 28 plus ein drittes Mal 28 ergibt 84. die Hälfte eines Drittels macht 14. Insgesamt sind das 98. Fügt man 2 hinzu, ergeben sich 100.

Lernvokabeln

Zahlzeichen und Zahlen dieser Lektion

---

[38] Der Konjunktiv (*dicat* ≈ [hier:] *er/sie sage*) wird in Lektion 18 behandelt.

Lektion 17

Die Indefinitpronomina (II), Interrogativ- und Exklamativpronomina

1 Das Pronomen *quis/qui, quae, quod/quid*

Das Pronomen *quis/qui, quae, quod/quid* und seine Zusammensetzungen können als Indefinit- (Unbestimmtheit), Interrogativ- (Frage) und Exklamativ- (Ausruf) Pronomen verwendet werden.

1.1 Deklination

	Singular			Plural		
Nominativ	quis, qui	quae (que)	quid, quod	qui	quae (que), qua	quae (que), qua
Akkusativ	quem	quam	quid, quod	quos	quas	quae (que), qua
Genitiv	cujus			quorum	quarum	quorum
Dativ	cui			quibus		
Ablativ	quo	qua	quo	quibus		

Die Formen *quis* und *quid* sind theoretisch selbstständige Pronomina, *qui* und *quod* adjektivische Pronomina. Nichtsdestoweniger findet man oft *qui* anstelle von *quis* und umgekehrt. Im Femininum Sg. und im Neutrum Pl. finden sich für das selbstständige wie das adjektivische Pronomen unterschiedslos *quae (que)* oder *qua*.

1.2 Bedeutung und Verwendung

1 Als **unbestimmtes (Indefinit-)Pronomen** bedeutet *quis, quid* soviel wie ›jemand‹, ›wer‹, ›einer‹, ›etwas‹. Es findet sich *niemals* am Satzanfang, sondern es ist ›enklitisch‹, das heißt, es hängt sich (wie das deutsche schwache ›wer‹) mit schwachem Ton an das vorherige Wort an:
  › rogat quis ≈ *es fragt einer*
  › si quis ≈ *wenn wer/jemand*
  › perditioni obnoxius erit, si quis hanc terram reclamaverit ≈ *wenn jemand dieses Land beansprucht, wird der Verdammnis verfallen/jeder, der ...*

Das Neutrum *quid* verbindet sich oft mit einem Substantiv im Genitiv, das den Inhalt näher bestimmt:

> • si quid habes negotii ≈ *wenn du irgendeine Schwierigkeit (etwas an ...) hast*

2 Als **Interrogativ- (Frage-)Pronomen** bedeutet *quis, quid?* ›wer, welcher, welche, was?‹. Als **Exklamativpronomen** dient es einem Ausruf ›welch ...!‹ und kommt nur in adjektivischer Verwendung vor:

> • Quis venit? ≈ *Wer ist gekommen?*
> • Qui servus venit? ≈ *Welcher Diener ist gekommen?*
> • Quid amplius facis? ≈ *Was tust du sonst noch (›weiter‹)?*
> • Qui servus! ≈ *Welch ein Diener!*

Das Neutrum *quid* verbindet sich oft mit einem Substantiv im Genitiv, das den Inhalt näher bestimmt:

> • Quid habes operis? ≈ *Was hast du an Arbeit?/Welche Arbeit hast du?*

Achtung: Die Formen des Indefinitpronomens sind denen des Relativpronomens verwandt (s. Lektion 7). Man achte also gut darauf, die gleich geschriebenen Wörter auseinanderzuhalten. Außerdem kann *quam* nicht nur der Akkusativ fem. Sg. von *quis, quid* oder *qui, quae, quod* in den beschriebenen Funktionen sein, sondern auch noch sehr häufig die unveränderliche adverbiale Partikel *quam*, die unter anderem vor einem Adjektiv oder Adverb steht und diesem einen intensivierten Sinn gibt (*quam strenue* oder *quam strenuissime* ≈ *so entschlossen/tapfer wie möglich*).

1.3   Zusammensetzungen

Folgende Indefinita stellen Zusammensetzungen mit *quis/qui* dar:

> • aliquis (aliqui[s]), aliqua, aliquid (aliquod) ≈ *irgendeine/r, -etwas*
> • quidam, quaedam, quiddam (quoddam) ≈ *ein gewisser, einer*
> • quisque, quaeque, quidque (quodque) *und das damit gebildete* unusquisque, unaquaeque, unumquidque (unumquodque) ≈ *jeder, jede, jedes*
> • quivis, quaevis, quidvis (quodvis) ≈ *wer/was auch immer, gleich wer/was (-vis:* ›du willst‹)
> • quilibet, quaelibet, quidlibet (quodlibet) ≈ *jeder, jede, jedes beliebige (-libet:* ›es beliebt‹)
> • nescio quis (qui), nescio quae [qua], nescio quid (quod) ≈ *ich weiß nicht, wer/was*
> • quisquam, quaequam, quidquam (*oder* quicquam) [nur Pronomen] ≈ *jeder, jede, jedes*

Diese Wörter werden wie *quis (qui), quae, quid (quod)* dekliniert. Die in Klammern gesetzten Formen sind die adjektivischen Varianten. Bei *qui-dam, quis-que, qui-vis, qui-libet* und *quis-quam* wird nur der erste Teil des Wortes dekliniert, bei *ali-quis* nur der zweite, also *cujusdam, cuidam, quibusdam* usw.

Im Falle von *unus-quisque* werden beide Elemente dekliniert, das erste wie *unus, una, unum* (s. folgende Lektion), das zweite wie *quisque* (also *uniuscujusque, unicuique* usw.).

Im Falle von *nescio quis* wird nur *quis* dekliniert, denn *nescio* ist eine Verbform (›ich weiß nicht‹), also: *nescio quem* usw.:

> • nescio quis venit ≈ *ich weiß nicht, wer (›irgendeiner wohl‹) ist gekommen*

◻ Generell hat *aliquis* einen unbestimmteren Sinn als *quidam*: Es bezeichnet jemand/etwas, den/das man nicht kennt oder über den/worüber man eine einfache Vermutung äußert, während *quidam* etwas bezeichnet, das man durchaus – mehr oder weniger präzise – kennt, das man jedoch nicht benennen kann oder will; im Deutschen steht dafür je nach Kontext *ein gewisser* oder einfach der unbestimmte Artikel *ein*:

› Quidam caecus ab utero ad sanctum venit ≈ *ein von Geburt an Blinder kam zu dem Heiligen.*

› Habes aliquem socium? ≈ *Hast du (irgend)einen Freund?*

› Perditioni obnoxius erit, si quis ultra haec aliquid praesumpserit ≈ *Wenn einer/Jeder der es wagt, sich über das hinaus irgendetwas anzumaßen, wird (er) der Verdammnis anheimfallen.*

◻ Das Wort *quisque* bedeutet ›jeder, jedes‹. Es steht nie am Beginn eines Satzes, dort findet sich vielmehr *unusquisque* oder *omnis, -e* ≈ ›jeder, jedes‹, Plural ›alle‹.
Besondere Verwendungsweisen:

— beim Superlativ: *fortissimus quisque* (Sg.!) ≈ *alle besonders Mutigen* (Pl.)

— bei einer Ordnungszahl: *decimus quisque* ≈ *jeder zehnte; tertio quoque anno* ≈ *jedes dritte Jahre, alle drei Jahre*

— *quivis, quilibet* und *quicumque* bedeuten ›gleich/egal, welcher‹, ›jeder beliebige‹. Die beiden ersten enthalten das verbale Element *vis* ≈ *du willst* bzw. *libet* ≈ ›es gefällt, beliebt‹.

› Si quis ex heredibus suis vel alia quaelibet cujuscumque potestatis aut ordinis persona huic testamento calumpniam inferre temptaverit, ... ≈ *Wenn einer/wer unter seinen Erben oder eine andere beliebige Person von Macht oder Stand versucht, gegen dieses Testament einen Rechtsstreit zu erheben, ...*

— *quisquam* wird im klassischen Latein nur in einem negativen Satz oder einem Fragesatz verwendet:

› nec quisquam ≈ *und keiner,* nec quicquam ≈ *und nichts*

Mittellatein: Im mittelalterlichen Latein hingegen findet es sich häufig in affirmativen Sätzen im Sinne des deutschen unbestimmten *man*, das im lateinischen keine direkte Entsprechung hat. Diese Rolle übernehmen auch die Pronomina *quis* und *aliquis* sowie das unpersönliche Passiv: *pugnatur* ≈ *man kämpft; itur* ≈ *man geht.*

2 Weitere unbestimmte Pronomina

◻ solus, -a, -um (*allein*), totus, -a, -um (*ganz, gesamt, Pl. alle*), nullus, -a, -um (*keiner*), nonnullus, -a, -um (*irgendeiner; Pl. nonnulli, -ae, -a einige*)
Diese Wörter besitzen die gleiche Deklination, bei der die meisten Formen denen des Musters *bonus, -a, -um* entsprechen, *außer* dem schon bekannten ›pronominalen‹ Genitiv Sg. -*ius* und Dativ Sg. -*i*, jeweils in allen drei Genera (also Genitiv: *solius, totius, nullius,* Dativ: *soli, toti, nulli*). Bei der Übersetzung ist mithin darauf zu achten, dass *soli, toti, nulli* sowohl Dativ Sg. als auch Nominativ mask. Pl. sein können.

◻ nemo ≈ *niemand*
Im klassischen Latein verfügt dieses Pronomen nur über den Nominativ, den Akkusa-

tiv (*neminem*) und den Dativ (*nemini*), im mittelalterlichen Latein findet man jedoch häufig auch den Ablativ (*nemine*), besonders im Ablativus absolutus. Eine der berühmtesten Heiligenparodien trägt den Titel *De sancto Nemine* (›Der heilige Niemand‹).[39]

☐ nihil *oder* nil (*mittelalterlich oft* nichil) ≈ *nichts*
Im klassischen Latein existiert nur diese Form des Nominativs bzw. Akkusativs. Für die übrigen Kasus benutzt man gewöhnlich die Umschreibung *nulla res* (›keine Sache‹). Im mittelalterlichen Latein zieht man die Verwendung der entsprechenden Formen des Wortes *nihilum* (Nom./Akk.), *nihili* (Gen.) sowie *nihilo* (Dat./Abl.) vor. Diese letztere Form findet man in dem Adverb *nihilominus* ≈ *nichtsdestoweniger* sowie in dem Ausdruck *ex nihilo* ≈ *aus dem Nichts* (eine Schöpfung ›ex nihilo‹ ist eine Schöpfung ›aus dem Nichts‹). *Nihil* wird oft als Adverb in der Bedeutung ›in nichts‹ verwendet.

☐ uterque, utraque, utrumque ≈ *beide*
Dieses Pronomen hat dieselben Endungen wie *altera, -ra, -rum* (*-que* ist ein unveränderliches Suffix, der Stamm ist *utr-*). Seine Bedeutung ist ›beide‹, doch handelt es sich grammatisch um einen Singular (!), also steht auch ein zugehöriges Prädikat im Singular:
  ‣ uterque venit ≈ *beide sind gekommen*

☐ neuter, neutra, neutrum ≈ *keiner von beiden*
wird wie *uterque* dekliniert.

Achtung: Auch diese Wörter haben den für die Pronomina typischen Genitiv Sg. auf *-ius* und den Dativ Sg. auf *-i* für alle drei Genera. Für die übrigen Kasus gilt das Muster *bonus, -a, -um*. So zeigt *uterque* die Formen *utrumque, utramque* (Akk.), *utriusque* (Gen.), *utrique* (Dat.), *utroque, utraque* (Abl.), und *neuter* die Formen *neutrum/neutram, neutrius, neutri, neutro/neutra*.

☐ plerique, pleraeque, pleraque ≈ *die meisten*
Das Suffix *-que* ist unveränderlich, sonst folgen die Formen dem Muster *bonus, -a, -um*.

☐ Zur Bezeichnung einer unbestimmten Menge – deutsch: *jeder, ganz, gesamt, alle* u. a. – dienen im Lateinischen verschiedene Wörter, deren Bedeutung im klassischen Latein genau unterschieden wird, im mittelalterlichen Sprachgebrauch jedoch wieder interferiert:
  ‣ totus, -a, -um ≈ *ganz, gesamt; alle*
  ‣ omnis, -e ≈ *jeder, jede, jedes; omnes, omnia ≈ alle*
  ‣ ceteri, -ae, -a ≈ *die übrigen*
  ‣ reliqui, -ae, -a ≈ *die übrigen, die restlichen*
  ‣ universi, -ae, -a; cuncti, -ae, -a ≈ *alle insgesamt, ausnahmslos alle*

3 Weitere Interrogativ- und Exklamativpronomina

  ‣ uter, utra, utrum ≈ *wer von beiden?*
  ‣ qualis, -e ≈ *welch? wie beschaffen, wie geartet?*

[39] Ein Auszug daraus unten in den Beispielen der Texttypen.

‣ quantus, -a, -um ≈ *wie groß?*
‣ quot (*nicht dekliniert*) ≈ quam multi, -ae, -a ≈ *wie viele?*

Bis auf *uter* werden diese Pronomina sowohl fragend als auch exklamativ gebraucht:

‣ Quot viri! ≈ *wieviele Männer!*
‣ Quot viri venerunt? ≈ *Wie viele Männer sind gekommen?*

℘ Exerzitien ℘

1. *Übersetzen Sie die folgenden Sätze:*
1) Quis miles sine certamine coronabitur? Quis agricola sine labore abundat panibus? *2)* Per moderantiam pervenitur ad abundantiam. *3)* Ad sublimitatem virtutum non potentia sed humilitate venitur. *4)* Cui multum datur, multum ab eo exiguitur. *5)* Levis et inconstans nil avibus differt. *6)* Tolli jussit ornamenta quaeque et argentea vasa perplurima. *7)* Quae quisque vult metere, prius debet seminare. *8)* Qui dives? Qui nil cupit. Et quis pauper? avarus. *9)* Liber est dicendus in quo nullum vitium. *10)* Ad magna gaudia perveniri non potest, nisi per magnos labores. *11)* Jejunio in castro predicato, jussum est omnes in crastino paratos esse ad bellum. *12)* Omnis avarus nulli est charus. *13)* Ante virum Dei nullus morbus latebat, nullus insanus ab eo recedebat. *14)* Confundens alios merito confunditur ipse. *15)* Crimen avaritiae cito destruit optima quaeque. *16)* Difficile corrigitur nequitia quam concipit quis in pueritia. *17)* Fugit impius nemine persequente; justus autem quasi leo confidens absque terror erit. *18)* Rex edificiorum structuram per seipsum ordinavit. *19)* Cum aliquis suscipit nomen abbatis, duplici debet doctrina suis praeesse discipulis. *20)* Cum eo manentibus dulcem et commodum se exhibebat, nullum objurgans, nullum increpans, nulli iratus, nulli molestus, nulli adversus, nullum verbum alicujus lamentationis ab eo audiebatur, sed bona omnia quae tunc potuit praesentibus et absentibus fecit, nemini indulgentiam negavit, gratia suae benedictionis omnes consignavit.

2. *Analysieren Sie die kursiv wiedergegebenen Indefinitpronomina, und übersetzen Sie den folgenden Textabschnitt:*
Nam fuit, ut fertur, *quoddam* tempus, cum in agris homines passim bestiarum more vagabantur, nec ratione animi *quidquam* sed *pleraque* viribus corporis administrabant (...). Quo tempore *quidam* vir magnus et sapiens ( ) dispersos homines in agris et in tectis sylvestribus abditos ratione *quadam* compulit in unum locum et congregavit eos in unum, *aliquam* quietem inducens utilem atque honestam (...).
Alkuin, Dialogus de rhetorica et virtutibus, PL 101, c. 919

3. *Analysieren Sie die kursiv wiedergegebenen Indefinitpronomina:*
Decedente atque immo potius pereunte ab urbibus gallicanis liberalium cultura litterarum, quia *nonnullae* res gerebantur vel recte vel improbe, ac feritas gentium desaeviebat (...), nec reperiri poterat *quisquam* peritus in arte dialectica grammaticus (...)

ingemiscebant saepius *plerique*: »Vae diebus nostris, quia periit studium litterarum a nobis.«

Nach Gregor von Tours, Geschichte der Franken, Vorwort

Übersetzung: *Da die Pflege der schönen Literatur aus den Städten Galliens schwindet, vielmehr: verschwindet, da bestimmte Dinge gerade recht und schlecht betrieben wurden und die Wildheit der Barbaren wütete (...) und da kein in der Kunst der Dialektik erfahrener Grammatiker gefunden werden konnte (...), stöhnten die meisten ziemlich oft: »Weh unserer Zeit, da das Studium der Literatur von uns gegangen ist.«*

4. *Übersetzen Sie:*

Anno dominicae incarnationis DCCCXCVII. Stephanus, Odacar, Gerardus et Matfridus comites honores et dignitates, quas a rege acceperant, perdunt. Zuendibolch (*Zwendibold*) Treverim (*Trier*) cum exercitu venit, terram quam prefati tenuerant, inter suos dividit, monasterium ad Horream (*Oeren*) et monasterium sancti Petri, quod Mettis (*Metz*) situm est, sibi reservans. Post haec patrem super uxorem quam accipere desiderabat, per legatos consulit. Eius hortatu ad Ottonem comitem missum dirigit, cuius filiam nomine Odam in conjugium exposcit. Ille petitionibus eius gratanter assensum praebuit eique filiam tradidit, quam post Pascha celebratis nuptiis sibi in matrimonium sociavit. Eodem anno Arnulfus Wormatiam (*Worms*) venit ibique placitum tenuit, ubi ad eius colloquium Zuendibolch occurrit, et interventu imperatoris Stephanus, Gerardus et Matfridus cum filio reconciliantur.

Chronik des Reginon von Prüm, Jahr 897

Lernvokabeln

avis, -is, *f.* Vogel
certamen, inis, *n.* Kampf, Wettkampf
grammaticus, -i, *m.* Grammatiker, Sprachlehrer
gratanter dankbar
liberales artes, *f.* die freien Künste

morbus, -i, *m.* Krankheit
nequitia, ae, *f.* Bosheit
peritus, -a, -um erfahren
placitum, -i, *n.* Beschluss, Verhandlung
tollere, -o, sustuli, sublatum wegnehmen

Lektion 18

Der Konjunktiv

1   Die Formen des Konjunktivs

Wie im Deutschen existiert im Lateinischen bei den Verben neben dem Indikativ eine zweite Formenreihe mit teils eigener Bedeutung, die des Konjunktivs. Die damit verbundenen verschiedenen ›Aussageweisen‹ des Verbs werden in der Grammatik als Modi (Sg.: Modus) bezeichnet.

In beiden Sprachen unterscheidet man zwei Formenreihen des Konjunktivs: im Deutschen den Konjunktiv I (›er gehe‹) und den Konjunktiv II (›er ginge‹, ›er würde gehen‹). Wo die Formen des Konjunktivs I mit denen des Indikativs identisch wären (z.B. ›sie gehen‹), tritt für sie der Konjunktiv II ein (›sie gingen‹, ggf. ›sie würden gehen‹).

Da im Lateinischen die beiden Konjunktive – wie etwa die Partizipien (s. o.) – *Zeitverhältnisse* (und in der Regel keine Zeitstufen) zum Ausdruck bringen, bezeichnet man sie als *Konjunktiv der Gleichzeitigkeit* und *Konjunktiv der Vorzeitigkeit*, jeweils wieder unterschieden in eine Reihe I und eine Reihe II; es existieren also im Lateinischen *vier* gesonderte Formenreihen des Konjunktivs.[40]

Die *Funktionen* des lateinischen und deutschen Konjunktivs sind zum Teil sehr unterschiedlich. Für den *lateinischen* Konjunktiv ist es besonders wichtig, ob er im *Hauptsatz* oder im *untergeordneten Satz* (*Nebensatz*) auftritt. In den meisten Fällen, in denen der lateinische Konjunktiv im Nebensatz auftritt, entspricht er – bis auf sprachliche Feinheiten im Deutschen – dem deutschen Indikativ. Grundsätzlich *identisch* ist der Gebrauch in *beiden* Sprachen im Falle der *Konditionalsätze* (Bedingungssätze, wenn-Sätze).

1.1   Der Konjunktiv der Gleichzeitigkeit I

Diese Formen haben in der e-Konjugation, der konsonantischen Konjugation und der i-Konjugation als charakteristisches Merkmal den Vokal -*a*- vor den Personalendungen des Aktivs und Passivs, in der a-Konjugation jedoch den Vokal -*e*-. Einzelne Verben zeigen zudem stattdessen den Vokal -*i*- (s. unten 1.1.4).

---

[40] In manchen – besonders den traditionelleren, aber auch neueren – Lateingrammatiken werden die lateinischen Konjunktive als *Konjunktiv Präsens, Konjunktiv Imperfekt, Konjunktiv Perfekt* und *Konjunktiv Plusquamperfekt* bezeichnet, obwohl sie *keine* eigentliche Tempusbedeutung haben. Der sog. *Konjunktiv Imperfekt* (hier: *Konjunktiv GZ II*) und *Konjunktiv Plusquamperfekt* (hier: *Konjunktiv VZ II*) haben ihrerseits auch *keinerlei* Beziehung zur Formenbildung der gleichnamigen Indikative (Anm. *hs*).

Beachten Sie: Da die lateinischen Konjunktive nur in bestimmten, wenigen Funktionen mit dem deutschen Konjunktiv wiedergegeben werden können, wird in den folgenden Tabellen für die Formen *keine* Übersetzung angegeben.

1.1.1 Aktiv

	ama-re: *lieben*	**dele-re:** *zerstören*	**leg-e-re:** *lesen*	**cap-e-re:** *nehmen, fangen*	**audi-re:** *hören*
1. P. Sg.	amem	deleam	legam	capiam	audiam
2.	ames	deleas	legas	capias	audias
3.	amet	deleat	legat	capiat	audiat
1. P. Pl.	amemus	deleamus	legamus	capiamus	audiamus
2.	ametis	deleatis	legatis	capiatis	audiatis
3.	ament	deleant	legant	capiant	audiant

1.1.2 Passiv

1. P. Sg.	amer	delear	legar	capiar	audiar
2.	ameris	delearis	legaris	capiaris	audiaris
3.	ametur	deleatur	legatur	capiatur	audiatur
1. P. Pl.	amemur	deleamur	legamur	capiamur	audiamur
2.	amemini	deleamini	legamini	capiamini	audiamini
3.	amentur	deleantur	legantur	capiantur	audiantur

1.1.3 Deponentien

1. P. Sg.	imiter	verear	utar	patiar	largiar
2.	imiteris	verearis	utaris	patiaris	largiaris
3.	imitetur	vereatur	utatur	patiatur	largiatur
1. P. Pl.	imitemur	vereamur	utamur	patiamur	largiamur
2.	imitemini	vereamini	utamini	patiamini	largiamini
3.	imitentur	vereantur	utantur	patiantur	largiantur

1.1.4 Einzelne wichtige Verben

	esse: *sein*	**ire:** *gehen*	**velle:** *wollen*	**nolle:** *nicht wollen*	**malle:** *lieber wollen*
1. P. Sg.	sim	eam	velim	nolim	malim
2.	sis	eas	velis	nolis	malis
3.	sit	eat	velit	nolit	malit
1. P. Pl.	simus	eamus	velimus	nolimus	malimus
2.	sitis	eatis	velitis	nolitis	malitis
3.	sint	eant	velint	nolint	malint

1.2 Der Konjunktiv der Gleichzeitigkeit II

Diese Konjunktivformen werden vom Präsensstamm mithilfe der vor die Personalendungen eingeschobenen Silbe *-re-* gebildet, sowohl im Aktiv wie im Passiv. Rein äußerlich gesprochen: Die Endungen werden an die *Form* des Infinitivs der Gleichzeitigkeit Aktiv angehängt:

1.2.1 Aktiv

ama-re-m, ama-re-s, usw..., dele-re-m, leg-e-re-m, cap-e-re-m, audi-re-m, usw.

1.2.2 Passiv

ama-re-r, ama-re-ris, usw., dele-re-r, leg-e-re-r, cap-e-re-r, audi-re-r, usw.

1.2.3 Deponentien

Bei den Deponentien kann man sich vorstellen, ihr Infinitiv der Gleichzeitigkeit hätte die Form des Aktivs:
imita-re-r, vere-re-r, ut-e-re-r, pat-e-re-r, largi-re-r, usw.

1.2.4 a esse

Das Verb *esse* hat neben den Formen *essem, esses, esset, essemus, essetis, essent* die gleichbedeutenden Formen *forem, fores, foret* und *forent*.

1.2.4 b ire, velle, nolle, malle

Der Konjunktiv der Gleichzeitigkeit II zu diesen Verben lautet regelmäßig *irem* bzw. mit lautlicher Angleichung an den Stamm *vellem, nollem, mallem* usw.

1.3 Der Konjunktiv der Vorzeitigkeit I

1.3.1 Aktiv

Im Aktiv werden die Formen des Konjunktivs der Vorzeitigkeit I, gleich bei welchem Verb, vom Perfektstamm + Bildemorphem *-eri-* + Personalendungen des Aktivs nach dem Muster *amaverim, amaveris, amaverit, amaverimus, amaveritis, amaverint* gebildet:

amav-*isse usw.*	fu-isse	volu-isse	nolu-isse	malu-isse
amaverim	fuerim	voluerim	noluerim	maluerim
deleverim	fueris	volueris	nolueris	malueris
legerim	*usw.*	*usw.*	*usw.*	*usw.*
ceperim				
audiverim, audierim				

1.3.2 Passiv und Deponentien

Ganz entsprechend dem Indikativ wird der Konjunktiv der Vorzeitigkeit I hier durch die Umschreibung aus Partizip der Vorzeitigkeit mit dem Hilfsverb *esse* in den Formen des Konjunktivs der *Gleich*zeitigkeit I gebildet:

› captus, -a, -um sim, sis, sit, capti, -ae, -a simus, sitis, sint *usw.*

› imitatus, -a, -um sim, sis, sit, imitati, -ae, -a simus, sitis, sint *usw.*

1.4 Der Konjunktiv der Vorzeitigkeit II

1.4.1 Aktiv

Im Aktiv wird der Konjunktiv der Vorzeitigkeit II, gleich bei welchem Verb, gebildet aus Perfektstamm + Bildeelement *-isse-* + Personalendungen des Aktivs. Rein äußerlich gesagt, scheinen diese Formen vom Infinitiv der Vorzeitigkeit Aktiv unter Anhängen der Personalendungen gebildet zu sein:

› cep-isse-m, cep-isse-s, cep-isse-t, cep-isse-mus, cep-isse-tis, cep-isse-nt *usw.*

› fu-isse-m (zu *esse*); ivissem, iissem *oder* issem (zu *ire*); voluissem (zu *velle*) *usw.*

1.4.2 Passiv und Deponentien

Im Passiv und bei den Deponentien ist der Konjunktiv der Vorzeitigkeit II eine Umschreibung mittels des Partizips der Vorzeitigkeit und des Hilfsverbs *esse* in den Formen des Konjunktivs der *Gleich*zeitigeit II:

› captus, -a, -um essem, esses, esset, capti, -ae, -a essemus, essetis, essent *usw.*

› imitatus, -a, -um essem, esses, esset, imitati, -ae, -a essemus, essetis, essent *usw.*

Mittellatein: Das mittelalterliche Latein benutzt gern ›übermarkierte‹ Formen. Daher finden sich für die Formen gemäß 1.3.2 und 1.4.2 Varianten mit (beispielsweise) *fuerim* statt *sim* sowie *fuisset* statt *esset*: *factus fuerim ≈ factus sim; factus fuisset ≈ factus esset.*

2 Der Konjunktiv im Satz

Für die Bedeutung und Wiedergabe des lateinischen Konjunktivs im Deutschen ist es entscheidend, ob der Konjunktiv im Hauptsatz oder im untergeordneten Satz (Nebensatz) auftritt. Im Hauptsatz wird er je nach vorhandener Sinnrichtung entweder 1) sprachgleich mit Konjunktiv oder 2) mit einer Umschreibung oder 3) mithilfe von Indikatoren (›Sinn-Anzeigern‹) wiedergegeben.

2.1 Wunsch und Wille

◼ Im Hauptsatz kann der Konjunktiv GZ I einen *Wunsch* ausdrücken, der Konjunktiv GZ II und der Konjunktiv VZ II ein *Bedauern* darüber, dass ein Wunsch rein hypothetisch ist (›Gedankenspiel‹). Im Lateinischen *kann* häufig zusätzlich der Indikator *utinam* ≈ *wenn doch* stehen:

- Utinam dives sim! ≈ *Hoffentlich bin ich einmal reich!* (Wunsch)
- Utinam dives essem! ≈ *Wenn ich doch reich wäre!* (auf die Gegenwart gerichtet: ›doch ich bin es nicht‹: Bedauern, Gedankenspiel)
- Utinam dives fuissem! ≈ *Wenn ich doch nur reich gewesen wäre!* (auf die Vergangenheit gerichtet)

Häufig findet man als Einschub den Relativsatz *quod absit*, um den Wunsch auszudrücken, dass etwas nicht geschehen möge, oder um eine Möglichkeit gedanklich fortzuweisen:

- Si quis, quod absit, hanc terram reclamaverit ... ≈ *Wenn jemand, was Gott verhüten möge* (›was nicht sein/eintreten möge!‹), *dieses Land beanspruchen sollte, ...*

2 Im Hauptsatz kann der Konjunktiv GZ I einen *Willen*, eine *Aufforderung*, auch einen *Befehl* oder negativ ein *Verbot* ausdrücken:

- faciam ≈ *ich möchte tun*, faciamus! ≈ *lasst uns tun!*; faciat ≈ *er/sie soll tun* usw.

In der 2. Person (*du/ihr*), für die ein Imperativ existiert (s. Lektion 22), bezeichnet der Konjunktiv generell eine abgeschwächte Aufforderung, eine Bitte, eine Einladung, auf deutsch z. B. ›bitte‹, ›sei so gut und ...‹.

Der Konjunktiv GZ I – in der 2. Person vorwiegend der Konjunktiv VZ I (!) – in Verbindung mit *ne* oder *non* drückt ein Verbot aus:

- *ne id faciat* ≈ *Er/sie soll das nicht tun!*; *ne id facias* oder *ne id feceris* ≈ *Das sollst du nicht tun/Tu das nicht!*

2.2 Der Konjunktiv im Bedingungssatzgefüge (Konditionalsätze, Wenn-Sätze)

Im Lateinischen gibt der Sprecher wie im Deutschen durch die Wahl des sprachlichen Ausdrucks Auskunft darüber, welcher genaueren Sinnrichtung der Ausdruck einer Bedingung unterliegt. Die grammatischen Möglichkeiten sind teils sprachgleich, teils verschieden. Unabhängig davon steht jedoch in einem ›Bedingungssatzgefüge‹ aus Hauptsatz und untergeordnetem Wenn-Satz im Lateinischen in beiden Teilen gewöhnlich derselbe Modus.

Stellt ein Sprecher die Bedingung als *wirklich gegeben* hin, benutzen beide Sprachen den Indikativ: *Si cras venit, laetus ero* ≈ *Wenn er/sie morgen kommt, bin ich froh* (›werde ich ... sein‹).

Unterliegt die Bedingung für den Sprecher einem bestimmten *denkbaren Umstand*, gibt es im Lateinischen zwei grammatische Ausdrucksmöglichkeiten:

- Si cras venias, laetus sim ≈ *Wenn/falls du morgen kommst/kommen solltest, bin ich/wäre ich froh*: Ausdruck einer als real angesehenen Möglichkeit.
- Si venires, laetus essem ≈ *Wenn du kämst, wäre ich froh*: Ausdruck eines reinen Gedankenspiels, denn der Sprecher weiß, dass das Gedachte nicht eintritt.
- Si venisses, laetus fuissem ≈ *Wenn du gekommen wärst, wäre ich froh gewesen*: Ausdruck eines reinen Gedenkenspiels bezogen auf die Vergangenheit, das Gedachte ist faktisch nicht eingetreten.

Beim ersten Beispiel im Konjunktiv GZ I handelt es sich um den sog. *Potentialis*, denn das Gedachte gilt ja als möglich.

Beim zweiten Beispiel im Konjunktiv GZ II handelt es sich um einen *Hypotheticus* (auch: ›Irrealis‹) der Gleichzeitigkeit, denn das Gedachte entspricht nicht den Fakten.

Beim dritten Beispiel im Konjunktiv VZ II handelt es sich um einen *Hypotheticus* (auch: ›Irrealis‹) der Vorzeitigkeit, denn im Augenblick der Äußerung ist bekannt, dass das Gesagte nicht den Tatsachen entspricht.

Beachten Sie: Das Deutsche macht also zwischen dem Potentialis und dem Hypotheticus keinen prinzipiellen grammatischen Unterschied. Es *kann* jedoch den potentialen Fall etwa durch die Wahl der Konjunktion *falls* (statt ›wenn‹) sowie/oder durch eine Umschreibung mit ›sollte‹ zum Ausdruck bringen. Der hypothetische Fall (›wenn‹) ist im Lateinischen und Deutschen *prinzipiell* sprachgleich.

Idiomatische Verwendungen

Als ›idiomatisch‹ bezeichnet man sprachliche Ausdrucksweisen, die üblich, aber nicht unbedingt grammatisch genau erklärbar sind. Hierzu gehören im Lateinischen:
– Der Konjunktiv GZ I findet sich in Ausdrücken wie *Quis crederet?* ≈ *Wer hätte glauben können?* Hier handelt es sich um einen sog. Potentialis der Vergangenheit (›Wer konnte glauben?‹).
– Der Konjunktiv VZ II dient zum Ausdruck der abgeschwächten Behauptung: *Dixerim ... ≈ Ich könnte/würde sagen ...; non affirmaverim ≈ ich möchte nicht behaupten ...*

2.3 Der deliberative Konjunktiv

Lat. *deliberare* bedeutet ›überlegen, erwägen‹.
> ›Quid faciam? Quid non faciam? ≈ *Was kann/soll ich tun? Was kann/soll ich nicht tun? Quid facerem? ≈ Was hätte ich tun sollen/können?*

Bei dieser Verwendungsweise findet sich der Konjunktiv GZ I bzw. (für die Vergangenheit!) GZ II.

2.4 Der Konjunktiv zum Ausdruck der Entrüstung oder Annahme

– Entrüstung: Ego tibi irascar? ≈ *Ich sollte mich über dich aufregen?* (Negation: *non*)
– Annahme: Vendat aedes vir bonus ≈ *Angenommen, ein begüterter Mann verkauft sein Haus* (Negation: *ne*).

2.5 Der Konjunktiv als Subjunktiv

Der Konjunktiv findet sich in zahlreichen untergeordneten Sätzen (›Nebensätzen‹). In diesen steht er in der Regel zum Ausdruck der *grammatischen* Unterordnung und wird daher in der Grammatik auch als *Subjunktiv* bezeichnet. Dies ist seine hauptsächliche Verwendung, die in Lektion 19 behandelt wird.

Exerzitien

1. *Setzen Sie die folgenden Formen des Indikativs Präsens, Imperfekts, Perfekts und Plusquam-perfekts in die Formen des Konjunktivs GZ I, GZ II, VZ I, VZ II:*

deleverat, cantabatur, quaesivisti, aderat, vis, praeterimus, memineratis, dederunt, audiuntur, consecrati erant, imitabatur, usus fuerat.

(*Beispiel: deleverat* ist Plpf. Indikativ Aktiv, der Konjunktiv VZ II ist *delevisset*.)

2. *Übersetzen Sie die folgenden Sätze:*

1) Si crucis patibulum expavescerem, crucis gloriam non praedicarem. *2)* Nisi enim Deus factus fuisset mortalis, homo non fieret immortalis. *3)* Utinam tam ardentes sitis semper ad discendum quam curiosi modo estis ad videndum! *4)* Cessent peccata, cessabit et impia fama.

3. *Analysieren Sie im folgenden Text die kursiv wiedergegebenen Formen des Konjunktivs, und geben Sie deren Bedeutung an:*

De cellarario monasterii qualis *sit*

Cellarius monasterii *eligatur* de congregatione, sapiens, maturis moribus, sobrius, non multum edax, non elatus, non turbulentus, non injuriosus, non tardus, non prodigus, sed timens Deum; qui omni congregationi *sit* sicut pater. Curam *gerat* de omnibus, sine jussione abbatis nihil faciat. Quae jubentur *custodiat*; fratres non *contristet*. Si quis frater ab eo forte aliqua inrationabiliter postulat, non spernendo eum *contristet*, sed rationabiliter cum humilitate male petenti *deneget*. Animam suam *custodiat*, memor semper illud apostolicum, quia »qui bene ministraverit gradum bonum sibi adqui-rit«. Infirmorum, infantum, hospitum pauperumque cum omni sollicitudine curam *gerat*, sciens sine dubio quia pro his omnibus in die judicii rationem redditurus est. Omnia vasa monasterii cunctamque substantiam ac si altaris vasa sacrata *conspiciat*. Nihil *ducat* neglegendum. Neque avaritiae *studeat*, neque prodigus sit et stirpator sub-stantiae monasterii, sed omnia mensurate faciat et secundum jussionem abbatis. [...]

Übersetzung: *Über den Kellermeister des Klosters, wie er sein soll. Der Kellermeister des Klosters soll aus der Gemeinschaft [des Klosters] gewählt werden, weise, von reifem Cha-rakter, enthaltsam im Trinken, kein sehr großer Esser, nicht hochfahrend, nicht umtrie-big, nicht ungerecht, nicht langsam, nicht verschwenderisch, sondern gottesfürchtig; für die ganze Gemeinschaft soll er wie ein Vater sein. Sorge trage er für alles, ohne Weisung des Ab-tes soll er nichts tun. Was ihm befohlen wird, soll er beachten; die Brüder behandle er nicht schlecht. Wenn ein Bruder von ihm zufällig etwas in unvernünftiger Weise fordert, soll er ihn nicht voll Verachtung schlecht behandeln, sondern das schlechte Ansinnen demütig zu-rückweisen. Er wache über seine Seele, stets eingedenk jenes Wortes des Apostels, dass »wer guten Dienst leistet, sich einen guten Platz erwirbt.« Um die Kranken, die Kinder, die Gäste und die Armen soll er sich mit ganzer Fürsorge kümmern, ohne jeden Zweifel sich bewusst, dass er für alle diese am Tage des Gerichts Rechenschaft abzulegen hat. Alle Gefäße des Klo-sters und dessen gesamtes Vermögen soll er wie die geheiligten Gefäße des Altars ansehen.*

Nichts halte er für vernachlässigenswert. Auch soll er nicht dem Geiz frönen noch verschwen-
dungssüchtig sein noch ein Vergeuder des Klosterbesitzes, sondern alles mache er nach Maß
und nach Geheiß des Abtes. [...]

Aus der »Regel« des hl. Benedikt, XXXI

4. *Übersetzen Sie den folgenden Text:*

Nullus comedat in camera nisi ex causa. Si hospes alicui supervenerit, comedat in aula. Si autem illi socio non videatur expediens illum hospitem in aulam adducere, comedat in camera et suam, pro se, non pro hospite, integraliter habeat portionem. Si autem plus voluerit vel pro se vel pro hospite, istud solvere teneatur (...) Item, sociis comedentibus in cameris, colligantur fragmenta ne pereant, et reddantur dispensatori, qui reponet in communi beneficio pauperum clericorum. Item omnes habeant supertunicalia clausa, nec habeant forraturas de vario vel grisio, vel de cendato rubeo sive viridi in supertunicali vel capucio. Item nullus socius habeat clavem de coquina.

Auszug aus dem Reglement des Kollegs der Sorbonne, 15. August 1274

Lesetext: Eine Rätsel Alkuins

Quidam homo vidit equos pascentes in campo, optavit dicens: utinam essetis mei, et essetis alii tantum, et medietas medietatis; certe gloriarer super equos C. Discernat qui vult quot equos imprimis vidit ille homo pascentes.

Solutio: XL equi erant, qui pascebant. Alii tantum fiunt LXXX. Medietas medietatis hujus id est XX; si addatur, fiunt C.

Übersetzung: *Ein Mann sieht Pferde auf dem Felde weidend; er spürt Verlangen nach ih-*
nen und sagt [zu sich]*: » Wenn ihr doch nur meine wäret und noch einmal so viele wärt*
und die Hälfte der Hälfte! Bestimmt könnte ich mich mehr als 100 Pferden rühmen.« Es ent-
scheide, wer will, wie viele Pferde dieser Mann zuerst am Weiden sah.

Lösung: Es waren 40 Pferde, die weideten. Noch einmal so viele mehr ergibt 80. Die Hälfte von dieser Hälfte macht 20; fügt man sie hinzu, ergibt das 100.

Lernvokabeln

camera, ae, *f.* Kammer, Zimmer

cellarius, -i, *m.* Kellermeister

comedere, -o, comedi, comesum   essen

congregatio, -onis, *f.* Gemeinschaft,
  Versammlung

coquina, ae, *f.* Küche

denegare, -avi, -atum   zurückweisen,
  ablehnen

hospes, -is, *m.* Gast

jussio, -onis, *m.* Befehl

rationem reddere, -o, reddidi,
  redditum   Rechenschaft ablegen

spernere, -o, sprevi, spretum   verachten

Lektion 19

Konjunktionalsätze

1   Die verschiedenen untergeordneten Konjunktionalsätze

Untergeordnete Konjunktionalsätze können Zeit, Grund, Vergleich, Bedingung, Gegengrund, Ziel oder Zweck, Folge ausdrücken.

1.1   Zeit: Temporalsätze

Temporalsätze werden im Lateinischen durch Konjunktionen mit dem Indikativ eingeleitet: *cum, quando, ubi, ut* oder *uti* (*als*), *ut primum, ubi primum* (*sobald*), *postquam* (*nachdem*), *antequam, priusquam* (*bevor*). Auf *dum, donec* und *quoad* (*bis*) folgt bald der Konjunktiv, bald der Indikativ. Ist *dum* streng temporal gemeint (Bedeutung: *während*), steht grundsätzlich der Indikativ des Präsens (!):

‣ In cottidianis refectionibus, quando cum suis ad mensam sedebat, panem pauperibus dividebatur ≈ *Bei den täglichen Mahlzeiten, wenn er mit den Seinen zu Tische saß, teilte er Brot an die Armen aus.*

‣ In vestibus clericorum aliquandiu incesserunt, donec episcopo illuc veniente habitum monachi commutarunt ≈ *Eine Zeitlang kamen sie in Gewändern von Geistlichen daher, bis sie beim Eintreffen des Bischofs dort den Habit von Mönchen anlegten.*

‣ Dum haec clandestinis inter se agitantur (*Präsens!*) consiliis, alius ipsorum episcopum adiit ≈ *Während sie das in heimlichen Beratungen untereinander erörterten* (Präteritum!), *suchte einer von ihnen den Bischof auf.*

Die Verwendung des Konjunktivs nach *antequam* und *priusquam* gibt der Aussage eine Nuance von Subjektivität, Eventualität oder Absicht:

‣ Antequam ergo ultra promoveam, de quibusdam viris venerabilibus dignum arbitror loqui ≈ *Bevor ich also (›vielleicht‹) fortfahre, scheint es mir wert, über einige ehrenwerte Männer zu sprechen.*

Ante … quam oder *prius … quam* findet sich auch getrennt; der erste Wortteil befindet sich dann in einem Hauptsatz, der zweite spielt die Rolle einer unterordnenden Konjunktion im Nebensatz:

‣ Prius exiit, quam sol occiderit ≈ *Er/sie ging hinaus, bevor die Sonne unterging.*

Ein mit *cum* eingeleiteter Temporalsatz im Konjunktiv stellt eine innere Beziehung mit ursächlicher Nuance zwischen den Aussagen des Satzgefüges her:

‣ Cumque illuc pervenisset, a venerando pape bene susceptus est ≈ *Als er dort angekommen war, wurde er vom verehrungswürdigen Papst wohl aufgenommen.*

1.2 Grund: Kausalsätze

Kausalsätze werden im Lateinischen einerseits durch die folgenden Konjunktionen mit Indikativ eingeleitet: *quod, quia* (weil), *quoniam, quando* (weil, da), *ut* oder *uti* (da ... ja), andererseits durch die Konjunktion *cum* (da) mit dem Konjunktiv:

- Hodie non fui in venatione, quia dominicus dies est ≈ *Heute war ich nicht auf der Jagd, weil es der Tag des Herrn (Sonntag) ist.*
- Dominicus dies cum domino sacratus sit, illo die a venando me abstineo ≈ *Da der Tag des Herrn dem Herrn heilig ist, halte ich mich an diesem Tag der Jagd fern.*

Quod wird im Hauptsatz oft durch ein vorausweisendes *eo* oder *ideo* angekündigt:

- Eo quod ampla erat persona mollius ceteris tractabatur atque honorabatur ≈ *Aus dem Grund, dass* ≈ *weil er eine Person von Gewicht war, wurde er zuvorkommender als die übrigen behandelt und geehrt.*

Bei *quod* und *quia* findet man auch den Konjunktiv, wenn der Satz keinen realen, sondern einen subjektiv argumentierenden Grund ausdrückt; man vergleiche dazu die beiden folgenden Sätze:

- Puer fuit verberatus, quia se non caute tenuit ≈ *Der Junge wurde geschlagen, weil er sich nicht vorsichtig verhalten hatte* (gegebener Grund).
- Gloriosus martyr interfectus est, quia reipublicae statum turbaret ≈ *Der ruhmreiche Märtyrer wurde getötet unter dem Vorwand, dass er den Zustand des Staates gestört habe* (subjektiv angeführter Grund).

1.3 Vergleichssätze

Vergleichssätze stehen grundsätzlich im Indikativ. Eingeleitet werden sie durch Konjunktionen wie *ut* oder *uti, sicut* oder *sicuti, velut* oder *veluti* (wie, so wie), *prout* (in dem Maße wie) oder durch Relativpronomina wie *qualis, -e, quantus, -a, -um, quot*. In den meisten Fällen werden die Konjunktion oder die Relativa im Hauptsatz durch ein Wort derselben Gruppe angekündigt bzw. wiederaufgenommen, die als *Korrelativa* bezeichnet werden; dabei kann es sich um ein Adverb (*sic, ita* ≈ so) oder um ein adjektivisches Pronomen handeln (*talis, -e, tantus, -a, -um* ≈ so beschaffen, so groß, derartig ...; *tot* ≈ so viele):

- Ita ecclesiam edificavit, sicut promiserat ≈ *Er baute eine Kirche, so wie er versprochen hatte.*
- Unde Johannes Chrysostomus ait: »Sicut viventium animalium carnes non comeduntur, nisi fuerint prius occisa, sic scripta majorum in auctoritatem recepta non sunt, nisi post mortem eorum« ≈ *Von daher sagt Johannes Chrysostomos:» So wie das Fleisch von Tieren nicht gegessen wird, wenn sie noch leben, werden die Schriften der Vorfahren nicht zur Autorität außer nach ihrem Tode«.*
- Talis senex fuit qualis in pueritia ≈ *Als Greis war er genauso wie in der Kindheit.*

Tot ... quot ... wird nicht dekliniert und hat dieselbe Bedeutung wie *tam multi ... quam multi ...*:

- Tot clerici aderant quot laïci ≈ *Es waren so viele Geistliche wie Laien zugegen.*

1.4 Bedingung: Konditionalsätze

Konditionalsätze werden mit *si* (wenn, falls, sofern), *nisi* (wenn … nicht, außer wenn) gebildet. Auch im Lateinischen stehen sie im Indikativ, wenn der ausgedrückte Vorgang als *faktisch* angesehen wird (s. Lektion 3), und im Konjunktiv, wenn er als *rein möglich* (›potential‹) oder als *kontrafaktisch*, nicht geschehen (›irreal‹) betrachtet wird (Genaueres zu den jeweiligen Konjunktiven im Lateinischen in Lektion 18, 2.2).

> ‣ Melius tibi fuisset, si manus tua hunc librum injuste non tetigisset ≈ *Es wäre für dich besser gewesen, wenn deine Hand dieses Buch nicht ungerechterweise berührt hätte.*

Tamquam und *quasi* (wie wenn) leiten vergleichende Bedingungssätze ein; dabei folgt diesen Konjunktionen zumeist ein Partizip oder Adjektiv. In derselben Bedeutung findet sich auch *velut* (*veluti*):

> ‣ Tanquam discessurus abbas surrexit ≈ *Als ob er fortgehen wollte, erhob sich der Abt* (›wie im Begriff fortzugehen …‹).

1.5 Gegengrund: Konzessivsätze

Konzessivsätze werden durch Konjunktionen mit der Bedeutung ›obwohl, obgleich, selbst wenn‹ u.ä. eingeleitet: auf *quamquam* (*quanquam*), *etsi*, *tametsi*, *etiamsi* folgt grundsätzlich der Indikativ, auf *quamvis* und *licet* der Konjunktiv, doch bisweilen auch der Indikativ; auf *cum* mit dieser Sinnrichtung immer der Konjunktiv. Im Hauptsatz findet sich als Korrelativ zumeist *tamen*:

> ‣ Sed quanquam omnia perfecte curavit, Gorzia tamen unico sibi semper fuit amori ≈ *Doch obwohl er sich um alles in Vollendung kümmerte, gehörte seine einzige Liebe immer Gorze* [dem Benediktinerkloster in Lothringen].

1.6 Ziel und Zweck: Finalsätze

Finalsätze werden im Lateinischen durch die Konjunktionen *ut* (negativ: *ne*), *quo*, *quatenus* oder *quatinus* mit folgendem Konjunktiv eingeleitet, deutsch ›damit, auf dass, damit nicht‹:

> ‣ Sed ut cito moras cunctationis disrumpam, beatissimi viri quaedam miracula sum narraturus ≈ *Doch um die durch Unentschlossenheit entstandenen Verzögerungen zu durchbrechen, will ich einige Wundertaten des überaus heiligen Mannes erzählen.*
> ‣ Nos huc direxerunt, quo te exitus rei non lateret ≈ *Sie haben uns hierher geleitet, damit der Ausgang der Sache dir nicht verborgen bleibt/bleibe.*

Hinweis: Das Deutsche verwendet auch in Finalsätzen gewöhnlich den Indikativ, in gehobener Ausdrucksweise jedoch auch den Konjunktiv. Bei *Gleichheit des Subjekts* (!) im Finalsatz und dem übergeordneten Satz benutzt man häufig den Infinitiv in der Form ›um zu‹.

1.7 Folge: Konsekutivsätze

Konsekutivsätze werden generell durch die Konjunktion *ut* eingeleitet und im übergeordneten Satz durch ein Korrelativ wie *sic, ita* (so), *tantus, -a, -um* (so groß, so viel), *talis, -e* (so beschaffen, derartig), *tot* (so viele), *(in) tantum* (insoweit) vorbereitet.

▸ Castum, sobrium ac benignum omnibusque affabilem et munificum se exhibebat, ita ut cuncti circumquaque positi illius industriam ac nimiam prudentiam mirarentur ≈ *Er zeigte sich keusch, enthaltsam und liebenswürdig sowie freundlich und großzügig allen gegenüber, so dass alle, die darum herum waren, seinen Fleiß und seine außerordentliche Klugheit bewunderten.*

▸ Tanta loci iniquitas fuerat, ut ipsi cuiquam labori ibi insistere vix possent ≈ *Derart war die Unwirtlichkeit des Ortes, dass sie sich dort kaum irgendeiner Arbeit zuwenden konnten.*

▸ Monastica institutio coepit labi, in tantum ut in hoc loco pauci monachi vix manerent ≈ *Die Einrichtung des Mönchstums geriet ins Wanken insoweit, dass (als) an diesem Ort kaum noch nur wenige Mönche blieben.*

Non tam … ut … bedeutet ›nicht genug, damit‹, und der einem *ut* folgende Komparativ bedeutet ›zu … als dass‹:

▸ Asperior est hiems, ut audeam exire ≈ *Der Winter ist zu streng, als dass ich hinauszugehen wagte.*

▸ Non est tam aspera hiems ut audeam latere domi ≈ *Der Winter ist nicht streng genug (so streng), dass ich wagte, mich zu Hause zu verstecken.*

In selteneren Fällen kann *ut* durch eine andere Konjunktion wie *quod, quam* oder *quatenus* ersetzt werden:

▸ Talem sentio vestrae dilectionis affectum, quod perpetuis debeam promereri obsequiis ≈ *Ich empfinde ein solches Gefühl der Zuneigung von eurer Seite, dass ich es mit ewigem Gehorsam vergelten muss.*

Hinweis: In Konsekutivsätzen findet sich als Verneinung *ut … non* (nicht *ne* wie bei Finalsätzen).

2 Die Verwendung der Modi und Tempora in Konjunktionalsätzen

❶ **Mittellatein:** Im mittelalterlichen Latein ist die Verwendung des Konjunktivs und Indikativs in konjunktionalen Nebensätzen nicht so streng geregelt wie im klassischen Latein. So findet man in Final- und Konsekutivsätzen bisweilen den Indikativ:

▸ Bella ita sevierunt, ut pene omnes ecclesias destruxerunt ≈ *Die Kriege wüteten so, dass sie fast alle Kirchen zerstörten.*

❷ Die mit dem übergeordneten Satz eng verbundenen konjunktivischen Sätze, also die Final- und Konsekutivsätze, unterliegen grundsätzlich den Regeln der Übereinstimmung der Tempora: Enthält der übergeordnete Satz ein Prädikat im Präsens oder Futur, steht der untergeordnete Satz zum Ausdruck der Gleichzeitigkeit bzw. Nachzeitigkeit im Konjunktiv der Gleichzeitigkeit I oder zum Ausdruck der Vorzeitigkeit im

Konjunktiv der Vorzeitigkeit I; enthält er ein Prädikat im Tempus der Vergangenheit, weist der untergeordnete Satz entsprechend den Konjunktiv der Gleichzeitigkeit II oder den Konjunktiv der Vorzeitigkeit II auf. Jedoch findet man in Konsekutivsätzen das Perfekt (Indikativ), wenn diese einen realen oder punktuellen Vorgang ausdrücken:

› imperat/imperabit, ut veniat (das narrative Präsens kann als Präsens oder als Beschreibung der Vergangenheit betrachtet werden) ≈ *Er/sie befiehlt/wird befehlen, dass er/sie kommt.*

› imperavit/imperabat, ut veniret ≈ *Er/sie befahl, dass er/sie kommt.*

Es ist also darauf zu achten, stets das im Deutschen kontextuell angemessene Tempus zu wählen. Im mittelalterlichen Latein wird diese Regel jedoch bei weitem nicht immer befolgt.

3 Die Bedeutungen von *ut(i)* und *cum* (Zusammenfassung)

1 Folgt auf *ut* der Indikativ, bezeichnet es theoretisch – je nach Kontext – Zeit, Grund oder Vergleich, wie im klassischen Latein. Folgt auf *ut* der Konjunktiv, bezeichnet er Ziel/Zweck oder Folge; im letzteren Fall wird auf *ut* im übergeordneten Satz durch ein Korrelativ vorausverwiesen. Seltener steht in diesen Fällen nach *ut* der Indikativ.

2 Folgt auf *cum* der Indikativ, bezeichnet es immer eine Zeitangabe. Steht mit *cum* der Konjunktiv, kann es – je nach Kontext – verschiedene Intentionen ausdrücken:

– einen *inneren Zusammenhang* (hier: Beschreibung eines kontextuell bedeutsamen Umstands): Cum Germania floreret, ... ≈ *Als Germanien in Blüte stand, ...*; dagegen: Cum Germania florebat, ... ≈ reine zeitliche Angabe.

  Diese Unterscheidung findet sich bei Autoren, die sich um sprachliche Korrektheit (im Sinne des klassischen Lateins) bemühen.

– sog. ›cum historicum‹ (›historisches cum‹) in der historischen Erzählung: Karolus, cum castrum oppugnaret, ... ≈ *Als Karl das Schloss belagerte, ...* In dieser Bedeutung verwendet das mittelalterliche Latein oft *dum* anstelle von *cum*.

– sog. ›cum causale‹ (›begründendes cum‹): Pugnandum erat, cum hostes castrum oppugnarent ≈ *Es musste gekämpft werden, weil die Feinde das Schloss belagerten.*

– sog. ›cum concessivum‹ (›einräumendes cum‹): Cum facile e custodia evadere posset, noluit ≈ *Obgleich er leicht aus dem Gefängnis entkommen konnte, wollte er nicht.*

✒ Exerzitien ✒

1. *Übersetzen Sie die folgenden Sätze aus dem ›Leben des hl. Stephan von Obazine‹[41] (Anonymus des 12. Jhs.):*

---

[41] Obazine (Aubazine): Kloster in der Corrèze/Südfrankreich, gegen 1134 von Stephan (ca. 1085–1156) gegründet.

1) Quibus etsi in tanta re periculosum fuit parere, periculosius foret non obedire. *2)* Egi autem hoc, non ut ipse per hec innotescar, sed ut sancti viri vita vel conversatio non lateret. *3)* Legimus plures sanctorum, quorum vite magna ex parte descripte fuerunt antequam ipsi obirent. *4)* Postquam largiente Deo sacerdotales ordinis gratia sublimatus est, secularem vitam funditus deseruit et quam prius mente despexerat, opere moribusque ei renuntiavit. *5)* Tanta corpus suum austeritate tractabat, ut tam frigore quam inedia pene illud necaret. Siquidem media hieme, quando gelu et frigore cuncta constringebantur, securi glaciem effringebat ibique usque ad cervicem demersus tamdiu perdurabat, donec interiora ejus vis algoris altius penetraret. *6)* Exinde festinabant viri sancti quod Deo voverant adimplere, quo mundi hujus nexibus absoluti, libero et absoluto gressu viam salutis incederent, ut ad Christum pariter pervertirent. *7)* Nam cum in hac eremo primum habitare cepisset, tanta eum instantia diabolus persequebatur, ut nec per noctem quiescere ei liceret. *8)* Mox ubi caput humi defixit, tanta lacrymarum inundantia ex ejus oculis cepit defluere, ut non guttatim sed, ut ita dicam, rivatim, ut ipse vere aspexi, per summitatem naris ad terram deflueret, cum nulla tussis, nulla excreatio, nullum suspirium penitus audiretur.

2. *Übersetzen Sie folgende Auszüge aus einer Urkunde:*

a) Ego enim cum Dei clementia Jeraldus et uxor mea Eldia, nos insimul tractavimus de Dei misericordia vel remedio animarum nostrarum, ut omnipotens Dominus in ultimi judicii die de gehenne inferno nos eripere dignetur. Donamus ad locum istum, ubi beatissimus Martialis discipulus Christi requiescit, mansum unum, et est mansus in pago Lemovicino (...)

b) Ego Petrus abbas cenobii almi confessoris Juniani licet indignus cum omni monachorum caterva ipsius loci sanctissimi una simul tractavimus de timore Dei et retribucione aeterna, ut nobis pius et misericors Dominus veniam dignetur de peccatis nostris concedere. Aymericum nomine, qui sub jugo servitutis domni Juniani et nostri deprimebatur, ingenuum et ab omni servitute optime relaxavimus sine fine in secula seculorum, ita ut sibi vivat, sibi agat jureque suo bene ingenuus permaneat, et si ex ipso proles nati fuerint, in eadem ingenuitate permaneant.

Lesetext:

Manasse, der Bischof von Meaux, schenkt den Nonnen des Paraklet-Klosters (in der Champagne) einige Zehnte:

Quoniam ineffabilis divine magestatis clementia parvitatem nostram de stercore ereptam usque ad solium principum sublimare, et curam ovium suarum, quas proprio sanguine redemit, humeris nostris dignata sit imponere, quanto ad altiorem dignitatis gradum promoti sumus, tanto impensius decorem domus ejus debemus diligere, et pauperum suorum necessitatibus ex caritatis affectu misericorditer subvenire, verum cum in omni etate femineum sexum virili fragiliorem esse evidenter appareat, eo vehemencius nobis et piis omnibus insistendum est, ne sancte mulieres que sub ecclesiastica disciplina arctum continentie votum Deo fecerunt, intlicta eis intolerabili rei familiaris inopia, a sancto, quod absit, virginitatis proposito decidere cogantur: ad relevandam igitur, cantulacumque[42] ex parte, penuriam pauperum ancillarum Christi, que apud Paraclitum sub arduo religionis proposito Deo devote famulantur, ego Manasses, Dei gratia Meldensis ecclesie humilis servus et minister, octavam partem tam magne quam parve decime de Melnillo, et medietatem minute decime de Tilliis, et quartam partem similiter minute decime de Sancto Maximo, et insuper quicquid deinceps in dyocesi nostra juste acquisiture sunt, tam ipsis quam earum successuris, caritative, episcopali jure, imperpetuum concedimus. Et ne quis eas ausu temerario super pretaxatis omnibus de cetero inquietare presumat, presenti pagina interdicimus.

1134–1158. Lettre dou disme dou Mesnil et de Saint-Morice
(Abbé Lalore, Collection des principaux cartulaires du diocèse de Troyes, Bd. II, Paris, 1875, n° 57, S. 76–77)

Übersetzung *Da die unaussprechliche Güte der göttlichen Majestät geruht hat, unsere Kleinheit, die er aus dem Schmutz gezogen hat, bis zum Thron der Fürsten zu erhöhen und auf unsere Schultern die Sorge über alle seine Schafe zu legen, die er mit seinem eigen Blut erlöste, müssen wir, um einen je höheren Grad der Würde wir befördert wurden, desto eifriger das Ansehen seines Hauses lieben und die Bedürfnisse seiner Armen aus der Kraft der Barmherzigkeit unterstützen, doch wie es in jeder Zeit offenkundig scheint, dass das weibliche Geschlecht zerbrechlicher als das männliche ist, müssen wir und alle Frommen umso stärker darauf bestehen, dass die heiligen Frauen, die Gott unter der Lehre der Kirche ein festes Gelöbnis der Enthaltsamkeit abgelegt haben, nicht gezwungen werden, wenn ihnen ein unerträglicher Mangel an Vermögen auferlegt wird, von dem heiligen Vorsatz der Jungfräulichkeit, was nicht geschehen möge, abzugehen: also den Mangel, so klein er teilweise auch sei, der armen Mägde Christi zu lindern, die bei Paracletus unter dem schwierigen Vorsatz des Klosterlebens Gott ergeben dienen, [aus diesem Grund] gewähren wir,[43] Manasse, aus Gottes Gnaden ergebener Diener und Priester der Kirche von Meaux, auf immer den achten Teil des Zehnten – groß oder klein – von Ménil und die Hälfte des kleinen Zehnten von Til und ebenso ein Viertel des kleinen Zehnten von Saint-Maximin und darüber hinaus alles, was sie darauf in unserer Diözese zu Recht erwerben werden, ihnen und denen, die ihnen nachfolgen, aus Barmherzigkeit nach bischöflichem Recht. Und damit sie niemand in unbesonnenem Wagnis in Zukunft bezüglich all dessen, was zuvor genannt wurde, beunruhige, untersagen wir dies mit dem vorliegenden Schriftstück.*

Lernvokabeln

ausus, -us, *m.* Wagnis
caro, carnis, *f.* Fleisch
defluere, -o, uxi, fluctum fließen
gressus, -us Schritt, Gang
majores, um (*Pl.*) Vorfahren

nexus, -us, *m.* Knoten, Band
periculosus, -a, -um gefährlich
persequi, -or, -secutus, -a sum verfolgen
proles, -is, *f.* Spössling, Nachfahre
relaxare, -avi, -atum erleichtern, befreien

---

[42] cantulacumque » quantulacumque: ›so klein sie auch sei‹

[43] *ego ... concedimus*: die Formulierung eines Subjekts im Singular und eines Prädikats im sog. ›Pluralis maiestatis‹ ist in offiziellen Schreiben und Texten häufig.

Lektion 20

Der Konjunktiv (Fortsetzung)

1   Ergänzungssätze im Konjunktiv

Als Ergänzungssätze bezeichnet man Subjektsätze, Objektsätze und Attributsätze. Der Infinitivsatz ist ein Ergänzungssatz, von dem schon die Rede war (Lektion 11); zu ihm steht schon im klassischen Latein, doch vor allem im mittelalterlichen Latein, der Ergänzungssatz im Indikativ in Konkurrenz, der durch *quod, quam, quia, quoniam* oder *qualiter* eingeleitet wird.

An dieser Stelle werden die Ergänzungssätze behandelt, deren Prädikat im Konjunktiv steht, mit Ausnahme des abhängigen (indirekten) Fragesatzes, der in Lektion 21 Gegenstand sein wird.

Der Ergänzungssatz im Konjunktiv kann folgende Gestalt zeigen:

- ◻ Eingeleitet durch *ut* oder *quatenus* findet er sich im Wesentlichen nach Verben, die einen *Willen*, einen *Wunsch*, eine *Bitte*, ein *Bemühen*, eine *Entscheidung* ausdrücken (negativ eingeleitet durch *ne*), dazu ein *Ereignis* (negativ: *ut ... non*):
  - ‣ suadeo tibi, ut venias ≈ *Ich rate dir, dass du kommst/zu kommen.*
  - ‣ impero, ne venias ≈ *Ich befehle, dass du nicht kommst/nicht zu kommen.*
  - ‣ fit, ut bonum non faciant ≈ *Es kommt vor, dass sie nicht das Gute tun.*

    Ut mit Konjunktiv kann dieselbe explikative Bedeutung wie *quod* mit Indikativ haben:
  - ‣ ea mente id feci, ut populo prodessem ≈ *Ich habe das in der Absicht getan, dass ich dem Volk nütze.*
- ◻ Nach den Verben der *Furcht* oder des *Befürchtens* findet sich ein (bei positivem Inhalt) mit *ne* (negativer Inhalt: *ne ... non*) eingeleiteter Ergänzungssatz. In diesen Fällen drückt sich das Deutsche genau umgekehrt aus, das lateinische *ne* entspricht dort einem *dass* (das Lateinische drückt *Abwehr* aus – ›soll nicht‹ –, das Deutsche rein den *Inhalt*):
  - ‣ Timebam, ne (non) veniret ≈ *Ich fürchtete, er/sie kommt* bzw. *kommt nicht.*
- ◻ Nach Verben des *Hinderns* oder *Behinderns* findet sich ein mit *ne* oder *quominus* eingeleiteter Ergänzungssatz, wenn der übergeordnete Satz positiv ausgedrückt ist, und ein solcher mit *quin*, wenn das Prädikat des übergeordneten Satzes negativ ist:
  - ‣ impedio, ne (quominus) veniant ≈ *Ich hindere sie zu kommen.*
  - ‣ non impedio, quin veniant ≈ *Ich hindere sie nicht zu kommen* (›... nicht, dass sie kommen‹).
- ◻ Nach bestimmten fragenden oder negativen Ausdrücken findet sich ebenfalls *quin*:
  - ‣ non dubito, quin ... ≈ *Ich zweifle nicht daran, dass ...*

- fieri non potest, quin ... ≈ *Es kann nicht geschehen, dass ...*
- ☐ Schließlich kommen noch Ergänzungssätze ohne einleitende Konjunktion vor:
  - oro, venias ≈ *Ich bete/bitte, dass du kommst.*

Hinweis: Bei Ergänzungssätzen im Konjunktiv finden die Regeln der Übereinstimmung der Tempora mit entsprechenden Konjunktiven Anwendung, wie in Lektion 19 dargestellt.

2 Relativsätze im Konjunktiv

Relativsätze im Konjunktiv drücken verschiedene kontextuell bestimmte Sinnrichtungen aus:
- **Ziel/Zweck:** Abbas misit nuntium, qui has litteras ad comitem ferret ≈ *Der Abt sandte einen Boten, der dem Grafen diesen Brief bringen sollte.*
- **Grund:** Fuit enim mira scientia, qui latinam et graecam linguam didicisset ≈ *Er war nämlich von bewundernswerter Gelehrsamkeit, denn er hatte Griechisch und Latein gelernt.*
- **Gegengrund:** Ego, qui graecam linguam non didicerim, Athenis diu mansi ≈ *Ich, der ich Griechisch nicht gelernt habe, hielt mich (trotzdem) lange in Athen auf.*
- **Folge:** Domus erat, quam omnes vicini possidere cuperent ≈ *Das war ein Haus, das alle Nachbarn zu besitzen wünschten* (›von der Art, so dass ...‹).
- In gewisser Weise mit dem konsekutivischen Relativsatz (Folge) verbunden ist der *explikative* Relativsatz, der eine Qualität des Vorgenannten aufgreift, insbesondere, wenn dieses mit einem Adjektiv verbunden ist; dieser steht ebenfalls im Konjunktiv:
  - Corpore fuit amplo atque robusto, statura eminenti, quae tamen justam non excederet ≈ *Er war groß und stark, von herausragender Statur, die gleichwohl die gewöhnliche nicht überschritt* (hier überdies mit konzessivem Nebensinn).
  - sunt, qui dicant ≈ *Es gibt Leute, die sagen, ...* (der Relativsatz erklärt den Inhalt).

ℐ✺ Exerzitien ✧

1. *Übersetzen Sie die beiden folgenden Abschnitte aus den Statuten der Rechtsuniversität von Montpellier (Jahr 1339):*

   a) Statuimus quod nulli scolastici, sub poena excommunicationis, intra vel extra domos quas inhabitant, ludant ad taxillos (= sorte de petits dés), aleas, vel alias quovis ludo, in quo pecunia perdi possit.

   b) De electione rectoris et consiliariorum. Rector autem semper clericus existat et de legitimo matrimonio procreatus et tam ipse quam consiliarii, viri providi, pacifici et maturi, et in quibus magis splendeat animi probitas quam generis nobilitas, assumantur; aetatis suae annum vicesimum quintum necessario debeant complevisse.

2. *Übersetzen Sie die folgenden Sätze:*

1) Nullus est tam durus baculus, qui me a tuo segregare possit latere. *2)* Cavendum est cunctis ne vilissima et pessima proponant optimis. *3)* Corrigere te primum debes, qui rector sis aliorum. *4)* Melius est non habere quid tribuas, quam imprudenter petere quod des. *5)* Nihil est tam facile, quod non fiat difficile si invitus facias. *6)* Et hoc consilium do omnibus operariis, ut unusquisque artem suam diligenter exerceat. *7)* Non sum tam dives ut possim emere mihi vinum. *8)* Consiliarios tibi adhibere debes, qui famam tuam possent ornare.

Lesetext:

INSTITUTIO ECCLESIASTICAE AUCTORITATIS, QUAM HI QUI PROVEHENDI SUNT AD SACERDOTIUM PROFITERI DEBENT SE OBSERVATUROS ET SI AB HIS POSTEA DEVIAVERINT CANONICA AUCTORITATE PLECTENTUR.

Et tunc demum in conspectu episcopi vel cleri sive populi pollicere debet quae subter inserta sunt. Id est, ut orationem dominicam et Credo in Deum intelligat, et fidem catholicam, quam sanctus Athanasius et ceteri sancti patres composuerunt, pleniter sciat et populis rationabiliter tradat, et ut sacras scripturas cotidie meditetur et populum doceat.

Ut intentus sit lectioni assiduae, ut castitatem servet, ut feminas secum habitare aut domum suam frequentare non permittat, ut testes secum habeat assidue qui suae conversationis testimonium reddant, ut elemosinarius, hospitalis, humilis, benignus, misericors, largus, ecclesiasticus, predicator, visitator infirmorum et carcerum reclusorum sit. Insuper, ut ecclesiam in officiis divinis, id est in missis nocturnis, matutinis, primis vel secundis, tertiis, sextis nonisque, vesperis et completoriis frequentare non neglegat, et haec officia, prout melius potest, peragat cum clericis religiosis, et luminariis et fabricis et signis et instructuris eam bene et pleniter atque rationabiliter prout potest ornet. Ut populum ad eam vel ad se venientem bene recipiat et instruat. Ut baptismum non faciat, nisi duobus temporibus, id est pascha et pentecosten, nisi causa infirmitatis sit. Ut infirmos visitet unguendo eos oleo sancto et oret pro eis oratione ad hoc convenienti. Ut canones pleniter discat et intelligat. Ut ecclesia una, id est sua, cui ordinatus est, sit contentus. Ut subplantator alicujus sacerdotis per aliquod ingenium occulte vel manifeste non fiat. Ut sine jussione sui episcopi extra suam parrochiam non proficiscatur. Ut decimas ad alterius ecclesiam pertinentes non usurpet. Ut conviviis mulierum non intersit nec ad suum convivium eas recipiat, et ut excubatrices et administratices mulieres velatas in ecclesia sua esse non permittat. Nec sacram oblationem ad altare offerendam et consecrandam laïco viro aut mulieri in ecclesia sua administrare permittat. Sed ipse sacerdos cum clericis suis honorifice eam preparet et offerre volentibus rationabiliter distribuat. Haec quicumque sacerdotum non habuerit et observare neglexerit, ac pro hoc ante nos conprobatus fuerit, sciat se aut gradum amissurum aut in carceris erumna longo tempore poenas luiturum.

BN lat. 8508, 155v–157r, Halitgar de Cambrai, Text der 4. Synode (829)
(W. Hartmann, »Neue Texte zur bischöflischen Reformgesetzgebung«,
Deutsches Archiv 35 (1979), 392–394)

Lernvokabeln

cavere, -eo, cavi, cautum   aufpassen,
  achtgeben
conviva, ae, *m.*   Gast *(bei der Mahlzeit)*
convivium, -i, *n.*   Mahlzeit
invitus, -a, -um   gezwungen, gegen den
  Willen
plectere, -o   schlagen, bestrafen

polliceo, ere, pollicitum   versprechen
provehere, -o, vexi,
  vectum   vorwärtsbringen
scolasticus, -i, *m.*   Schüler, Lehrer,
  Schulherr
tribuere, -o, -ui, utum   zuweisen
velare, -avi, -atum   verhüllen

Lektion 21

Direkte und indirekte Frage

1   Die direkte Frage (unabhängige Sätze)

Ein Fragesatz kann mit einem Fragepronomen (s. Lektion 17), einem Frageadverb oder einer Fragepartikel eingeleitet werden. Die wichtigsten davon sind:

1.1   Frageadverbien

- **Ort:** *Ubi? Quo? Unde? Qua?* ≈ *Wo?* (s. Lektion 15: Ortsergänzungen)
- **Zeit:** *Quando?* ≈ *Wann? Quamdiu?* ≈ *Wie lange? Quoties?* ≈ *Wievielmal? Quousque?* ≈ *Bis wann?* (s. Lektion 16: Zeitergänzungen)
- **Art und Weise:** *Quomodo? Quemadmodum? Qualiter? Ut? Qui?* ≈ *Wie?*
- **Grund/Ursache:** *Cur? Quare? Quamobrem? Quapropter? Quid?* ≈ *Warum? Weswegen?*
- **Menge:** *Quam? Quantum?* ≈ *Wie viel?*

Hier ein Auszug aus einem Dialog zwischen einem Lehrer und seinen Schülern in der Schule:[44]

> ‣ Quid habes operis? – Venator sum. – Cuius? – Regis. – Fuisti hodie in venatione? – Non fui, quia dominicus dies est, sed heri fui in venatione. – Quid cepisti? – Duos cervos et unum aprum. – Quomodo cepisti eos?
>
> ‣ *Was ist dein Beruf? – Ich bin Jäger. – Wessen? – Des Königs. – Warst du heute auf der Jagd? – Nein, denn es ist Sonntag, doch gestern war ich auf Jagd. – Was hast du gefangen? – Zwei Hirsche und ein Wildschwein. – Wie hast du sie gefangen?*

Beachten Sie, dass das Lateinische bei einer Antwort mit ›Nein‹ das Prädikat wiederholt und dabei die Negation voranstellt (*Fuisti in venatione? – Non fui*). Ebenso findet man Adverbien wie *minime* (›keineswegs‹) oder *non ita. Ita* wird verwendet, um mit ›Ja‹ zu antworten; ebenso kann man andere Adverbien wie *sic, vero, sane, quidem, etiam* verwenden, das Prädikat des Fragesatzes wiederholen oder auch jedes andere Wort, auf das sich die Frage bezieht:

> ‣ Fuisti in venatione? – Ita (etiam, fui, *usw.*) ≈ *Warst du auf der Jagd? – Ja.*

---

[44] Es handelt sich um die *Colloquia* des Mönchs und Abts Aelfric (Anfang des 11. Jhs.), eine Art ›Assimil-Methode‹; darin wird ein angelsächsischer Dialog ins Lateinische übersetzt. Aelfric ›Grammaticus‹, Abt des Klosters Eynsham nahe Oxford, war ein bedeutender Vertreter des angelsächsischen Mönchtums. (Die genannte Methode, erstmals 1929 beschrieben, basiert im Kern darauf, dass der Lernende nicht auswendig lernt, sondern parallel einen kurzen Text in der eigenen und der fremden Sprache nur liest (und spricht) und sie sich so aneignet; bei einem neuen Textabschnitt wird der vorherige zuvor auf die gleiche Weise erst wiederholt [Anm. *hs*].)

1.2 Fragepartikeln

- *-ne?* Diese an das erste Wort des Fragesatzes angehängte Partikel wird verwendet, wenn man eine Frage stellt, ohne zu wissen, ob die Antwort positiv oder negativ sein wird:
  ‣ Vidistine Romam? ≈ *Hast du Rom gesehen?*
- *Num ...?* wird verwendet, wenn man eine negative Antwort erwartet:
  ‣ Num insanis? ≈ *Bist du verrückt?*
- *Nonne ...?* legt dem Antwortenden eine positive Antwort nahe:
  ‣ Nonne amicus meus es? ≈ *Bist du etwa nicht mein Freund?*

Die Doppelfrage *utrum ... an ...* oder *-ne*, oder seltener *utrum (-ne) ...* bedeutet: *X oder X?*:
  ‣ Utrum laboras (laborasne) an ludis? ≈ *Arbeitest du oder spielst du?*
  ‣ Utrum laboras an non (necne)? ≈ *Arbeitest du oder nicht (..., ja oder nein)?*

Allein am Anfang eines Satzes verwendet bezeichnet *an* allgemein Erstaunen oder Unwillen:
  ‣ An me stultum esse putas? ≈ *Glaubst du (etwa, vielleicht, wirklich), dass ich blöd bin?*

Der Modus im direkten Fragesatz ist der des unabhängigen Satzes, d. h. generell der Indikativ. Der Konjunktiv im direkten Fragesatz gibt ihm den Charakter einer überlegenden Frage (›Coniunctivus deliberativus‹):
  ‣ Quid faciam? ≈ *Was soll ich tun?*

1.3 Die indirekte Frage (Ergänzungssätze)

Die indirekte Frage gehört als Ergänzungssatz zu den *Inhaltssätzen*; sie wird mit denselben Wörtern wie die direkte Frage eingeleitet, doch gibt es hier zwischen *ne* und *num* keinen Bedeutungsunterschied mehr, manchmal findet man auch *si* (hier ›ob‹). Derlei Äußerungen finden sich nach Verben des Fragens, Wissens, Sagens sowie nach Ausdrücken oder unpersönlichen Verben der gleichen Bedeutung (*dubium est* ≈ *es st zweifelhaft; incertum est* ≈ *es ist unsicher; refert, interest* ≈ *es kommt darauf an*), nach Adjektiven (*incertus, -a* ≈ *nicht sicher [ob ...]*) oder Substantiven (*quaestio* ≈ *die Frage, ob ...*). Im klassischen Latein steht hier nach den entsprechenden Konjunktivregeln der Konjunktiv; eine futurische Ausdrucksweise erfolgt in Form einer Umschreibung mithilfe des Partizips der Nachzeitigkeit und des Hilfsverbs *esse* und gemäß den Regeln der Zeitenfolge:
  ‣ Quaero/quaeram, quis veniat/venerit/venturus sit ≈ *Ich frage/werde fragen, wer kommt/gekommen ist/kommen wird.*
  ‣ Quaerebam/quaesivi, quis veniret/venisset/venturus esset ≈ *Ich habe gefragt/fragte, wer kommt/gekommen ist/kommen wird.*

Der Konjunktiv wurde in der abhängigen Frage im klassischen Latein erst relativ spät allgemeiner Standard, bei Plautus findet sich noch oft der Indikativ. Das mittelalterliche Latein bietet sehr zahlreiche indireke Fragesätze im Indikativ:
  ‣ Non comedam, donec sciam, si Dominus miserebitur huius senis ≈ *Ich werde nicht essen, bis ich weiß, ob der Herr sich dieses alten Mannes erbarmen wird.*

# Exerzitien

1. *Übersetzen Sie:*

1) Nonne vetus proverbium, radices litterarum esse amaras, fructus autem dulces? *2)* Cupiens agnoscere, quanta Dei gratia sit circa te, inspicias alios. *3)* Commoda quaeque, cum habentur, parva videntur, cum vero defuerint, apparet, quanta fuerint. *4)* Utrum illa vera sit an conficta narratio, nihil mea nunc interest. *5)* Longo usu discendum est, quid cuique loqui et tacere conveniat. *6)* Multum enim interest, utrum Deus loquatur an homo. Et si homo, utrum apostolus, an simpliciter episcopus. *7)* In quo nunc statu Roma est? Qui pontifices vel domini rerum sunt? *8)* Videre erat mirabile et relatu erit incredibile, de quam longe quanta hominum multitudo quantoque studio et laetitia lapides, calcem, sabulum, ligna, quaecumque operi erant necessaria, nocte ac die, plaustris et curribus gratis propriisque expensis non cessarent advehere. *9)* Viator ille stultus est, qui – in itinere amoena prata conspiciens – obliviscitur, quo tendebat. *10)* Qualiter ecclesia beati Georgii, quae dicitur Domus Dei, constructa sit, scripto memoriae commendare curamus, quatenus et praesentes et futuri agnoscant, cur locus ille fundatus sit et quid juris[45] nostro loco debeat. *11)* Dubium mihi est, utrum de te sentire debeam, quod aut litteras meas non intellexisses, aut de periculo meo non curasses. *12)* Cum suis fidelibus pertractare coepit, qualiter imminentia dampna aptissime superare potuisset, in primis qualiter depraedatam congregationem clericorum sustentaret ad implendum cottidianum ministerium servitii Dei in aecclesia.

Lesetext:

Immensae benevolentiae ac potius pietati vestrae circa nos immensas rependimus grates. Quanti nos habeatis[46] , conpassione vestra profecto declarastis. Declaramus ergo et nos, quid in futurum moliamur, non solum ex his, quae cum paucissimis pertractamus, sed etiam ex anathemate in praedones Remensis urbis jam promulgato. Cujus exemplar vobis mittimus, ut ex eo pernoscatis, cujus animi simus, simulque nos majora aggressuros, quae suo tempori reservamus. Omnia enim tempus habent (Eccl. 3,1). Dicimus tacenda, tacemus dicenda, agimus quod nolumus, quod volumus nequimus. Ista sunt omnia plena perturbationis, ac potius confusionis, nec se sic ingerunt expetenda, quemadmodum devitanda. Nam si oblata esset rationabilis facultas, jamdudum vestra colloquia expetissemus. Regium nomen quod apud Francos pene emortuum est, magnis consiliis, magnis viribus resuscitassemus, sed propter impia tempora, propter perditissimorum hominum iniqua commenta, clam agimus, quod palam non possumus. Veniet, veniet, inquam, dies, et prope est, in qua uniuscujusque nostrum probentur et cogitata et dicta, et facta (...).

Gerbert d'Aurillac, Correspondance, epist. 165,
hg. und übersetzt von P. Riché et J.- P. Callu, Belles Lettres, II

---

[45] *quid juris* bedeutet wörtlich »was an Abgabe«, d. h. »das, was er als Abgabe entrichten muss«. Zu dieser Ausdrucksweise von *quid* mit Genitiv vgl. Lektion 17.

[46] Zusammen mit einem Genitiv als Preisangabe bedeutet das Verbum *habere (-eo)* ›einer Sache Wert beimessen, für wert halten‹.

Übersetzung: *Euer grenzenloses Wohlwollen oder vielmehr eure Liebe uns gegenüber vergelten wir mit unserem ebenso grenzenlosen Dank. Wie sehr ihr uns schätzet, habt ihr tatsächlich mit eurem Mitgefühl kundgetan. Also tun auch wir kund, worauf wir in Zukunft unsere Anstrengungen richten werden, nicht nur auf der Grundlage dessen, was wir mit unseren höchst geringen Mitteln tun können, sondern auch auf der Grundlage des Banns, der gegen die Urheber des Verbrechens gegen die Stadt Reims verkündet wurde. Dafür schicken wir euch eine Abschrift, auf dass ihr daraus erkennt, wessen Geistes wir sind, und zugleich, dass wir noch größere Absichten haben, die wir uns für die richtige Zeit vorbehalten. Denn alles hat seine Zeit (Eccl. 3,1). Wir sprechen über das, worüber zu schweigen ist, und schweigen von dem, worüber zu sprechen ist, wir tun, was wir nicht wollen, und was wir wollen, können wir nicht. Das alles ist voll der Unordnung, oder vielmehr des Durcheinanders, und nicht stellt sich so ein, was zu erstreben ist, wie das, was zu vermeiden ist. Denn wäre uns eine vernünftige Möglichkeit geboten gewesen, schon längst hätten wir das Gespräch mit euch angestrebt. Den Begriff des Königtums, der bei den Franken fast ausgestorben ist, hätten wir mit der Größe unseres Ratschlusses, mit großem Einsatz all unserer Kräfte wiedererweckt; doch infolge dieser gottlosen Zeiten, aufgrund der unbilligen Pläne höchst ruchloser Menschen tun wir insgeheim, was wir öffentlich nicht können. Es wird kommen, es wird kommen, sage ich, der Tag, und er ist nahe, an dem die Gedanken, die Worte, die Taten eines jeden von uns auf die Probe gestellt werden [...].*

Lernvokabeln

aggredi, -ior, -gressus, -a
  sum   heranschreiten, angreifen

amarus, -a, -um   bitter

agnoscere, -o, -novi, -notum   erkennen,
  wissen

commendare, -avi, -atum   anvertrauen,
  empfehlen

erumna (aerumna), ae, *f.*   Drangsal, Not

fundare, -avi, -atum   gründen

lapis, -idis, *m.*   Stein

palam (*Adv.*)   öffentlich

radix, -icis, *f.*   Wurzel

usus, -us, *m.*   Gebrauch

Lektion 22

Der Imperativ
Ausdrucksweisen des Befehlens und Verbietens

1   Die Formen des Imperativs

Im Lateinischen existieren zwei Arten des Konjunktivs, der ›gewöhnliche‹ (situationsbezogen) und ein verallgemeinernder (auch als Imperativ II oder als ›futurischer‹ Imperativ bezeichnet). Dieser zweite findet sich praktisch nur in juristischen und Fachtexten, allgemeinen Anweisungen oder Sinnsprüchen. Der ›gewöhnliche‹ Imperativ existiert wie im Deutschen nur in der 2. Person Singular und Plural.

1.1   Der gewöhnliche Imperativ

Aktiv	Passiv	Deponentien
liebe! *liebt! usw.*	*lass dich lieben!* *lasst euch lieben usw.*	*ahme nach!* *ahmt nach! usw.*
ama ama-te	ama-re ama-mini	imita-re imita-mini
dele dele-te	dele-re dele-mini	vere-re vere-mini
leg-e leg-i-te	leg-e-re leg-i-mini	ut-e-re ut-i-mini
cap-e cap-i-te	cap-e-re cap-i-mini	pat-e-re pat-i-mini
audi audi-te	audi-re audi-mini	largi-re largi-mini

1.2   Die Endungen

- In der 2. Person Singular des Aktivs hat der Imperativ *keine* Endung
- In der 2. Person Plural des Aktivs zeigt der Imperativ die Endung -*te*.
- In der 2. Person Singular der Deponentien sowie des Passivs hat der Imperativ die Endung -*re*.
- In der 2. Person Plural der Deponentien sowie des Passivs hat der Imperativ die Endung -*mini*.

Hinweis: Der Ausgang *-e* in den beiden konsonantischen Konjugationen ist keine Endung im eigentlichen Sinn, sondern ein *Sprechvokal*. Ebenso ist hier der Vokal *-i-* in den Ausgängen des Imperativs Plural ein solcher Sprechvokal.

Beachten Sie: Bei einigen besonders häufigen Verben zeigt der Imperativ Singular keine Endung: *dic (sprich, sag!)*, *duc (führe!)*, *fac (mach!)*, *fer (bring!)*; ebenso im Plural im Fall von *ferte (bringt!)*.

1.3 *esse* und Komposita

es, este; ades, adeste, usw. (*posse* hat keinen Imperativ)

1.4 Der Imperativ II

Wie dargelegt, kommen diese Formen ziemlich selten vor. Da es im Deutschen kein direktes Äquivalent gibt, sind sie mit dem gewöhnlichen Imperativ oder einer Umschreibung mit ›sollen‹ (›du sollst ...‹, ›ihr sollt ...‹) zu übersetzen.[47]

ama-to	dele-to	leg-i-to	cap-i-to	audi-to
ama-tote	dele-tote	leg-i-tote	cap-i-tote	audi-tote

Der Imperativ II zu *esse* und seinen Kompositia lautet: *esto, estote, adesto, adestote*, usw.

Achtung: *esto* steht ebenfalls als Form der 3. Person Singular und hat – für sich stehend – die Bedeutung ›es sei!‹ (›einverstanden‹, ›so soll es sein‹).

Das Verb *meminisse* (*memini* ›ich erinnere mich‹) verwendet als Plural die Formen *memento, mementote*. Für das Verb *scire* (›wissen‹) benutzt man *scito!, scitote!*

2 Ausdrucksweisen des Befehlens und Verbietens

2.1 Der Befehl

Befehle, Anordnungen oder Aufforderungen werden an die angesprochene (2.) Person mittels des Imperativs und an die anderen Personen mithilfe des Konjunktivs ausgedrückt:
- Veni! ≈ *Komm!*
- Veniat! ≈ *Er komme! Er soll kommen!*

Eine Aufforderung an die 2. Person im *Konjunktiv* hat in aller Regel abgeschwächten Charakter, ist eher als Bitte gedacht (s. Lektion 18):
- Hoc facias! ≈ *Bitte, tu das! Tu das doch!*
- Veni, veni, venias, ne me mori facias! ≈ *Komm, komm, komm doch, bitte, lass mich bitte nicht sterben!*

---

[47] Vom Infinitiv II existieren auch Formen der 3. Person Plural (z. B. *amanto*) sowie gesonderte Formen des Passivs bzw. der Deponentien. Da insbesondere die letzteren so gut wie gar nicht vorkommen, werden sie hier nicht aufgeführt.

2.2 Das Verbot

Verbote werden ausgedrückt:

– im Konjunktiv der Gleichzeitigkeit I (oder bei der 2. Person im Konjunktiv der Vorzeitigkeit I) mit vorangehendem *ne*:

‣ Ne hoc faciamus! ≈ *Lasst uns das nicht tun!*

‣ Ne hoc feceris, ne hoc facias! ≈ *Tu das nicht!*

Die Ausdrucksweise im Konjunktiv der Vorzeitigkeit I ist also rein idiomatisch (s. o.) und hat *keine* Vergangenheitsbedeutung!

– für die 2. Person mithilfe einer Umschreibung aus *noli, nolite* + Infinitiv Präsens:

‣ Noli me tangere! ≈ *Fass mich nicht an!*

‣ Nolite talia dicere! ≈ *Sagt so etwas nicht!*

– Seltener findet sich hier der Imperativ mit vorangehendem *ne*.

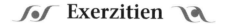 **Exerzitien**

1. *Übersetzen Sie die folgenden Sätze, die (außer dem letzten) aus mittelalterlichen Unterrichtstexten stammen:*

1) Noli, inquit, pater, noli de hoc me rogare. *2)* Nolite fieri sicut equus et mulus, quibus non est intellectus. *3)* Quod tibi non vis fieri, alii ne feceris. *4)* Quod legeris memento. *5)* Patere legem quem ipse tuleris. *6)* Beneficii accepti memor esto. *7)* Pauca in convivio loquere. *8)* Miserum noli irridere. *9)* Nil temere crede. *10)* Tu te consule. *11)* Cum juvenibus joca, cum senibus tracta, si vis regnare, nobilis judicare. *12)* Ecce lex, sub qua militare vis; si potes observare, ingredere. Si vero non potes, liber discede. *13)* Nuntius de episcopo venit dicens: »Laeto anima estote et recreamini cum gaudio, quia dominus noster reducta sanitate est melioratus«.

2. *Übersetzen Sie folgende Grabinschriften:*

QUISQUIS ADES QUI MORTE CADES, STA, PERLEGE, PLORA.

SUM QUOD ERIS, QUOD ES IPSE FUI, PRO ME, PRECOR, ORA.

SISTE GRADUM, QUI PERTRANSIS, MEMORARE

ET DIC: O PATER IN CELIS, MISERERE,

O GENITE INGENITI PATRIS, MISERERE,

O PIE SPIRITUS AMBORUM, MISERERE.

BENEDIC, DOMINE, DOMUM ISTAM QUAM EDIFICAVI NOMINI TUO.

VENIENTIUM IN LOCO ISTO EXAUDI PRECES IN EXCELSO SOLIO GLORIE TUE

DOMUM ISTAM TU PROTEGE, DOMINE, ET ANGELI TUI CUSTODIANT MUROS EIUS ET

OMNES ABITANTES IN EA, ALLELUIA.

Robert Favreau, Études d'épigraphie médiévale, Limoges 1995 (passim)

3. *Übersetzen Sie den folgenden Text von Gertrud von Helfta:*

Eia Jesu, unice dilecte cordis mei, dulcis amator, dilecte, dilecte, dilecte supra omne quod unquam dilectum est, post te, o vivens florida dies vernalis, suspirat et languet amorosum desiderium mei cordis. O utinam mihi contingat, ut tibi efficiar uni vicinius, quo tunc a te vero sole germinarent spiritualis profectus mei flores et fructus. Expectans expectavi te. Veni igitur ad me, sicut turtur ad suam consortem.

Œuvres spirituelles, I, Sources chrétiennes 127, S. 96

Lernvokabeln

consors, -sortis   Gefährte, Schicksalsgenosse
diligere, -o, -lexi, -lectum   lieben
floridus, -a, -um   blühend
flos, -oris, *m.*   Blume
germinare, -avi, -atum   keimen
intellectus, -us   Gedanke, Verstand,
   Intelligenz

irridere, -eo, irrisi, irrisum   verspotten
langere, -eo, langui   schmachten, sich
   verzehren
sol, solis, *m.*   Sonne
temere (*Adv.*)   blindlings, drauflos

Lektion 23

Die indirekte (berichtete) Rede

Als indirekte Rede bezeichnet man die Wiedergabe einer direkten Äußerung in der Form grammatischer Abhängigkeit von einem Verbum der Äußerung, also in *berichteter* Form. Anstatt also beispielsweise zu sagen:

Der Kaiser erklärte vor den Gesandten: »Verliert keine Zeit!«,

wobei die in der direkten Rede wiedergegebenen Äußerungen des Kaisers so, wie sie nach Meinung des Berichtenden gesprochen wurden, nach heutiger Norm gewöhnlich in Anführungszeichen gesetzt werden, liest man im Falle der indirekten oder *berichteten* Rede:

Der Kaiser erklärte vor den Gesandten, sie sollten keine Zeit verlieren.

Bei dieser Ausdrucksform ist es so, dass die Verbformen (Person, Modus, Tempus) und die Pronomina Veränderungen erfahren: Die 1. und 2. Person verschwinden ganz aus der indirekten bzw. berichteten Rede, dafür tritt die 3. Person ein – mit der Möglichkeit, dass Ungenauigkeit eintritt: In unserem Beispiel könnte das Pronomen »sie« sowohl *allein* die Gesandten als auch die Gesandten *zusammen mit dem Kaiser* bezeichnen.

1 Analyse und Übersetzung einer berichteten Rede

Das Mittel der berichteten Rede erspart es Autoren, eine vorgeblich authentische Rede bzw. einen entsprechenden Dialog oder Brief *nachzuahmen*. Da die berichtete Rede in abhängigen Ergänzungssätzen gehalten ist, erfordern Verständnis und Übersetzung eines solchen Textes höhere Ansprüche. Es folgt ein detailliert analysiertes Beispiel, entnommen der Vita des Papstes Leo IX., in welcher der Verfasser berichtend den Inhalt eines Briefes wiedergibt, der von den Einwohnern von Tull (bei Nancy/Nordostfrankreich) an den Kaiser Konrad II. gesandt worden sein soll, um ihn davon zu überzeugen, den Bischofssitz dem von ihnen gewählten zu geben:

Text: Post praemissam debitae salutationis reverentiam, nimium compunctam suae calamitatis **exponunt** tragoediam, **dicendo** *se* quaquaversum *impeti* atque *inquietari* pene cotidianis depraedationibus sive concertationibus, utpote in trium regnorum constitutos confiniis, in imperii sui videlicet finibus, in quibus tanto acrius ab hostibus *laborarent*, quanto longius terrarum spatia ab ejus praesentia eos *arcerent*.

Der Text lässt sich folgendermaßen übersetzen:

Übersetzung: *Nach Voranschickung des geschuldeten ehrerbietigen Grußes* **legen sie ihm** *die schmerzliche Tragödie ihres Unglücks* **dar, indem sie ausführen**, *dass sie fast täglich* *von überallher angegriffen und durch Beutezüge sowie Kämpfe beunruhigt würden, weil sie sich ja innerhalb der Grenzen dreier Reiche befänden, das heißt innerhalb der Grenzen seines Imperiums, wo sie umso heftiger unter den Feinden litten, je weiter entfernt die Distanzen zu seinem Aufenthaltsort seien.*

Hinweise: Die Ankündigung der indirekten Rede erfolgt im Lateinischen durch die oben fett gedruckten Worte *exponunt tragoediam, dicendo*. Die Aussage *se ... impeti* sowie *inquietari* erfolgt im AcI, der von *dicendo* abhängig ist, also der nach diesem Verb üblichen grammatischen Konstruktion einer Aussage. Die Konjunktive *laborarent* und *arcerent* sind nur durch die Form der indirekten Rede begründet; dieser Modus markiert hier den subjektiven Charakter der Abhängigkeit im Rahmen der berichteten Rede: In der direkten Rede stünden die durch *tanto ... quanto ...* eingeleiteten Aussagen im Indikativ, denn dort hätte man »*impetimur ... et inquietamur, ... in quibus tanto acrius ab hostibus laboramus, quanto longius terrarum spatia ab ejus praesentia eos arcent*«.

In der deutschen Übersetzung wird hier *dicendo* durch den Modalsatz »indem sie ...« mit dadurch ausgelöstem »dass ...« wiedergegeben, worauf der Inhalt des Briefes der Einwohner von Tull folgt. Das Folgende ist hier nach den Regeln der ›gehobenen‹ deutschen indirekten Rede im Konjunktiv (I und ›ersatzweise‹ II wie im Fall von ›litten‹) gehalten, was bei einem derartig relativ kurzen Textstück eher üblich ist.

Fortsetzung des Textes: Praeterea civitatem *suam* a Francorum regibus jugiter reposci diversis et multis machinationibus. Cui damno reipublicae ac *suo* vexationique *suorum* si dignaretur obviare, destinaret *eis* pastorem nobilem ac sapientem quam maxime, cujus strenuitas et industrie *sibi* infensam hostium rabiem valeret propulsare.

Übersetzung: *Überdies, so ihre Klage, werde ihre Stadt beständig von den Königen der Franken beansprucht, welche sich vieler verschiedener Machenschaften bedienten. Falls er es nun für angezeigt halte, dieser Beschädigung des Staates und seiner Person sowie den Misshandlungen seiner Leute entgegenzutreten, möge er ihnen einen edel gesonnenen und von möglichst hoher Weisheit bestimmten Hüter benennen, dessen Kraft und Entschlossenheit es leisten könne, das erbitterte Wüten der Feinde abzuwehren.*

Hinweise: In diesem Abschnitt sind die Personalpronomina kursiv wiedergegeben; alle bezeichnen sie die 3. Person. In direkter Rede stünden sie in der 1. oder der 2. Person: »Falls du es für angezeigt hältst, dem Unrecht, den man am Staat und an dir selbst verübt, sowie den Misshandlungen, denen wir unterliegen, entgegenzutreten, ...« Zusätzlich (als Möglichkeit) eingefügt sind in der Übersetzung die Worte »so ihre Klage«, die erneut die Abhängigkeit des Gesagten als indirekte Rede verdeutlichen.

Ende des Textausschnitts: Ad quem utique vestigandum non esset valde laboraturus, quandoquidem cleri et plebis unanimitate delectus penes ejus imperialem majestatem consanguineus Bruno haberetur, Deo bonisque hominibus dilectus. (...) Hunc non modo cum suburbanis urbani, verum et omnes circumcirca experent vicinae plebes et comprovinciales episcopi. Aut concederet ergo eis cum beneplacito Dei et suo istum aut nullum.

Übersetzung: *Diesen Mann zu finden, werde er keine große Mühe haben, da bei seiner kaiserlichen Majestät doch – in Einmütigkeit von Klerus und Volk erwählt – sein Blutsverwandter Bruno zur Verfügung stehe, Gott und allen guten Menschen lieb. (...) Diesen erwarten, schreiben sie, nicht nur die Städter und Bewohner des Umlands, sondern auch die Bevölke-*

rung ringsum sowie die Bischöfe der zugehörigen Provinz. Also möge er ihnen im Wohlgefallen Gottes und des seinigen diesen Mann gewähren oder keinen.

Hinweise: In diesen Sätzen stehen die lateinischen Verben im Konjunktiv ohne unterordnende Konjunktion, denn sie hängen allesamt von *dicendo* ab, das nicht wiederholt wird. *Esset laboraturus* und *expeterent* haben deklarative Bedeutung wie die AcI-Wendungen des ersten Satzes (*se impeti atque inquietari*), während *concederet* in der direkten Rede einer Aufforderung entspricht. Die deutsche Übersetzung zeigt die Möglichkeit, innerhalb einer indirekten Rede, hier durch Wiederholung eines Signals der Redewiedergabe (»schreiben sie«), auch in den Indikativ überzugehen.

2 Syntax der indirekten (berichteten) Rede

Ausgehend von den analysierten Beispielen, lassen sich folgende Grundsätze für den Stil der indirekten (berichteten) Rede formulieren:

2.1 Modi

1 In der indirekten Rede gibt es – aus der Sicht des Lateinischen – angesichts dessen, dass der Autor des Textes nicht im eigenen Namen spricht, sondern die Gedanken oder Worte eines anderen *berichtet*, keinen Platz für den Indikativ.
Gleichwohl existieren einige Ausnahmen, von denen die hauptsächlichen die Relativsätze betreffen; diese stehen im Indikativ:
- wenn sie mit übernommenen Wendungen übereinstimmen: *ea, quae gesserat* ≈ *seine Taten,*
- wenn sie gleichsam in Parenthese objektive Auskünfte geben, die oft raum-zeitlichen Inhalt haben: *apud Sequanam, ubi in mare influit* ≈ *bei der Seine, wo sie ins Meer fließt.*

2 Alle Verben der direkten Rede stehen also im *Infinitiv* oder im *Konjunktiv*:
- Im Infinitiv finden sich die deklarativen (darlegenden) Äußerungen sowie einige Fragesätze, wenn die Frage nur rhetorischer Art ist und damit einer Äußerung gleichkommt.
- Im Konjunktiv ohne unterordnende Konjunktion findet man gleichermaßen Aussagesätze, Fragesätze und Aufforderungssätze.

Zum Verständnis eines Textabschnitts in indirekter Rede kann man sich auf folgende Tabelle stützen:

indirekte Rede	direkte Rede
Infinitivsatz (AcI)	– unabhängiger Satz im Indikativ (Deklarativsatz) – direkter Fragesatz
konjunktivischer Satz ohne unterordnende Konjunktion	– unabhängiger Satz im Indikativ (Deklarativsatz, Fragesatz, Aufforderungssatz)
konjunktivische Sätze mit Konjunktion	untergeordnete Sätze im Indikativ oder im Konjunktiv

Die berichtete Rede im Deutschen und ihre Übersetzung

Das Deutsche kennt die indirekte (berichtete) Rede mit – bis auf den Infinitivsatz im hier nicht existierenden AcI – ähnlichen Regeln wie das Lateinische, also in der Form durchgehend im *Konjunktiv* gehaltener berichteter Rede, doch kommt diese eher in nur formalsprachlichen Texten (etwa juristischen) oder bewusst förmlich gehaltenen Texten vor (abhängig von der *Autorintention* oder ggf. von Textnormen gefordert). In der Standardsprache formuliert man allenfalls *kürzere* Redewiedergaben im Konjunktiv. Bei der Wiedergabe längerer Texte in berichteter Form fällt man oft vom Konjunktiv in den Indikativ (und umgekehrt) oder benutzt nur den Indikativ, schiebt dann aber vor allem öfter ›Stützwörter‹ ein, die daran erinnern, dass ein Text nur berichtet wird (z.B. ›fuhr sie dann fort‹, ›betonte er‹ u.a.m.). Man ist also, von den Regeln des Deutschen her betrachtet, keineswegs gezwungen oder verpflichtet, eine lateinische indirekte Rede eher künstlich grundsätzlich im Konjunktiv wiederzugeben.

2.2   Tempora und Zeitenfolge

- Die Verben im Infinitiv folgen normalerweise den Regeln zum Ausdruck der Zeitverhältnisse im Infinitivsatz (vgl. Lektion 11).
- Die Verben im Konjunktiv folgen normalerweise den Regeln der Zeitenfolge in Ergänzungssätzen (vgl. Lektionen 19 und 20).

2.3   ›Pronominalverschiebung‹

Im Lateinischen wie im Deutschen findet in der berichteten Rede eine sog. *Pronominalverschiebung* statt: *ego/nos* → *se; tu/vos* → *ille, illa, illud/is, ea, id* (ggf. ähnliche Wörter wie im Mittellateinischen *ipsa, ipsa, ipsum*. Ursprüngliches *se/sibi/suus, -a, -um* bleibt jedoch erhalten, so dass bei diesen Pronomina besonders darauf zu achten ist, auf welches Element im Text sie sich beziehen.

Mittellatein: Was wir schon über die ›Freiheit‹ des mittelalterlichen Lateins bezüglich der Tempora, Modi und Pronomina gesagt haben, kommt bei der berichteten Rede erst recht zur Geltung. Der Nachteil dieses Mangels an Strenge liegt in der gewissen Unklarheit, Pronomina richtig auf ihre inhaltlichen Bezugswörter zu beziehen. Gewöhnlich jedoch erlaubt es der *Kontext*, die richtige Entscheidung zu treffen.

Lernvokabeln

abnuere, -o, -nui, nutum   ablehnen, zurückweisen
arbiter, ri, *m.*   Schiedsrichter, Richter
artifex, -ficis, *m.*   Handwerker, Künstler
damnum, -i, *n.*   Schaden
jugiter (*Adv.*)   unaufhörlich

omnipotens, -entis   allmächtig
penes (*Präp. beim Akk.*)   bei
strenuitas, -atis, *f.*   Stärke
tribulatio, -onis, *f.*   Drangsal, Verzweiflung
vexatio, -onis, *f.*   Qual, Pein

Praktische Exerzitien zur Lektüre

In diesem Teil finden Sie eine Auswahl an Texten, die Ihnen die genremäßige, stilistische und lexikalische Vielfalt zeigen, die in den mittelalterlichen Quellen enthalten ist. Um Ihnen die Lektüre zu erleichtern, sind lateinischer Text und deutsche Übersetzung[48] in zwei Spalten nebeneinander angeordnet. Die Vokabeln sind in den einschlägigen Lexika zu finden; das wird dazu beitragen, Sie mit dem Umgang mit ihnen vertraut zu machen.[49] Da die Zahl der Texte selbst hier nur sehr begrenzt sein kann, sei für weitere Lektüre auf entsprechende Textausgaben oder Textsammlungen verwiesen.[50]

1 Historische Texte

Die Darstellung der Geschichte des Mittelalters beruht vor allem auf erzählenden Quellen verschiedener Form, vorwiegend Annalen, Chroniken, Erzählungen und Tagebüchern. In den Annalen hielten Priester und Mönche Jahr für Jahr die markanten Ereignisse fest, deren Zeugen sie waren oder von denen sie Kenntnis erlangten. Ihre Genauigkeit wird oft in Frage gestellt; Vergleiche eines Annalentextes mit einem anderen, Gegenüberstellungen mit anderen Quellen erlauben es, die Angaben der verschiedenen Annalisten zu verifizieren und den Grad der Vertrauenswürdigkeit zu bestimmen, die sie kennzeichnen. Als Beispiele werden hier zwei Auszüge aus berühmten Annalenwerken geboten, den »Annalen des Königreichs der Franken« (Annales regni Francorum), die uns vornehmlich über die Herrschaft Karls des Großen informieren, sowie denen des Kanonikers von Reims, Flodoard, die einen Großteil des 10. Jahrhunderts (919–936) abdecken.

---

[48] Die deutsche Übersetzung versucht, den mittellateinischen Wortlaut nachvollziehbar zu machen und gleichzeitig einen angemessenen deutschen Ausdruck zu bieten (sie will also möglichst nicht in sprachlich und übersetzungsmethodisch verfehltem Sinne ›wörtlich‹ sein; Anm. *hs*).

[49] Empfohlene Wörterbücher sind in der Einführung zu diesem Lehrwerk aufgeführt.

[50] Kürzere Sammlung: Hermann Schulz, *Mittellateinisches Lesebuch*, Paderborn 1965 u. ö., mit Erläuterungsheft (zur Zeit nur antiquarisch) [Anm. *hs*]; darüber hinaus folgende kommentierte Quellensammlungen mit beigefügter Übersetzung: O. Guyotjeannin, *Archives de l'Occident, Le Moyen Age, Ve-XVe siècles*, Paris, 1992; J.-P. Brunterc'h, *Archives de la France, t. I, Le Moyen Age, Vᵉ–XIᵉ siècles, Paris*, 1994; J. Berlioz u. a., *Identifier sources et citations* (l‹Atelier du médiéviste 1), Brepols, Turnhout, 1994.

Die Sprache der Annalisten ist oft recht einfach, die Sätze oft kurz. Die Schwierigkeit rührt von der Fülle der Orts- und Personennamen her, die man exakt bestimmen muss.[51] Die Übersetzung der Gattungsnamen bedarf in der Regel keiner Spezialwörterbücher.[52]

1.1 Annalen des Königreichs der Franken

DCCCI: Ipsa die sacratissima natalis[53] Domini, cum rex ad missam ante confessionem[54] beati Petri apostoli ab oratione surgeret, Leo papa coronam capiti eius imposuit, et a cuncto Romanorum populo adclamatum est: »Carolo augusto, a Deo coronato magno et pacifico imperatori Romanorum, vita et victoria!« Et post laudes[55] ab apostolico more antiquorum principum adoratus est et ablato patricii[56] nomine imperator et augustus est appellatus.

Post paucos autem dies iussit eos, qui pontificem anno superiore deposuerunt, exhiberi; et habita de eis questione secundum legem Romanam ut maiestatis rei[57] capitis dampnati sunt[58]. Pro quibus tamen papa pio affectu apud imperatorem intercessit; nam et vita et membrorum integritas eis concessa est, ceterum pro facinoris magnitudine exilio deportati sunt. Huius factionis fuere principes Paschalis nomenclator et Campulus sacellarius[59] et multi alii Romanae urbis habitatores nobiles,

801: Am ganz besonders heiligen Tag der Geburt des Herrn, als der König vom Gebet zur Messe aufstand, vor dem Bekenntnis des heiligen Petrus, legte ihm Papst Leo die Krone auf das Haupt, und vom ganzen Volk der Römer wurde ihm akklamiert: »Karl, dem Ehrwürdigen, dem von Gott gekrönten großen, friedvollen Kaiser der Römer, Leben und Sieg!« Und nach den Lobgesängen wurde er nach apostolischer Weise[60] wie bei den antiken Fürsten angebetet, und unter Aufgabe des Titels des Patricius wurde er Kaiser und Augustus benannt.

Nach wenigen Tagen hieß er diejenigen, die im Jahr zuvor den Pontifex abgesetzt hatten, aufzutreten; nachdem gemäß römischem Recht ein Prozess über sie durchgeführt worden war, wurden sie wegen Majestätsbeleidigung zum Tode verurteilt. Doch der Papst schritt für sie aus einer Haltung frommer Güte heraus beim Kaiser ein; ihnen wurde Leben und Unversehrtheit der Körperglieder zugestanden, und im Übrigen wurden sie we-

---

[51] Zu den Ortsnamen vgl. T. Graesse, *Orbis latinus*, 3 Bde., Amsterdam 1972.

[52] Zum Verstehen mancher Begriffe ist F. O. Touati (Hg.), *Vocabulaire historique du Moyen Age*, Paris 2007 (stark erweiterte Neuauflage), hilfreich.

[53] *Natalis, -is, m.*: Geburtstag.

[54] *Confessio, -onis, f.*: Bekenntnis, *hier*: Grab eines Heiligen über dem ein Altar liegt.

[55] *Laudes, -um, f. Pl.*: Die ›Lobgesänge‹ gehören zu den kanonischen Stunden und finden zwischen Frühmette und dem Morgengebet statt.

[56] *Patricius, -i, m.*: von Kaiser Konstantin gestifteter Titel, zunächst dem Oberbefehlshaber der römischen Heere verliehen, später vom Papst dem Beschützer Roms zuerkannt.

[57] *Majestatis rei*: der Majestätsbeleidigung Angeklagte (*reus, -i*: Angeklagter; *majestas, -atis, f.*: *hier* Verbrechen der Majestätsbeleidigung; *crimen* wird mitverstanden).

[58] Dieser Genitiv von *caput* ist Ergänzung zum Verbum *dampnare* (s. Lektion 13) und bezeichnet hier die Todesstrafe.

[59] *Nomenclator* und *sacellarius* sind hohe Würdenträger in der Palasthierarchie von Byzanz.

[60] Das heißt, der Papst warf sich ihm zu Füßen.

qui simul omnes eadem sententia dampnati sunt.

Ordinata deinde Romanae urbis et apostolici totiusque Italiae non tantum publicis, sed etiam ecclesiasticis et privatis rebus -nam tota hieme non aliud fecit imperator- missaque iterum in Beneventanos expeditione cum Pippino filio suo ipse post Pascha VII kalendas mai Roma profectus Spoletium venit.

Ibi dum esset, II kalendas maii, hora noctis secunda terrae motus maximus factus est, quo tota Italia graviter concussa est. Quo motu tectum basilicae beati Pauli apostoli magna ex parte cum suis trabibus decidit et in quibusdam locis urbes montes ruerunt. Eodem anno loca quaedam circa Renum fluvium et in Gallia et in Germania tremuerunt. Pestilentia propter molitiem hiberni temporis facta est. [...]

Imperator Aquisgrani palatio natalem Domini celebravit. Et inmutavit se numerus annorum in DCCCII.

Annales regni Francorum, hgg. von R. Rau,
Quellen zur karolingischen Reichsgeschichte,
1. Teil, Darmstadt, 1955, S. 74–76.

gen der Bedeutung ihres Verbrechens ins Exil geschickt. Die Anführer dieser Partei waren Paschalis, der Nomenclator, und Campulus, der Sacellarius, und viele andere adlige Bewohner der Stadt Rom, die alle zusammen zu derselben Strafe verurteilt wurden.

Nachdem darauf nicht nur die öffentlichen Angelegenheiten der Stadt Rom, des Papstes und ganz Italiens in Ordnung gebracht waren, sondern auch die kirchlichen und privaten Dinge – denn den ganzen Winter über machte der Kaiser nichts anderes – und nachdem erneut eine Expedition gegen die Beneventaner unter seinem Sohn Pippin ausgesandt worden war, verließ er nach Ostern am 7. Tag nach den Kalenden des Mai (25. April) Rom und gelangte nach Spoleto.

Während er dort war, geschah am 2. Tag nach den Kalenden des Mai (30. April) in der zweiten Nachtstunde ein gewaltiges Erdbeben, durch das ganz Italien schwer erschüttert wurde. Durch dieses Beben fiel zu einem großen Teil das Dach der Basilika des heiligen Paulus mit seinen Balken herab, und an manchen Orten stürzten Städte und Berge ein. Im selben Jahr erzitterten manche Orte am Rhein und in Gallien sowie Germanien. Wegen der Milde des Winterwetters kam es zu einer Pest. [...]

Der Kaiser feierte Weihnachten in seiner Pfalz zu Aachen, und die Zahl der Jahre veränderte sich auf 802.[61]

---

[61] Der Jahreswechsel fand damals am Weihnachtstag statt. Ebenso wird die Krönung Karls des Großen am 25. Dezember von seinen Zeitgenossen auf das Jahr 801 datiert, eine Zahl, die nach dem gregorianischen Kalender auf 800 zurückgestellt werden muss.

1.2 Annalen des Flodoard (936)

Anno DCCCCXXXVI, Ingramnus Laudunensis aecclesiae episcopus obiit. Sub isdem fere diebus rex Rodulfus defungitur sepeliturque Senonis apud Sanctam Columbam, cujus aecclesia factione quorumdam paulo ante fuerat incensa. Brittones transmarinis regionibus Alstani regis praesidio revententes terram suam repetunt. Hugo comes trans mare mittit pro accersiendo ad apicem regni suscipiendum Ludowico Karoli filio, quem rex Alstanus avunculus ipsius, accepto prius jurejurando a Francorum legatis, in Franciam cum quibusdam episcopis et aliis fidelibus suis dirigit; cui Hugo et ceteri Francorum proceres obviam profecti, mox navim egresso, in ipsis littoreis harenis apud Bononiam sese committunt, ut erat utrinque depactum. Indeque ab ipsis Laudunum deductus ac regali benedictione ditatus ungitur atque coronatur a domno Artoldo archiepiscopo, praesentibus regni principibus cum episcopis XX et amplius. Episcopatus Laudunensis datur Rodulfo ejusdem loci presbitero a civibus concorditer electo, quique a domno Artoldo consecratur episcopus.

Flodoard, Annales (hgg. von Ph. Lauer), S. 63 (vgl. Michel Sot, Un historien et son Eglise, Flodoard de Reims, Paris (Fayard) 1993, S. 86)

Im Jahre 936 starb Ingramnus (Ingrand), der Bischof der Kirche von Laon. An etwa denselben Tagen stirbt König Rodulfus und wird in Sens in Sainte-Colombe begraben, deren Kirche kurz zuvor beim Aufstand einer Gruppe von Leuten in Brand gesteckt worden war. Die Bretonen kehren aus ihren Gebieten jenseits des Meeres unter der Machtbefugnis des Königs Æthelstan zurück und begeben sich wieder in ihr Land. Graf Hugo schickt (Leute) über das Meer, um Ludwig, Sohn Karls, zu holen, damit er die Spitze des Reiches übernehme; diesen schickt König Æthelstan, sein Onkel mütterlicherseits, nachdem er zuerst den Eid von Gesandten der Franken entgegengenommen hatte, mit einigen Bischöfen und anderen seiner Getreuen nach Frankreich. Hugo und die anderen Vornehmsten der Franken, vor ihm aufgebrochen, sobald er aus dem Schiff gestiegen war, empfehlen sich ihm[62] auf dem Sandstrand von Boulogne, wie es beiderseits vereinbart war. Von dort wird er von ihnen nach Laon geführt und empfängt den Segen des Königs; er wird gesalbt und gekrönt vom Herrn Erzbischof Artoldus (Artaud) in Gegenwart der Fürsten des Königreichs mit 20 Bischöfen und mehr. Das Bistum von Laon wird Rodulfus, einem Priester dieses Ortes, gegeben, einmütig gewählt von den Bürgern, und er wird vom Herrn Artoldus zum Bischof geweiht.[63]

---

[62] Hierunter ist die Huldigung eines Vasallen zu verstehen.

[63] Rudolph II., König von Burgund, starb am 14. oder 15. Januar. Graf Hugo der Große (Vater von Hugo Capet) lässt bei seinem Onkel mütterlicherseits, Ludwig (IV.), genannt ›d'Outre-Mer‹ [›von Über-dem-Meer‹], Sohn König Karls des Einfältigen, suchen, der am 19. Juni in Laon konsekriert wurde und von 936 bis 954 König von Frankreich war.

2 Urkundentexte

Urkundentexte und ›Kanzleitexte‹ werden gewöhnlich unter der griffigen Bezeichnung ›Urkunden‹ zusammengefasst, ein Wort, dessen mittellateinisches Pendant ›charta, Pl. chartae, charte‹ damals alle Dokumente bezeichnete, die nach den Regeln kanzleigemäßer Formschreiben abgefasst wurden, bei denen jedoch tatsächlich (königliche) Diplome, (päpstliche) Bullen, Notizen usw. zu unterscheiden sind.[64]

2.1 Eine Schenkung an Marmoutier (11. Jh.)

Carnotene quidam civitatis indigena, rebus dives, professione miles, ætate juvenis, conditione nobilis, suavis moribus nomine Ratherius, sua post decessum suum prædia Sancto MARTINO Majoris Monasterii ad usum inibi Deo famulantium fratrum, cum adhuc esset in saeculo, delegavit, tribus ejus sororibus annuentibus et absolutissimo assensu publicaque donum id voce confirmantibus, Milesinde videlicet, Rainsoinde, ac Adelaide, necnon et comite Teodebaldo matreque ejus Ermengarde comitissa auctoramento suo corroborantibus. Dedit igitur fundum, qui vocatur Sanctus Peregrinus, situm in territorio Dunensi, alium qui nuncupatur Matersemita vel Mater Sentium, multæ quippe semper ibi sentes proprio quodam obtentu et naturali situ densescunt, in pago itidem Dunensi consistentem, alium in Carnotensi Humblerias vocitatum, et quicquid ad eos pertinebat, prata, vineas, culta et inculta, servos et ancillas cum apendic[iis a]liarum villularum ad eosdem fundos pertinentium, furnile quoque in suburbio Carnotino, et vineas in ejus civitatis territorio sitas.

Postea vero proximefatus miles saeculi labiles divitias et delicias et honores aeternæ beatitatis et beatæ æternitatis amoræ

Ein Einwohner der Stadt Chartres mit Namen Ratherius, reich an Besitz, von Beruf Ritter, jung an Alter, adlig von Stand, vom Benimm her angenehm, vermachte, als er noch von dieser Welt war, seine Güter nach seinem Hinscheiden Sankt Martin von Marmoutier zum Gebrauch durch die dort Gott dienenden Brüder; seine drei Schwestern Milesinde, Rainsoinde und Adelaide stimmten zu und bestätigten die Schenkung in absolutester Zustimmung und lauter Stimme, es bestätigten sie ebenfalls Graf Theodebald und dessen Mutter Gräfin Ermengard mit ihrer Autorität. Er schenkte also sein Gut, das Sanctus Peregrinus heißt, gelegen auf dem Gebiet von Dun, ein anderes, das Matersemita oder Mater Sentium genannt wird – denn dort wachsen ganz von selbst in natürlicher Lage sehr dicht beieinander Brombeersträucher (›sentes‹) –, ebenfalls auf der Flur von Dun liegend, ein weiteres im Gebiet von Chartres, Humbleria genannt, und was alles dazu gehörte, Wiesen, Weinreben, bestellte und nicht bestellte Äcker, Knechte und Mägde, zusammen mit den diesen Gütern zugehörenden Ländereien anderer Dörfer, auch ein Backofen in der Vorstadt von Chartres sowie Weinreben auf dem Gebiet dieser Stadt.

Später aber verschmähte der soeben genannte Ritter der Welt vergängliche Reichtü-

---

[64] Vgl. dazu A. Giry, *Manuel de diplomatique*, Paris 1894, und O. Guyotjeannin, J. Pycke, B. M. Tock, *Diplomatique médiévale* (L'Atelier du médiéviste 2), Turnhout (Brepols) 1993.

fastidiens, in suggillationem divitis illius juvenis qui a domino tristis audito omnia relinquendi consilio recessit,[65] ut omnium dominum possideret, omnia reliquit, ut Christum expedicior sequeretur, mundanis se impedimentis expedivit, et implicamentis explicuit, grave levi[66], asperum leni, terrenum cælesti, carnalem spirituali, cultum cultu, quæstum quæstu, jugum jugo, onus onere, commutavit, habituque simul et animo mundum exuens, et athleta nobile monachum fecit nobiliorem, miliciæ terrenæ cingulo soluto et celestis accincto, veteris conversationis improbanda confessus et novæ conversionis approbanda professus, in prænominato monasterio, sub domno abbate ALBERTO. Tunc illa superius memorata praedia quæ post suum habenda decessum loco illi contulerat, ad præsens de toto possidenda concessit, quæ omni vitæ ejus tempore libere et quiete et absque aliqua calumniarum interpellatione Majoris fratres Monasterii possedere.

At postquam ille multos in brevi complens annos, et de divitiarum exoneratione, et fastus ambitusque saecularis abrenuntiatione, et floride juventutis edomatione, terrenæque nobilitatis contemptu, nobiliora seculis exempla relinquens felici ad Deum obitu migravit, una sororum ejus natu inferior, astu superior, nomine Adeladis fratris sui donis novas cæpit inferre calumnias, non ea suo inficiens assensu data, cum non solum nutu simplicique sermone, sed etiam jure ea jurando firmaverit. Exagitabat ergo præfati monasterii fratres, et inquietis avocabat litigiis, perque Rainaldi cujusdam cognomento de Spieriis cui nubserat violentiam prædictis

mer und Freuden aus Liebe zu den Geschenken des ewigen Glücks und der seligen Ewigkeit, und zur Beschämung jenes jungen Reichen, der, nachdem er vom Herrn traurig den Rat gehört hatte, alles aufzugeben, damit er den Herrn aller Dinge besitze, ließ er ab von allem, um bereitwillig Christus zu folgen; er entsagte den Bedrängnissen und vertauschte Schweres mit Leichtem, Raues mit Glattem, Irdisches mit Himmlischem, Fleischliches mit Geistlichem, Kult mit [wahrem] Kult, Gewinn mit [wahrem] Gewinn, Joch mit [göttlichem] Joch, Last mit [himmlischer] Last; er entsagte der Welt in Kleidung und Geist; aus dem edlen Kämpfer machte er einen noch edleren Mönch; indem er den Gürtel des irdischen Kriegsdienstes ablegte und den des himmlischen umgürtete, bekannte er die verwerflichen Taten der alten Existenz und gelobte das segenswerte Verhalten des neuen Lebens im vorgenannten Kloster unter dem Herrn Abt Albert. Darauf überließ er die weiter oben erwähnten Landgüter, die er nach seinem Hinscheiden diesem Ort insgesamt als Besitztum gewährt hatte, auf sofort; diese besitzen für die ganze Zeit seines Lebens frei und in Ruhe und ohne jeden Rechtseinspruch die Brüder des Klosters [von Marmoutier].

Aber nachdem er kurzfristig die langen Jahre seines Lebens vollendet hatte, ging er in glücklichem Tode zu Gott, denn er hatte sich von seinen Reichtümern befreit und verzichtet auf die Hoffart und Habsucht der Welt und verschmäht den irdischen Adel, und hinterließ dabei der Welt noch edlere Beispiele. Doch da begann eine seiner Schwestern jüngeren Alters, doch von größerer Arglist, mit Namen Adelaide neue Klagen gegen die Ge-

---

[65] *Matth.* 19, 22: »Cum audisset autem adolescens verbum, abiit tristis; erat enim habens multas possessiones«.

[66] Anspielung auf *Matth.* 11, 29: »Tollite jugum meum super vos et discite a me, quia mitis sum, et humilis corde, et invenietis requiem animabus vestris. Jugum enim meum suave est, et onus meum leve.«

prædiis injuriosas et injustas excitabat calumnias.

(Die Urkunde fährt fort mit der Regelung einer Übereinstimmung zwischen den Parteien und der Aufzählung der Zeugen.)

Archives des Departements Eure-et-Loir, H 2430

schenke zu erheben, mit der Einlassung, sie seien ohne ihre Zustimmung gegeben worden, obwohl sie sie nicht nur einfach mit Worten, sondern auch durch Eidschwur bestätigt hatte. Sie bedrängte also die Brüder des vorgenannten Klosters und überzog sie mit lästigen Prozessen und brach durch heftige Aktionen eines gewissen Rainaldus mit Beinamen von Spière, den sie geheiratet hatte, rechtswidrige und ungerechte Rechtsstreitereien über die genannten Landgüter vom Zaun.

2.2 Eine Huldigungsurkunde aus Südfrankreich (12. Jh.)

Ab dem 12. Jahrhundert enthalten die Urkunden Südfrankreichs (des Midi) mehr und mehr Wörter aus der Volkssprache, dem Okzitanischen, während deren Gebrauch im Norden sparsamer ist und sich auf Ortsnamen oder einige Wörter aus der Feudalpraxis beschränkt. Hier dagegen macht die Mischung aus Latein (einem im Übrigen wenig sorgfältigen Latein) und Okzitanisch das Verstehen des Textes oft schwierig und erfordert die Verwendung von Speziallexika dieser Sprache. Es ist übliche Praxis, die Wörter der Volkssprache durch Kursivierung kenntlich zu machen.

Ego Petrus Olivarii, filius qui fui Ricsendis, de ista ora inantea[67] fidelis ero tibi Gilaberto comite[68], filius qui fuisti Adaladis comitisse, sine fraude et ullo malo ingenio et sine ulla deceptione, per directam fidem, sine *engan* sicut homo debet esse suo seniori cui manibus se commendat, et de ista ora inantea ego predictus Petrus *no de debrei* te prefatum Gilabert de tua vita neque de tuis membris qui in corpus tuum se tenent neque de tuis honoribus,[69] quem hodie habes vel per qualicumque modo inantea adquisieris neque de tuos castellos, sed adjutor ero tibi retinere[70]. omnem tuum honorem per directam fidem, sine

Ich, Peyre Olivarii, der ich Sohn von Riscende war,[71] von dieser Stunde an in Zukunft werde ich treu sein Dir, Graf Gilabert, der du Sohn warst der Gräfin Adalade, ohne Trug und jede böse Absicht und ohne jede Täuschung, in geradliniger Treue, ohne Trug, wie ein Mann sein muss gegenüber seinem Herrn, in dessen Hände er sich empfiehlt. Und von dieser Stunde werde ich, vorgenannter Peyre, nicht fehlen dir gegenüber, vorgenanntem Gilabert, in [der Verteidigung deines] Leben[s] noch deiner Glieder, die zusammen deinen Körper ausmachen, noch gegenüber deinem Ehrenbesitz, den du heute hast oder auf irgendeine Weise künftighin erwerben wirst,

---

[67] *De ista (h)ora*: von dieser Stunde an; *inantea* (Adv.): vorher, (hier) in Zukunft

[68] *comite* ist hier Dativ (*comite* und *comiti* wurden fast gleich ausgesprochen).

[69] Das Wort *honor* kann ein Amt, eine Funktion, einen Rechtsvorteil, d. h. vergänglichen Besitz bezeichnen (besonders solchen, den man auf einem Lehnsgut innehat).

[70] *retinere* ist hier finaler Infinitiv und entspricht im Sinn *ad retinendum* (›um zu bewahren‹).

[71] »ich ... war«: Das heißt, Riscende lebt nicht mehr.

engan, contra cunctos homines vel feminas qui tibi auferre voluerit vel voluerint, et de tuo adjutorio *nom desvedarei ne no ten engannarei ne acomonir no men vendarei per quantas vegadas l'om manaras o men comoniras* per te ipsum aud per tuos missos vel missum, et de ipso castello qui est in villa Salses *potestad non ten vedarei ne estadga per quantas vegadas men demanaras* per te ne per tuos messages *ne per tuo message*. Sicut superius est scriptum *si to farei* per directa fide sine *engan to atendrei*.

Archives départementales des Pyrénées Orientales

noch gegenüber deinen Schlössern; sondern Helfer werde ich dir sein zu bewahren deinen ganzen Besitz in geradliniger Treue, ohne Täuschung, gegen alle Männer oder Frauen, die dir etwas fortnehmen wollen, und von der Hilfe dir gegenüber werde ich nicht abgehen und dich nicht täuschen noch es ablehnen, meine Pflichten jedes Mal zu erfüllen, wenn du sie selbst mir aufträgst oder dein Bote. Und ich werde nicht davon abgehen, deine Macht über das Schloss, das in der Stadt Salses liegt, auszuüben noch eine Wachmannschaft dort zu stellen jedes Mal, wenn du mich selbst darum ersuchst oder durch deine Boten oder deinen Boten. Wie es oben geschrieben ist, so werde ich es tun in geradliniger Treue, ohne Trug will ich es besorgen.

2.3 Eine Schenkung an Saint-Ouen bei Rouen (gegen 1030)

Ab der Mitte des 10. bis in die Mitte des 12. Jahrhunderts bemühten sich die Verfasser von Urkunden eingangs um das, was man eine Präambel oder Exordium (Einleitung) nennt. In einer oft gesuchten Sprache mit bisweilen schwierigem Satzbau strengten sie ihren Geist an, allgemeine Themen aufzugreifen und zu entfalten, unter denen häufig die Absicht wiederkehrte, das künftige Leben durch ein bußfertiges Verhalten im irdischen Leben vorzubereiten. Der folgende Abschnitt gibt dafür ein Beispiel (die Präambel macht gut die Hälfte des Textes aus).

Quoniam vita mortalium in hoc mundo admodum brevi intercluditur spatio, et antecessores nostri corporum indumentis exuti verissimis hoc approbant indiciis, oportet nos eorum adhuc superstites ultimam resolutionis inclementiam cum omni cautela previdere, et qualiter in divinae majestatis presentia veniam consequamur subtiliter pertractare. Sanctorum patrum auctoritate docemur quod haec activae mortalitatis vita ad contemplativam celsitudinem sit quasi quoddam ascensionis adminiculum, et ideo bona transitoria nobis divinae largitatis dono conceduntur, ut aeterna vereque manentia deo reddente vicissitudinem per caritatis offitium

Da das Leben der sterblichen Menschen in dieser Welt nur in einen kurzen Zeitraum eingeschlossen ist und unsere Vorgänger, ihrer körperlichen Hülle entkleidet, das in höchst wahren Zeugnissen deutlich machen, müssen wir, die wir nach ihnen noch leben, mit aller Sorgsamkeit die letzte Schonungslosigkeit unseres Ablebens voraussehen und wie in der Gegenwart der göttlichen Majestät präzise handeln, um die Gnade zu erlangen. Durch der heiligen Väter Autorität werden wir gelehrt, dass dieses Leben der aktiven Sterblichkeit hin zur Höhe der Kontemplation gleichsam eine Hilfe zum Aufstieg ist, und daher werden uns vergängliche Güter zum Geschenk göttlicher Freigebigkeit gewährt, da-

mercemur. Quapropter ego comes Drogo dominicis preceptis salubriter admonitus, in nomine sanctae et individuae Trinitatis reddidi monachis sancti Petri et sancti Audoeni terram de Izou, ut sine contradictionis molestia eam vel ad proprios usus perpetualiter haberent, vel quod libitum fuisset de ea licenter facerent, et pro divino amore taliter in ea meae advocationis promisi patrocinium, ut neque propter publicas dissensiones neque domesticas culpas vel aliquas irarum incursiones aliquod sentirent detrimentum [...].

Archives départementales de Seine Maritime, 14 H 805

mit wir ewige, wahrhaft bleibende Güter verdienen, die Gott uns als Vergeltung gewährt durch den Dienst seiner Barmherzigkeit. Daher habe ich, Graf Drogo, heilsam ermahnt durch die Lehren des Herrn, im Namen der heiligen unteilbaren Trinität den Mönchen von Sankt Peter und Sankt Audoenus (St. Ouen) das Land von Izou zurückgegeben, damit sie es ohne die Belastung eines Widerspruchs auf ewig zum eigenen Gebrauch besitzen oder daraus beliebig machen, was ihnen gefällt, und um der Liebe Gottes willen habe ich auf diesem Land den Schutz meines Vogteirechts versprochen, so dass sie keinen Schaden verspüren weder infolge öffentlicher Auseinandersetzungen noch im Hause begangener Verfehlungen noch anderer aus Wut erregter Angriffe. [...]

2.4 Eine Verwünschungsformel

Um dem Inhalt einer Urkunde Ausdruckskraft und Wirksamkeit zu verleihen, nahm man oft eine Verwünschungsformel darin auf. Die folgende beschließt eine im 9. Jahrhundert angeblich vom Bischof Altfried von Hildesheim an die Abtei Essen verfügte Urkunde; tatsächlich stammt das Dokument aus dem 11. Jahrhundert.

1. Ex auctoritate Dei omnipotentis, Patris et Filii et Spiritus sancti et sanctorum apostolorum excommunicamus et anathematizamus omnes qui sua presumptione vel aliquo malo ingenio hanc constitutionem scienter violare presumpserint, eos omnes et eorum consentaneos a consortio Dei sequestramus, ita ut non habeant partem cum eo neque cum sanctis ejus.

2. Deleantur de libro Dei et cum justis ejus non scribantur. Obscurentur oculi eorum, ne videant, aures eorum et nares sic obstruantur ut non audiant neque olfaciant, gustu eorum et tactus inutiles fiant.

Aus der Autorität des Allmächtigen Gottes, des Vaters, des Sohnes und des Heiligen Geistes und der heiligen Apostel heraus exkommunizieren und verfluchen wir alle, die sich erdreisten, aus Vorsatz oder anderen bösen Gedanken heraus diese Entscheidung bewusst zu verletzen, und sie alle, sie und ihre Gleichgesonnenen, entfernen wir aus der Gemeinschaft Gottes, so dass sie nichts gemein haben mit ihm noch mit seinen Heiligen.

Sie sollen getilgt werden aus dem Buch Gottes und mit dessen Gerechten zusammen nicht eingetragen sein. Verdunkeln sollen sich ihre Augen, auf dass sie nicht sehen, ihre Ohren und Nasen sollen so verstopft sein, auf dass sie nicht hören noch riechen; ihr Geschmack und ihr Tastsinn sollen unbrauchbar werden.

3. Destruat eos Deus et migrare faciat de tabernaculis eorum et evellat radicem eorum de terra viventium; veniat mors super illos et descendant in infernum viventes.

4. Prevaleant super eos peccatores, et diabolus stet a dextris eorum, et oratio eorum fiat in peccatum et dies eorum pauci, mendicent et ejiciantur de habitationibus suis et deripiant alieni labores eorum.

5. Clament ad Deum et non misereatur eorum, sed potius disperdat de terra memoriam eorum, induantur perpetua confusione et reverentia; sint inter omnes miseros miserrimi et inter perditos perditissimi.

6. Induant hanc maledictionem sicut vestimentum et intret sicut aqua in interiora eorum et sicut oleum in ossibus eorum, fiat eis sicut vestimentum quo operientur et sicut zona qua precingentur,

7. et in die judicii primi deputentur in ignem eternum, ubi vermes eorum non moriantur et ignis eorum non extinguatur, sed crucientur cum diabolo et angelis ejus sine fine, annuente Domino nostro Jhesu Christo qui vivit et regnat in saecula saeculorum.

Zerstören möge sie Gott und ausziehen lasse er sie aus ihren Zelten und herausreißen möge er ihre Wurzel aus der Erde der Lebenden; es komme der Tod über sie, und lebend mögen sie hinabsteigen in die Hölle.

Mögen den Sieg über sie davontragen die Sünder, und der Teufel stehe an ihrer Seite, und ihr Gebet werde zur Sünde, ihre Tage wenige, lügen mögen sie und hinausgeworfen werden aus ihren Wohnungen, und Fremde mögen ihnen ihre Arbeit stehlen.

Schreien mögen sie zu Gott, und Er erbarme sich ihrer nicht, sondern vielmehr entferne er das Gedächtnis an sie von der Erde, gekleidet mögen sie sein in ewige Verwirrnis und Ängstlichkeit; sie sollen sein unter allen Elenden die Elendigsten und unter den Ruchlosen die Ruchlosesten.

Tragen mögen sie diese Verwünschung wie ein Kleid, sie trete ein wie Wasser in ihr Inneres und wie Öl in ihre Knochen, sie werde für sie wie ein Kleid, mit dem sie sich bedecken, und wie ein Gürtel, mit dem sie sich gürten,

und am Tage des Gerichts mögen sie als Erste in das ewige Feuer befördert werden, wo ihre Würmer nicht sterben mögen und ihr Feuer nicht verlösche, sondern gemartert mögen sie werden mit dem Teufel und seinen Engeln, mit Zustimmung unseres Herrn Jesus Christus, der da lebt und regiert auf alle Zeiten.

Hildesheimer Urkundenbuch, n° 15, p. 12-13

2.5 Testament eines Notars (1279)

Die Praxis der Urkundentexte hörte das ganze Mittelalter über nicht auf; sie bilden die große Masse der Archive des Mittelalters und der Neuzeit. Es existieren daher Urkunden sehr verschiedener Form. Als Beispiel folgt hier der Auszug aus einem Testament, dessen wesentliche Bedeutung in dem Zeugnis besteht, das es uns über eine private Bibliothek im 13. Jahrhundert liefert. Man sieht daran, welchen Nutzen man aus all diesen Texten ziehen kann, die oft für wenig attraktiv gehalten werden, jedoch eine Menge an verschiedenen Informationen enthalten. Das gilt erst recht für die Testamente, die oft Aufzählungen von Gütern liefern, von denen man sonst allenfalls sehr selten erfährt. Bei den hier erwähnten Büchern handelt es sich vielfach um juristische Werke, was aufseiten eines Notars nicht verwundert.

[...] Libros vero meos omnes, cujuscumque facultatis sint, relinquo et lego filiis prefati Jacobi clericis, videlicet Ysembardo Remensi, Gifredo Tornacensi et Gerardo Furnensi canonicis, dividendos inter eos juxta arbitrium executorum meorum.

Ab istis vero libris excipio Decretales, quas emi Viterbii, et Decretum, quod dedit michi episcopus Aretinus, et Corpus juris civilis, quod emi ab executoribus testamenti quondam Raymundi Marci, camerarii domini pape, et Summam Azonis, quos relinquo et lego predicto Gifredo, canonico Tornacensi, nepoti meo.

Item a predictis libris excipio bibliam glosatam quam habeo Placentie, in duodecim voluminibus, ita quod[72] sex libri de ipsis duodecim voluminibus, in quibus apparebit rasura tituli, dentur monasterio Frigidi Montis, Cisterciensis ordinis, Belvacensis diocesis [...] reliquos vero sex libros relinquo et lego predicto Gifredo nepoti meo [...].

Item ab ipsis libris excipio Apparatum Innocentii quem restitui volo et mando domino Philippo episcopo Placentino qui ipsum donavit michi.

Archives de l'Occident, Le Moyen Age, V^e–XVe siècle, hgg. von Olivier Guyotjeannin, Paris, 1992, S. 382–387

[...] Alle meine Bücher, gleich aus welchem Fach sie seien, hinterlasse und vermache ich den Söhnen und Priestern des vorgenannten Jacobus, das heißt: Isembard in Reims, Gifred in Tournai und Gerard in Furnes, damit diese sie sich teilen, wie meine Testamentsvollstrecker es bestimmen.

Doch von diesen Büchern nehme ich aus die *Decretales*, die ich in Viterbo gekauft habe, das *Decretum*, das mir der Bischof von Arezzo gab, das *Corpus iuris civilis*, das ich dereinst von den Testamentsvollstreckern des Raimundus Marcus gekauft habe, des Kammerherrn des Monseigneur des Papstes, sowie die *Summa* des Azo, die ich dem obengenannten Gifred, Kanoniker von Tournai, hinterlasse, meinem Neffen.

Von den vorgenannten Büchern nehme ich ebenfalls aus die Glossen-Bibel, die ich aus Piacenza habe, in zwölf Bänden: Die sechs Bücher von diesen zwölf Bänden, in denen der Titel ausradiert erscheint, sollen dem Kloster von Froidmont des Ordens von Cîteaux [Zisterzienser], Diözese von Beauvais, gegeben werden [...]; die übrigen sechs Bücher aber hinterlasse und vermache ich dem vorgenannten Gifred, meinem Neffen [...].

Außerdem nehme ich von diesen Büchern den *Apparatus* von Innozenz aus; ich wünsche und bestimme, dass er dem Monseigneur Philipp, Bischof von Piacenza, zurückgegeben werde, der ihn mir geschenkt hat.

2.6 Die Kunst, Privilegien abzufassen

Die Abfassung von Texten in kanzleigemäßem Standard richtete sich nach Vorbildern, entsprach rhetorischen Regeln, orientierte sich an Formularien (Formelbüchern), deren Untersuchung, ab dem 17. Jahrhundert vom Benediktiner Dom Jean Mabillon eingeleitet, jene besondere Wissenschaft bildet, die man ›Diplomatik‹[73] nennt. Der folgende Text zeigt die Sorgfalt, die

---

[72] Die Konstruktion *ita, quod ... dentur* lässt sich als Konsekutivsatz (*ita, quod ≈ ita ut*, ›so, dass ...‹) oder als Inhaltssatz interpretieren (*quod* erläutert den Inhalt von *ita*: ›so, was bedeutet ...‹).

[73] ›Urkundenlehre‹; die Diplomatik ist eine grundlegende Disziplin der historischen Wissenschaften, die sich mit allen Aspekten des Aufbaus, Inhalts usw. von Urkunden befasst.

man – jedenfalls in den größeren Kanzleien – darauf verwandte, feierliche Urkunden abzufassen, und dabei höchst penibel die Traditionen wahrte. Um das zu leisten, orientierten sich die Notare an Modellen, die sie in den ›Summae‹ wie derjenigen fanden, von welcher der folgende Auszug wiedergegeben wird.

Summa de privilegiis ordinandis tradita:
Tractaturi de privilegiis primo loco debemus dicere, quid sit privilegium et unde dicatur privilegium. Privilegium est ergo apostolica vel imperialis sanctio, cujus auctoritate jura firma servantur et integra. Dicitur privilegium lex privata, id est specialis et propria, que illum, cui traditur, auctoritate tradentis defendit; vel dicitur privilegium a privatione legum, quia illum, cui traditur, sic defendit, quod[74] a nulla lege gravari debeat aut edicto.

Debet autem sic fieri privilegium. In prima linea longis et extensis literis continetur hoc modo: Urbanus episcopus servus servorum dei venerabili fratri G. Senonensi archiepiscopo vel Parisiensi episcopo vel dilecto filio R. Sancti Georgii abbati vel dilectis filiis N. decano et canonicis Aurelianensis ecclesie in perpetuum. Et hoc erit pro salutatione. Post hoc debet fieri et apponi sententia generalis hoc modo: Ex injuncto nobis apostolatus officio preces humilium audire cogimur et eorum justis petitionibus assensum prebere. Deinde sub persona domini pape tota procedat sequens oratio, que quandoque confirmat habita, quandoque non habita, sed habenda. Ea tamen solum modo confirmabit, que licite sunt habita vel debent haberi. Post confirmationem anathema terribile subsequitur hoc modo: Quecumque igitur ecclesiastica secularisve persona presentem paginam infirmare presumpserit, in extremo die districti examinis[75] cum in-

Summa über die Abfassung von Privilegien
Wenn wir die Privilegien behandeln wollen, müssen wir an erster Stelle sagen, was ein Privileg ist und von woher es Privileg genannt wird. Ein Privileg ist also eine Bestimmung seitens des Papstes oder des Kaisers, durch deren Autorität die Rechte fest und uneingeschränkt eingehalten werden. Als Privileg wird ein privates Gesetz bezeichnet, also ein spezielles, eigenes, das denjenigen, dem es gegeben wird, durch die Autorität dessen schützt, der es vergibt; oder das Wort Privileg kommt auch vom Ausdruck privatio legum [›Befreiung von Gesetzen‹], weil es denjenigen, dem es vergeben wird, so beschützt, dass er von keinem Gesetz oder Edikt belästigt werden kann.[76]

So muss ein Privileg gehalten sein. In der ersten Zeile ist in langen, gestreckten Buchstaben folgendes enthalten: Urbanus, Bischof, Diener der Diener Gottes, an den ehrwürdigen Bruder G., Bischof von Sens, oder an den Bischof von Paris oder an den geliebten Bruder R., Abt von Sankt Georg, oder an die geliebten Brüder, den Dekan N. und die Kanoniker der Kirche von Orléans, in Ewigkeit. Und das dient als Gruß. Darauf muss eingesetzt und hinzugesetzt werden ein allgemeiner Satz in folgender Weise: Aufgrund des uns übertragenen apostolischen Amtes sind wir gehalten, die Gebete der Demütigen zu erhören und ihren gerechten Verlangen Zustimmung zu gewähren. Darauf muss die gesamte folgende Rede wie in der Person des Herrn Papstes fortfahren und bestätigen, was und wann es verfügt wird, und wenn es nicht verfügt wird,

---

[74] Zur Konstruktion *sic ... quod* s. Anm. S. 175.

[75] *In extremo die districti examinis* bedeutet wörtlich: »am letzten Tag der strengen Prüfung«; der Ausdruck bezeichnet das ›Jüngste Gericht‹.

[76] Entsprechend der Etymologie, die Isidor von Sevilla zum Wort *privilegium* gibt (*Etym.* 5, 18), führt der Verfasser es auf *privata lex*, ›Privatrecht‹, zurück, doch ebenso auf *privare a lege*, ›dem Recht entziehen‹.

iquis recipiat portionem. Post in dextera parte privilegialis cartule fiunt duo circuli, quorum unus includit alterum, et inter duos circulos fiat crux parva in superiore parte et post crucem scribatur unus versus de psalterio ut dominus illuminatio mea vel alius aliquis, quem dominus papa elegerit. In medio circuli fiat crux longa attingens ad circumferentiam circuli; supra brachium unum scribatur nomen domini pape et inferius quotus sit papa in illo nomine. In sinistra parte sit quedam figura continens »benevalete«. Inter rotam dexteram et figuram sinistram scribantur nomina cardinalium et subscriptores eorum hoc modo. Post hoc dominus papa non suum subscribet, sed signum suum in fine subscribetur. Data per manum abbatis sacrosancte ecclesie Romane presbiteri cardinalis et cancellarii.

Die jüngere Hildesheimer Briefsammlung, hgg von Rolf de Kegel, München 1995, S. 53-55 (Text von Bernard de Meung, französischer Kanoniker des 12. Jhs.)

dass es noch zu verfügen ist. Dennoch wird er nur das bestätigen, was erlaubterweise verfügt wird oder verfügt werden muss. Nach der Bestätigung folgt eine schreckliche Verfluchung in dieser Weise: Welche kirchliche oder weltliche Person mithin immer wagt, das vorliegende Dokument zu verletzen, soll am Letzten Tag des Gerichts mit den Ungerechten seinen Teil erhalten. Darauf werden auf der rechten Seite des Privilegiendokuments zwei Kreise angebracht, von denen der eine den anderen einschließt, und zwischen beiden Kreisen wird am oberen Teil ein kleines Kreuz gezeichnet, und hinter das Kreuz muss ein Vers aus dem Psalter wie »*Herr, meine Erleuchtung*« geschrieben werden oder ein anderer, den der Herr Papst aussucht. In der Mitte des Kreises soll ein langes Kreuz angebracht werden, das den Durchmesser des Kreises berührt; über einen Arm soll der Name des Herrn Papstes geschrieben stehen und darunter, der wievielte Papst mit diesem Namen er ist. Auf der linken Seite soll eine Zeichnung mit dem *Benevalete* stehen. Zwischen das rechte Rad und die Zeichnung links sollen auf diese Weise die Namen der Kardinäle und der Unterschreibenden stehen. Danach soll der Herr Papst nicht seinen Namen darunter schreiben, sondern am Ende soll sein *signum* (Zeichen) darunter gesetzt werden. Erlassen durch die Hand des Abts, Priesterkardinals und Kanzlers der hochheiligen römischen Kirche.

3 Hagiografische Texte

Die hagiografische oder Heiligenliteratur[77] steht mit der historiografischen und biografischen Literatur in ganz verschiedener Verbindung. Manche Heiligenviten, Wundergeschichten (›Miracula‹) oder bestimmte Translationsberichte (›Translationes‹, Überführung von Reliquien) geben uns authentische, für den Historiker direkt verwertbare Auskünfte über die Lebensumstände eines bestimmten Heiligen. Andere sind fast gänzlich ausgedacht und von Legenden abhängig. In allen Fällen ist eine Heiligenvita eine ›spirituelle Biografie‹, die stark dem Vorbild par excellence, dem Leben Christi, verpflichtet ist. Daher ist der stark toposhafte Charakter dieser Texte nicht erstaunlich, was bedeutet, dass sie sich alle um obligatorische Textelemente oder Gemeinplätze herum artikulieren, die fachsprachlich eben ›Topoi‹ (d. h. ›Plätze‹) genannt werden. Als Beispiel bieten wir hier zwei bevorzugte Elemente aus der Topik der Vitae, nämlich einen Prolog und eine ›annuntiatio‹.

3.1 Vitae

3.1.1 Prolog der Vita des heiligen Leodegar von Autun,[78] von Abt Ursinus

Die hagiografischen Prologe gehorchen einer rhetorischen Tradition, die ein Erbe der antiken captatio benevolentiae ist; vom 7. bis zum 12. Jahrhundert bleibt diese nahezu unveränderlich. Der Historiker muss sich daher hüten, einem Hagiografen auf das Wort zu glauben, der seine Unfähigkeit im Allgemeinen und seine mangelnde Kenntnis des Lateinischen insbesondere behauptet, der versichert, er habe nur geschrieben, weil sein Auftraggeber ihn darum gebeten habe, und der sein Werk als Meer der Prüfungen präsentiert; tatsächlich sind die Prologe selten, welche diese Art von Beteuerungen nicht enthalten und auf das zurückgehen, was man als ›Bescheidenheitstopos‹ bezeichnet.

Domino meo sanctoque pontifici Ansoaldi praesuli Pictaviensi Ursinus peccator.

Jussioni obtemperans vestrae parui, beatissime papa, insistente maxima ex parte Audulfo patre monasterii beati Maxentii, ut de vita vel passione beati Leodegarii pauca de multis ejusdem bonis scribendo narrarem. Quod opus tuis imperiis obsequendo edicere cupiebam, sed simplicitas cordis mei et iners facundia non valet explicare tanti viri laudes virtutum. Cujus patientia modernis temporibus exorta

Meinem Herrn und heiligen Bischof Ansoald, Prälat von Poitiers, Ursinus der Sünder.

In Gehorsam gegenüber Eurem Geheiß habe ich gehorcht, heiligster Vater, besonders aufgrund des Beharrens seitens Audulfs, des Vaters des Klosters des heiligen Maxentius, dass ich schriftlich über Leben und Passion des heiligen Leodegar erzähle, ein wenig nur über seine vielen guten Taten. Dieses Werk wünschte ich aufgrund des Gehorsams gegenüber deinen Befehlen herauszugeben, doch die Schlichtheit meines Herzens und die Un-

---

[77] Vgl. zu den besonderen Problemen dieses Literaturtyps J. Dubois, J.-L. Lemaître, *Sources et méthodes de l'hagiographie médiévale*, Paris 1993. Als Einführung: Dieter von der Nahmer, *Die lateinische Heiligenvita. Eine Einführung in die lateinische Hagiographie*, Darmstadt 1994.

[78] Der heilige Leodegar (Saint Léger) ist ein burgundischer Aristokrat, Abt von Saint-Maixent und dann Bischof von Autun, dessen Ambitionen sich gegen diejenigen des Majordomus (Hausmeier) von Ebroin richteten, der ihn fürchterlich foltern und 678 oder 679 enthaupten ließ.

quanta sustinuit retrorsus, quae nemo novit nisi ille solus cui protulit intrinsecus. Qui occultis latibulis privatis oculorum aciem, quid et quantum egisset bonum quis enarrare possit, ubi nec assistebat minister qui hoc cernere valeret [...]? Nam finis operis ostendit extrinsecus, quanta intus latendo fuisset operatus. Tamen in quo agnita ejus mihi vita fuit et multorum relatione comperi, quanquam rustico sermone, vobis imperantibus, edicere non distuli. Si quid quibusdam longis verbis propagare studui, ad disserendam veritatis lineam hunc tramitem posui; sin vero de ejus virtutibus aliquid praetermisi, nec studiose gessi, quin vero ignorantia intermittendo praeterii [...].

fähigkeit meines Redevermögens ist nicht fähig, das Lob der Tugenden eines solchen Mannes darzulegen. Dessen Geduld, die sich in jetzigen Zeiten zeigte, wie viel hat sie zuvor erlitten, was niemand weiß außer Er selbst, dem er sie innerlich vorgetragen hat. Wer könnte den Glanz seiner Augen in abgesonderten, verborgenen Verstecken erzählen, was und wie viel Gutes er getan hat, wo kein Diener half, der dieses sehen konnte? [...] Denn das Ergebnis seines Werks zeigt nach außen hin, was er inwendig im Verborgenen getan hat. Doch über das, worin mir sein Leben bekannt wurde und worüber ich durch das Zeugnis von vielen erfuhr, habe ich, wenngleich in unbeholfener Sprache, nicht gezögert, nach Eurem Befehl zu berichten. Wenn ich mich bemüht habe, etwas mit einigen zu langen Worten darzulegen, habe ich zur Verbreitung des Weges der Wahrheit diesen Pfad gezeichnet; wenn ich jedoch von seinen Tugenden etwas übergangen habe, habe ich das nicht absichtlich getan, habe es vielmehr aus Unwissenheit durch Auslassung übergangen [...].

3.1.2 Vita des heiligen Eligius[79]

Die Dimension des Topischen in der Heiligenliteratur tritt auch bei anderen privilegierten Elementen des Werkes auf, sei es in Kindheitsberichten (der Zeit, in welcher der Heilige allgemein eine besondere Frühreife manifestiert), sei es in den ›Tugendkatalogen‹ oder den Sterbeszenen. Gewissermaßen als Schnittpunkt der paganen Weissagungen – in welchen die Heroen der Antike wie Äneas oder Alexander der Große ihr außergewöhnliches Schicksal verkündeten – und des marianischen Modells enthält der Heiligenbericht oft eine Episode, in der die Mutter des Heiligen das Schicksal ihres Sohnes begreift.

Cum adhuc vir beatus matris esset alvo inditus, vidit genitrix ejus visionem, quae hujusmodi habet ordinem. Videbat quasi aquilam valde pulchram supra suo volitantem strato, ac se tertio inclamantem

Als der heilige Mann noch im Schoße seiner Mutter war, hatte seine Gebärerin eine Vision, die sich auf folgende Weise vollzog. Sie sah eine Art sehr schönen Adler über ihrem Bett herfliegen, der sie dabei dreimal anrief

---

[79] Am Ende des 6. Jahrhunderts in einem Ort nördlich von Limoges geboren, wurde Eligius Bischof von Noyon und Verkünder des Evangeliums in Nordgallien. Hier wird Kapitel 2 seiner ersten *Vita* wiedergegeben, die in der Folge bearbeitet und seinem Freund, dem heiligen Ouen, zugeschrieben wurde.

sibique quid nescio pollicentem. Cumque ex reciproqua voce evigilasset, perterrita nimis coepit mirari quaenam esset haec visio. Interea venit tempus pariendi et prae magnitudine doloris coepit mater periclitari. Vocaverunt autem quemdam religiosum presbyterum boni testimonii virum, ut pro eadem orare deberet. Qui cum venisset ad eam, quasi prophetico mox usurpans verbo, ait ad illam: »Noli, inquiens, mater, timere, quoniam benedictum partum tibi Dominus dignatus est largiri[80]; erit enim vir sanctus ac de gente sua electus, vocabiturque magnus in Ecclesia Christi sacerdos.

und ihr ich weiß nicht was versprach. Als sie durch den wiederholten Ruf aufwachte, vollends erschrocken, begann sie sich zu wundern, was denn das für eine Vision war. Unterdessen kam die Zeit des Gebärens, und angesichts der Größe des Schmerzes begann die Mutter, ohnmächtig zu werden. Sie riefen aber einen frommen Mann, einen Priester von gutem Ruf, dass er für sie beten solle. Als der zu ihr kam, sagte er unter Gebrauch eines gleichsam prophetischen Wortes zu ihr: »Fürchte dich nicht«, sagte er, »Mutter, denn der Herr hat sich entschieden, dir eine gesegnete Niederkunft zu schenken; denn es wird sein ein heiliger Mann und erwählt[81] aus seinem Volk, und er wird in der Kirche Christi ein großer Priester heißen.«

3.1.3 Parodie einer Heiligenvita

Geschichte des heiligen Niemand (Nemo)

Der Missbrauch von Gemeinplätzen in den Heiligenviten blieb den kritischen Geistern des Mittelalters selbst nicht verborgen. Genau das geschah in Byzanz: Einer von ihnen hatte die Idee, sich darüber lustig zu machen und erfand einen Heiligen namens Niemand. Dieses Pasticcio wurde in mehreren Manuskripten des 13. bis 15. Jahrhunderts in verschiedenen Formen überliefert.[82] Hier folgt eine der Versionen vom Beginn der Legende dieses erfundenen Heiligen (um deren Witz zu genießen, lesen Sie den Kontext der Bibelzitate nach, um den Grad der ›Verdrehung‹ zu beurteilen).

[80] Hier ist eine Paraphrase der Worte des Erzengels Gabriel an Maria im Augenblick der Verkündigung zu erkennen (*Luk, 1, 30*): »*Ne timeas, Maria, invenisti enim gratiam apud Deum; ecce concipies in utero et paries filium et vocabis nomen ejus Jesum. Hic erit magnus et Filius Altissimi vocabitur…*« (»Fürchte dich nicht, Maria, denn du hast Gnade beim Herrn gefunden; siehe, du wirst im Schoß empfangen und gebären einen Sohn und ihn beim Namen Jesus nennen. Der wird groß sein, und man wird ihn nennen Sohn des Höchsten.«)

[81] Es gibt eine symbolische Deutung des Namens *Eligius*, hergeleitet vom Verbum *eligere* ›wählen, erwählen‹. Dieses Spiel mit Etymologien findet sich in zahlreichen hagiografischen Texten, wenn sich der Name des Heiligen dazu anbietet. Das ist zum Beispiel der Fall beim heiligen Mansuetus (der ›Sanftmütige‹), Amatus (›Geliebter‹), Sanctinus (zu *sanctus* ›heilig‹) usw. Das Ende des Prologs verkündete folgende Anspielung: »*divina gratia praesciente, congruum sibi ac veluti speculum mentis suae Eligius nomen accepit*« – »dank dem Vorwissen der göttlichen Gnade bekam Eligius einen Namen, der zu ihm passte und der gleichsam ein Spiegel seines Herzens war«.

[82] Siehe die *Bibliotheca hagiographica latina, novum supplementum*, Bruxelles, 1986, n° 6050 v-w-x-z, S. 654–655; W. Wattenbach, *Historia Neminis*, in: *Anzeiger für Kunde der deutschen Vorzeit*, NF 11 (1866), Kap. 361–367; H. Denifle, »Ursprung der Historia des Nemo«, in: *Archiv für Literatur- und Kirchengeschichte des Mittelalters*, 4 (1888), S. 330–348.

Vir erat in oriente nomine Nemo,[83] et erat vir ille ut alter Job inter omnes orientales; magnus namque erat sanctus iste Nemo in genere et prosapia, magnus in potencia, magnus in sciencia, magnus in clemencia et in compassione, magnus in honore et reverentia et magnus in audacia, et hec omnia per sacram scripturam aprobando, primo et principaliter dico: iste Nemo fuit magnus in genere et prosapia et similis Deo, qui fuit nec creatus nec genitus sed formatus, secundum quod habemus prophetiam dicentem: Dies formabuntur et Nemo in eis. Fuit de genere militari, ut illud in Apokalipsi: Nemo militans Deo; ymmo fuit nobilis miles, qui propriis non alienis stipendiis militavit, unde illud apostoli: Nemo tenetur propriis stipendiis militari,[84] Eciam fuit de genere non qualicunque sed regali, Eccl. quinto: Nemo ex regibus sumpsit exordium. Eciam fuit de cognatione virginis gloriose, eo quod fuit de stirpe regia et de cogantione Elyzabeth, Luce primo;[85] Nemo est in cognatione tua. Nec solum fuit de stirpe regia, sed cum ipso Deo eternaliter semper legitur regnaturus, Eccl. undecimo: Nemo semper regnaturus.[86]

Es gab einen Mann im Orient mit Namen Niemand, und dieser Mann war unter allen Orientalen ein zweiter Hiob; denn groß war dieser heilige Niemand an Geschlecht und Herkunft, groß an Wissen und groß an Güte und Mitgefühl, groß an Ehre und empfangener Ehrerbietung und groß an Kühnheit; und indem mir für all das die heilige Schrift als Beweis dient, sage ich zuerst und hauptsächlich: Dieser Niemand war groß an Geschlecht und Herkunft und Gott ähnlich, der nicht geschaffen wurde und nicht geboren, sondern Gestalt gewann gemäß dem, was wir als Prophezeiung haben, die da sagt: Die Tage werden Gestalt haben und Niemand in ihnen.[87] Er war aus einem Soldatengeschlecht, wie jenes Wort in der Apokalypse sagt: Niemand war Soldat Gottes.[88] Ja sogar, er war ein edler Ritter, der auf eigene, nicht auf fremde Rechnung diente, daher das Wort des Apostels: Niemand ist gehalten, auf eigene Kosten ins Feld zu ziehen.[89] Und außerdem war er nicht aus irgendeiner Familie, sondern aus königlicher, Eccl. 5: Niemand hat Könige als Vorfahren. Außerdem entstammt er der Familie der ruhmreichen Jungfrau, denn er stammte aus königlichem Geschlecht und aus der Familie Elisabeths: Niemand ist aus deiner Familie.[90] Und nicht nur war er von königlichem Stamm, sondern man liest, er werde auf immer mit Gott selbst herrschen, Eccl. 11: Niemand wird auf immer herrschen.[91]

---

[83] Es scheint ein reizvoller Gedanke, diese Parodie, zumal sie aus Byzanz stammt, mit der Selbstpersiflage des Odysseus in der *Odyssee* in Verbindung zu bringen: Dort führt er den Riesen Polyphem hinters Licht, indem er sich diesem mit seinem Spitznamen ›Outis‹ ≈ ›Niemand‹ vorstellt (Anm. *hs*).

[84] Vgl. I. *Kor.* 9,7: *Quis militat suis stipendiis unquam?*

[85] *Luk*, 1, 61.

[86] Obwohl das Thema des *Predigers (Ecclesiastes)* das der ›Eitelkeit‹ (›Nichtigkeit‹) der irdischen Güter ist (*vanitas vanitatum*), kommen diese beiden Zitate in der Bibelkonkordanz von F. P. Dutripon (1873) nicht vor.

[87] *Ps.* 138 (139), 16.

[88] In Wirklichkeit handelt es sich um ein Zitat aus *2. Tim.* 2,4: »*nemo militans Deo implicat se negotiis secularibus*« (»Kein Streiter für Gott mischt sich in die weltlichen Angelegenheiten ein«).

Anmerkungen 89–91: siehe folgende Seite.

3.2 Miracula

Die Berichte über Wunder, Mirakel, anfänglich in den Vitae *enthalten, wurden schließlich zu davon getrennten Sammlungen, deren historischer und literarischer Wert sehr unterschiedlich ist. Manche Berichte sind nur eine nichtssagende Aufeinanderfolge ausgemachter Wunder, die zumeist in Heilungen (von Blinden, Stummen, Gichtbrüchigen, Krüppeln, Besessenen usw.) oder in Wundern bestehen, welche den Naturgesetzen trotzen (beispielsweise sprechende oder ›intelligente‹ Tiere). Hier folgen zwei Beispiele.*

3.2.1 Ein Wunder des heiligen Markus

Die Mönche des Klosters Reichenau hatten Reliquien des heiligen Markus empfangen. Um deren Echtheit zu bestätigen und Pilger anzuziehen, verfassten sie den folgenden Text:

Eadem hebdomada venit quidam clericus, qui erat ex utero matris caecus, non solum caecus sed et omnium membrorum officio destitutus, cujus genua pectori jungebantur manusque ad dorsum retorquebantur, nec poterat ullum retinere gressum. Hic cum per diversa veheretur sanctorum loca, visitavit sanctum Jacobum in Galicia apostolum. Ibi meruit primum lumen oculorum. Postea pertransiens Judaeam, venit Hierosolimam ac ad sepulchrum domini pedes restituti sunt ei. Antea in quadam ecclesia quae est in Ungarorum gente constructa, unum manum recepit, quam curvam illuc attulit. Dum pene omnes regiones circuiret ultra mare, novissime coepit in istas regiones remeare. Qui ut ad nostrum monasterium venit, sanctum Marcum ibi requiescere negavit, quia dixit in Alexandria se manere ejusque basilicam ibi videre. Quid plura? Dum quadam hora ad sepulchrum beati Marci voluisset orare, testatus est sanctum martyrem illi alapam dare. Tunc coepit estuare atque ab omnibus membris visus est sudor emanare. Quando vero ab oratione surrexit, alte-

In derselben Woche kam ein Geistlicher, der aus dem Mutterschoß blind geboren war, nicht nur blind, sondern auch ohne Funktion aller Glieder, dessen Knie mit der Brust verbunden und dessen Hände zum Rücken hin verwunden waren. Er konnte keinen einzigen Schritt tun. Als dieser durch verschiedene heilige Orte fuhr, besuchte er den heiligen Jacobus, den Apostel, in Galizien. Dort fand er zuerst das Augenlicht wieder. Darauf durchquerte er Judäa, kam nach Jerusalem, und am Grab des Herrn wurden ihm seine Beine wiedergegeben. Zuvor hatte er in einer Kirche, die beim Volk der Ungarn errichtet war, eine Hand wiedererhalten, die er, als er dorthin kam, gekrümmt mitbrachte. Darauf durchreiste er fast alle Gegenden jenseits des Meeres und begann schließlich, in die hiesigen Gegenden zurückzuwandern. Als er zu unserem Kloster kam, behauptete er, nicht Sankt Markus liege dort begraben, denn er sagte, er habe sich in Alexandria aufgehalten und dort dessen Kirche gesehen. Und was dann? Als er zu bestimmter Stunde am Grabe des heiligen Markus beten wollte, bezeugte er, Sankt Markus habe ihm dort eine Backpfeife gegeben.

Anmerkungen zur vorherigen Seite:

[89] Vgl. I. *Kor.* 9,7: *Quis militat stipendiis unquam?*

[90] *Luk* 1, 61.

[91] Diese Formulierung ist kein Zitat, sondern gibt den Tenor von *Eccl.* 11 wieder.

ram manum quam incurvam huc attulit, protinus extendit. Statimque praedicavit voce aperta sancti Marci evangelistae sibi affuisse merita.

Der Evangelist Markus auf der Reichenau, Tübingen (Thorbecke) 1994, S. 54

Darauf begann er zu glühen, und man sah, dass Schweiß von allen seinen Gliedern rann. Als er aber von seinem Gebet aufstand, hielt er seine andere Hand, die er gekrümmt nach hinten getragen hatte, nach vorn. Und sofort predigte er mit lauter Stimme, dank dem heiligen Markus sei ihm geholfen worden.

3.2.2 Zwei Wunder des heiligen Machutus (hl. Malo)

Machutus (Malo, auch Maclou), aus Wales stammend, ist einer der zahlreichen bretonischen Heiligen, welche Geschichte und Legenden der Bretagne bereichert haben. Er wurde Bischof von Aleth (später Saint-Malo), galt als Verwandter der Heiligen Magloire und Samson und starb gegen 625.

De expulsione demonum. Erant ibi homines demonia habentes, et clamaverunt dicentes: »Sancte Machlouue, nobis miserere et noli nos torqueri«. Ipse sanctus ea increpans ut tacerent, homines sanavit, demonia fugavit, ecclesiam intravit, benedictionemque episcopalem recepit.

De asina ejus sine duce ambulante. In qua insula dum habitabat multas ditiones Deo per servos suos donante recepit et communi jure cum servo suo Riuan nomine vivebat, et ad mensam simul sedebant, et mutuo, licet servus renuebat, calciamenta eius sanctus Machu detrahebat. Unam asinam habebant, et quocumque mittebatur sine duce exiebat, maximeque ad villam Laioc, quam nunc mari deglutiente derelictam esse videmus, ad portanda necessaria, et ad villam illam que vocatur villa Guoroc, et quodcumque sibi imponebatur, non sine Dei nutu, cane pusillo eam comitante, ad locum sancti viri adportabat.

Vie de saint Malo, évêque d'Alet, par le diacre Bili (Ende 9. Jh.), Kap. XLI und XLIV, hgg. von G. Le Duc, Cahiers du Ce.RA.A, n° B., 1979

Die Austreibung der Dämonen. Es gab dort Menschen, die von Dämonen besessen waren, und sie schrien und sagten: »Heiliger Machutus,[92] erbarme dich unser und martere uns nicht!« Darauf fuhr der Heilige sie an, sie sollten schweigen, heilte die Menschen, vertrieb die Dämonen, betrat die Kirche und empfing den bischöflichen Segen.

Die Eselin, die ohne Führer einherging. Als er auf einer Insel wohnte, empfing er viele Schenkungen, die Gott ihm durch seine Diener gab, und lebte dort in Gleichheit mit seinem Diener namens Rivan. Sie saßen zusammen bei Tisch, und obwohl der Diener es ablehnte, zog ihm der heilige Machu in Wechselseitigkeit die Sandalen aus. Sie hatten eine Eselin, und wohin sie auch geschickt wurde, sie ging ohne Führer los, besonders in die Stadt Laoic (da das Meer sie verschlungen hat, sehen wir sie jetzt verlassen), um das Nötige dorthin zu bringen, und ebenso in jene Stadt, die Guoroc heißt, und was immer ihr aufgeladen wurde, nicht ohne Gottes Zustimmung, brachte sie in Begleitung eines kleinen Hundes zum Wohnort des heiligen Mannes.

---

[92] Der Name des heiligen Machutus weist verschiedene lateinische Formen auf: Maclovius, Macouvius, Maclu (-tis)

3.2.3 Ein Mirakel des heiligen Gorgon

Die Miracula des heiligen Gorgon, Patron des lothringischen Klosters Gorze (bei Metz), wurden in der zweiten Hälfte des 10. Jahrhunderts von einem anonymen Mönch oder Priester mit der Absicht verfasst, der Legende des heiligen Schutzherrn Nahrung zu geben und den Wohlstand des Klosters zu erhalten. Mehrere der berichteten Wunder bilden ebenso Beiträge zur Geschichte der Einrichtung sowie zum Klosterleben generell. In der unten wiedergegebenen Episode sieht man deutlich, wie die Wunder des Heiligen im Rahmen einer Klosterpolitik und der Geltendmachung von Ansprüchen auf Ländereien benutzt wurden.

Sub eisdem ferme temporibus, erat quidam ueteranus miles senioris nostri domni Adelberonis, infestus ualde monachice religioni nostrae, eo quod plurimum teneret terrae de abbatia nostra. Accidit ergo ut appropiquante uitae eius termino, migraret ex hoc mundo. Casu autem accidente, quin potius, ut credimus, Deo uolente, erat tunc penes nos idem senior noster. Erat uero uespera, cum ei mors militis fuerat nuntiata parataque eius coena. Quem ilico quidam seniorum nostrorum adiit, proque quadam nostra optima uilla eum interpellauit, quam inter alia plurima isdem miles tenuit. Sed ille mirifice iratus mireque prae ira, ut sibi moris erat, in nigredinem uersus – sicut enim plerique ab ira rubent, ita plerique nigrescunt –, non solum nullum dedit petenti responsum, uerum omnibus senioribus petentibus, ut postposita ira dignaretur aliquid gustare, ita contra omnes poscentes obduruit ut nullum prorsus audire uellet, sed incoenatus fredens ira dormitum iret. Contristatis igitur omnibus nostris de tristitia eius, mallent enim dispendium habere maximum, quam suum contristatum uidere spiritum, timentes ne forte ob hoc odio haberet locum, quem ante dilexerat multum. Sed sanctus Gorgonius solita sibi pietate nos absque meritis nostris consolatus est. Nam senior noster lecto decubans, tota nocte neutrum facere poterat, nec uigilare bene,

In etwa derselben Zeit gab es einen altgedienten Ritter unseres Monseigneur Adalbero,[93] unserem Mönchsorden dadurch sehr verhasst, dass er den größten Teil des Landes unserer Abtei besaß. Es geschah also, dass er beim nahenden Ende seines Lebens aus dieser Welt schied. Durch Zufall geschah es, oder vielmehr, wie wir glauben: weil Gott es wollte, dass damals unser Herr (Bischof) selbst bei uns war. Es war aber Abend, als ihm der Tod des Ritters gemeldet wurde und sein Essen schon bereitet war. Auf der Stelle begab sich einer unserer Ältesten zu ihm und wandte sich an ihn wegen einer unserer besten ›Villen‹, die unter vielem Weiteren dieser Ritter besaß. Der Bischof indes geriet auf außerordentliche Weise in Zorn und wurde in höchstem Zorn, wie es seine Art war, ganz schwarz – so werden nämlich die einen vor Zorn rot, die anderen schwarz – und gab nicht nur dem Fragenden keine Antwort, sondern allen Ältesten, die ihn ersuchten, er möge geruhen, seinen Zorn abzulegen und etwas zu essen. So sehr verhärtete er sich gegenüber allen, die auf ihn einzuwirken suchten, dass er nichts weiter hören wollte, sondern ohne zu speisen, vor Zorn mit den Zähnen knirschend, schlafen ging. Da waren nun alle von uns ob seiner schlechten Laune betrübt und wollten lieber den größten Schaden leiden als seine griesgrämige Stimmung sehen, aus Furcht, er könne das Kloster deswegen nur noch hassen, das er zuvor so sehr geliebt hatte. Doch der heilige

---

[93] Adalbero I. von Bar, Bischof von Metz (929–962), entstammte einer sehr großen Familie und stellte die Abtei von Gorze und andere Abteien in der Gegend von Metz wieder her.

nec dormire. Torquebatur, anxiebatur fantasmaticis uisionibus in lecto inquietabatur, huc et illuc uertebatur, repausationis nulla quies dabatur. Tandem in se reuersus surrexit a lecto, adsumptoque baculo suo, perrexit in monasterium reddens uillam per eundem baculum sancto Gorgonio, et procidens in terram ueniam postulabat a sancto, ut sibi ignosceret quod petentibus restitisset tam obstinato animo. Dimisso ergo baculo ad caput sancti Gorgonii, ad stratum proprium rediit. Deinde reliquum noctis in summa quiete dormiendo peregit, nulla penitus re inquietante. Facto itaque mane, accito seniore qui prius se interpellauerat de prefata uilla una cum abbate, iussit sibi deferri baculum, quem ad caput sancti Gorgonii reliquerat. Qui cum delatus fuisset, accipiens illum abbati monasterii dedit, et dixit: »Ecce, habetote uillam pro qua sero petieras, gratiasque rependite sancto martyri non mihi, quoniam hoc non sponte mea, sed ipsius impulsu cogente hoc ago. Itaque praefatus senior, qui plurimis uerborum contumeliis se arbitrabatur impeti talem dumtaxat contumeliam audiuit. In tantum denique nostrum dilexit locum, ut cum omnis ciuitas pene ipsorum fratrum causa ei esset infesta, pro nobis ipsum tamen meritis patroni nostri suffragantibus a proposito caritatis amore numquam soluerit, sed insuper omnibus invincibilem praebuit, cui, ut petimus die ac nocte, tribuar Dominus summae gaudia vitae. Amen.

Miracula sancti Gorgonii, MGH, SS, Bd. IV, Kap. 15.

Gorgonius in seiner gewohnten Güte tröstete uns ganz unverdient. Denn unser Bischof, der im Bett lag, konnte die ganze Nacht über nichts tun, weder gut wachen noch schlafen. Er quälte sich, ängstigte sich in trügerischen Visionen, lag voller Unruhe im Bett, wälzte sich hin und her, keine Ruhe einer Pause war ihm gegeben. Schließlich fand er zu sich zurück, erhob sich vom Bett, nahm seinen Stab, begab sich zum Kloster und gab dort die ›Villa‹ mit seinem Stock an Sankt Gorgonius zurück. Er warf sich zur Erde und bat den Heiligen um Gnade, dass er ihm verzeihe, weil er sich den Bittenden so hartnäckig widersetzt habe. Also ließ er seinen Stab beim Haupte des heiligen Gorgonius und kehrte zu seinem Lager zurück. Dann setzte er den Rest der Nacht über seinen Schlaf in größter Ruhe fort, nichts beunruhigte ihn mehr im Innern. Als es so Morgen wurde, ließ er zusammen mit dem Abt den Ältesten holen, der sich zuvor wegen der vorgenannten ›Villa‹ an ihn gewandt hatte, und befahl, das ihm sein Stab gebracht werde, den er beim Haupt des heiligen Gorgonius gelassen hatte. Als ihm der gebracht worden war, nahm er ihn und gab ihn dem Abt des Klosters und sagte: »Siehe da, nehmt diese ›Villa‹, um die du am Abend gebeten hast, und entrichtet dem heiligen Märtyrer Dank, nicht mir, da ich dies nicht aus eigenem Entschluss, sondern durch seinen Anstoß tue.« Diese Klage also hörte der Älteste, der glaubte, mit weiteren wortreichen Beschwerden angegangen zu werden. So sehr liebte schließlich der Bischof unsere Stätte, obwohl fast die gesamte Stadt wegen der Brüder selbst auf ihn böse war, dass er infolge der Fürsprache unseres Patrons für uns nicht nur niemals von der Liebe der Barmherzigkeit zu uns losließ, sondern allen eine unbesiegbare Liebe entgegenbrachte; möge der Herr ihm, wie wir Tag und Nacht bitten, das Glück des höchsten Lebens zuteil werden lassen. Amen.

4 Texte aus dem liturgischen Bereich

Die Liturgie ist ein Bereich, der uns eine beträchtliche Zahl lateinischer Texte hinterlassen hat. Man muss jedoch zwischen den eigentlichen liturgischen Büchern mit Gebeten, Lehrtexten, Moralpredigten, Segenswünschen usw. und solchen unterscheiden, die nur Hilfsmittel oder Zeugnisse dafür bilden. Das ist der Fall bei den drei hier wiedergegebenen Beispielen.

4.1 Ein Martyrologium

Während des Gottesdienstes gab es einen Platz zum Angedenken an die Toten, an erster Stelle derjenigen, die unter die Märtyrer eingereiht waren. Ihre Namen, die Erinnerung an Umstände und Ort ihres Todes wurden für jeden Tag in den Martyrologia gesammelt, deren erstes dem Hl. Hieronymus zugeschrieben wird (man spricht vom ›Martyrologium Hieronymianum‹). Ab dem 7. Jahrhundert wurden nacheinander mehrere ›historische‹ Martyrologien verfasst, d. h. diese riefen schnell die Geschichte des Heiligen ins Gedächtnis;[94] die bekanntesten von ihnen sind Beda, Ado von Vienne, Florus und Usuard. Der Tagestext wurde oft im Kapitel gelesen, gleichzeitig mit einem Artikel aus der Benediktiner-Regel sowie den Namen der Verstorbenen des Hauses und der Wohltäter. Auch das ›Buch des Kapitels‹ schloss normalerweise drei Quellen zusammen: das Martyrologium, das Nekrologium und die ›Regel‹ des hl. Benedikt für die Mönche oder die des hl. Augustinus für die regulären Kanoniker.

Martyrologium Usuards.[95] 1. Januar

Circumcisio Domini nostri Jesu Christi. Romae, natalis sancti Alamachii martyris, qui jubente Urbis praefecto, cum diceret: »hodie Octavae Dominici diei sunt, cessate a superstitionibus idolorum«, a gladiatoribus occisus est. Via Appia, coronae militum triginta, sub Diocletiano imperatore. Item Romae, sanctae Martinae virginis, quae sub Alexandro imperatore diversis tormentorum generibus cruciata, tandem

Beschneidung unseres Herrn Jesus Christus. In Rom, Geburtstag[96] des heiligen Märtyrers Almachius,[97] der auf Geheiß des Stadtpräfekten von Gladiatoren getötet wurde, als er sagte:»Heute ist die Oktav des Herrn, lasst ab vom Aberglauben an die Götzen.« Via Appia, Kronen[98] von dreißig Soldaten, [zum Märtyrer geworden] unter Kaiser Diokletian. Ebenfalls zu Rom, [Krone] der heiligen Jungfrau Martina, die unter Kaiser Alexander durch

---

[94] Siehe J. Dubois und J.-L. Lemaitre, *Sources et méthodes de l᾽hagiographie médiévale*, Paris 1993, S. 103–125.

[95] Usuard war im 9. Jahrhundert Mönch in Saint-Germain-des-Prés.

[96] Der *dies natalis* (›Geburtstag‹) ist der Gedenktag des Heiligen, das heißt sein Todestag, der als Tag der Geburt für das ewige Leben betrachtet wurde.

[97] Das vollständigste Heiligenlexikon ist die *Biblioteca sanctorum*, Rom 1961–1970, in 13 Bänden und einem Index, dazu ein 1987 erschienener Supplementband (alles in Italienisch); gleichfalls nützlich sind die *Histoire des saints et de la sainteté chrétienne*, Paris (Hachette) 1986, 11 Bände; *Dix mille saints, Dictionnaire hagiographique*, von den Benediktinern von Ramsgate, Turnhout (Brepols) 1991. Deutsch: *Lexikon der Heiligen und Heiligenverehrung*, Freiburg i. Br. 2003.

[98] Die Krone (*corona*) bezeichnet im übertragenen Sinn den Gedenktag des Martyriums eines Heiligen; der übliche Ausdruck ist *martyrio coronatus*, »durch das Martyrium bekränzt«, oder *martyrii palma coronatus*, »durch die Palme des Martyriums bekränzt«.

gladio martyrii palmam adepta est. Apud Spoletum, sancti Concordii presbyteri et martyris, temporibus Antonini imperatoris qui primo fustibus caesus, dehinc equuleo suspensus ac ferro post in carcere maceratus, ibique angelica visitatione consolatus, demum gladio vitam finivit. In Caesarea Cappadociae, depositio sancti Basilii episcopi, cujus celebritas XVIII Kalend. Julii potissimum recolitur. In Africa, beati Fulgentii, ecclesiae Ruspensis episcopi, qui ob catholicam fidem et eximiam doctrinam exilio relegatus, tandem ad propriam ecclesiam redire permissus, vita et verbo clarus, sancto fine quievit. In territorio Lugdunensi, sancti Eugendi abbatis, cujus vita virtutibus et miraculis plena refulsit. Alexandriae, sanctae Eufrosinae virginis.

verschiedene Arten von Foltern gemartert wurde, dann durch das Schwert die Palme des Martyriums empfing. Bei Spoleto [Krone] des heiligen Concordius, Priester und Märtyrer zu Zeiten des Kaisers Antonius, der zuerst durch Knüppel niedergehauen, darauf am Bock aufgehängt und dann mit dem Eisen im Kerker drangsaliert und dort durch Engelbesuch getröstet, zuletzt beendete er sein Leben durch das Schwert. In Caesarea in Kappadokien Beisetzung [Todestag] des heiligen Basilius, des Bischofs, dessen Fest an den 18. Kalenden des Juli ganz besonders gefeiert wird. In Afrika [Beisetzung] des heiligen Fulgentius, Bischof in der Kirche von Ruspe, der wegen seines katholischen Glaubens und seiner hervorragenden Lehre ins Exil geschickt wurde, darauf in seine Kirche zurückzukehren Erlaubnis erhielt, vorbildlich im Leben und in Worten, und in heiligem Ende Ruhe fand. Auf dem Gebiet von Lyon [Beisetzung] des heiligen Eugendus (Oyend), dessen Leben an Tugendhaftigkeit und Wundern voll und glanzreich war. In Alexandria [Beisetzung] der heiligen Jungfrau Eufrosine.

4.2   Ein Nekrologium

Ein Nekrologium ist ein Buch, in dem Tag für Tag die Namen der Verstorbenen und später diejenigen der Wohltäter aufgeschrieben wurden, welche die Lesung einer Messe zum Jahrestag ihrer Toten gestiftet haben. Der folgende Auszug wurde vom Frauenkloster Remiremont in Lothringen zur Verfügung gestellt.

IV. Nonas martii

O(biit) Johannes Lupi qui pro anniversario suo dedit XXV s. VI d(enarios) turonenses,[99] item XII d(enarios) canonico Sancti Romarici, item II solidos canonico celebranti missam hore tertie, item XII denarios canonico magne misse, item XII denarios cantatricibus,[100] item XII denarios tri-

4. März

Es starb Johannes Lupi (Jean Leloup), der für seinen Jahrestag 25 Solidi und 6 Turonenser Denare gab, außerdem 12 Denare an den Kanonikus von Saint-Romaric, dazu 2 Solidi an den Kanonikus, der das Terz-(9-Uhr-)Gebet spricht, dazu 12 Denare an den Kanonikus

---

[99]   Zwölf Denare sind ein Solidus; der *denarius turonensis* wird in Tours geschlagen.

[100]   *cantatrix* ist Femininum zu *cantator* ›Sänger‹.

bus sacristis et matriculario distribuendos per predictum canonicum Sancti Romarici MCCCXL.[101]

des Hochamtes, dazu 12 Denare für die Sängerinnen, dazu 12 Denare an die Sakristane und den Küster[104] auf dem Wege über den Kanonikus von Saint-Romaric, 1340.

O(biit) Guillerma de Haro[102] MCCCLXXXVI

Es starb Guillerma (Guillaume) aus Harol, 1386

O(biit) Dominicus Walterus curatus de Valledaio et Thomas frater ejus qui dederunt pro suo anniversario LX florenos[103]. MCCCCXXII.

Es starb Dominicus Walterus (Dominique Gautier), Pfarrer von Val d'Arjol, und sein Bruder, die für ihren Jahrestag 60 Gulden gaben. Jahr 1422.

BNF, nouv. acq. lat. 349, S. 63

4.3 Ein Ordinarium

Ein Ordinarium ist ein Buch, in dem die liturgischen Riten einer Kirche bis ins Detail beschrieben werden. Dieser Buchtypus ist selten; der folgende Auszug wurde wie derjenige aus dem vorhergehenden Necrologium vom Frauenkloster Remiremont in Lothringen zur Verfügung gestellt.

Sciendum est quod in supra dicta ecclesia octo sunt canonici qui tenentur ad missas celebrandas in duobus altaribus ipsius ecclesie videlicet in majori consecrato in honore beati Petri apostolorum principis et in minori sive matutinali consecrato in honore beate Marie virginis;[105] in illis duobus nullus, nisi illi octo, celebret. [...] sciendum est quod canonici debent administrare sanctimonialibus predicte ecclesie omnia sacramenta et in obitu ipsarum exequias omnimodo facere. Tene-

Man muss wissen, das in oben genannter Kirche acht Kanoniker sind, die gehalten sind, die Messen an zwei Altären derselben Kirche zu feiern, das heißt am größeren, geweiht zu Ehren des heiligen Petrus, des Apostelfürsten, und am kleineren oder Morgenaltar, geweiht zu Ehren der Jungfrau Maria; an diesen beiden Altären sollen nur die acht zelebrieren. [...] Man muss wissen, dass die Kanoniker den Nonnen der oben genannten Kirche alle Sakramente austeilen und bei ihrem Tod in jeder Weise ihre Exequien ausführen müssen.

---

[101] Johannes Lupus (Jean Leloup) stiftet zuerst für seinen Gedenktag, sein ›obit‹, und zahlt dafür die allgemeinen Gebühren und fügt spezielle zweckgebundene Summen hinzu; deren Begünstigte sind: der Kapitular des Klosters Remiremont, der die Aufgabe des Kaplans am Altar des heiligen Romaric zusichert, sodann die Kanoniker, die an diesem Tag mit der 9-Uhr-Messe und der Klostermesse beschäftigt sind, die religiösen Sänger, die Sakristane und der Küster.

[102] Haro und später Valledaio bezeichnen Ortschaften des Departements Vosges (Vogesen): Harl und Val d'Ajol.

[103] Ab dem 14. Jahrhundert ist der Gulden eine in vielen Ländern geschlagene Münze. In Lothringen kannte man auch die Gulden vom Rhein, die in den deutschen Städten längs des Rheins geschlagen wurden.

[104] Der Küster (*matricularius*) hat die Matrikel, das heißt das Register, in das die von der Gemeinde unterhaltenen Armen eingetragen sind.

[105] Es ist vollkommen üblich, dass eine Kirche mehrere Altäre aufweist. Diejenigen, die hier angesprochen werden, sind die wichtigsten, doch es existierte noch ein gutes Dutzend von Nebenaltären.

tur quilibet canonicus, quotquot sint, pro qualibet sanctimoniali defuncta vigilias[106] et unum psalterium in obitu, et sanctimoniales similiter pro ipsis canonicis tenentur ad psalteria et ad vigilias, prout moris est. Predicti vero octo debent incensare in choro sanctimonialium, prout consuetum est ab antiquo, (prout sint ebdomadarii[107]) nec aliquis preter ipsos hujusmodi officium debet exercere.

Mémorial de la doyenne, BNF, latin 10017, fol. 1 r°

Jeder Kanonikus, soviele sie sind, ist gehalten, für jede hingeschiedene Nonne bei ihrem Tode Vigilien und einen Psalter zu sprechen, und ihrerseits sind alle Nonnen gehalten, für die Kanoniker Psalter und Vigilien zu sprechen, so wie es Brauch ist. Die acht Kanoniker müssen im Chor der Nonnen Weihrauch spenden, wie es seit jeher Gewohnheit ist (gemäß der Reihenfolge als Hebdomadäre)[108] und niemand außer ihnen soll den Gottesdienst dieser Art ausüben.

5 Inventarien

Die Anlage von Inventaria in allen Formen existierte seit jeher. Aber in der Karolingerzeit hielt man in den Büchern den Grundbesitz der Abteien und die Namen der Bauern fest, bei ihnen handelt es sich um die sog. ›Urbare‹ (Sg. das ›Urbar‹; latinisiert ›Urbarium‹). Aus denselben Gründen veranlassten sie die Führung von Censuaria, deren Verwendung den gleichen Zweck hatte und die sich von den Inventarien kaum unterschieden.[109]

5.1 Ein Censuarium

Der Auszug des hier vorgestellten Censuariums stammt aus der ehemaligen Zisterzienserabtei Beaupré (bei Lunéville; aufgegeben) und betrifft das Gut von Doncourt.

In feodo de Doncort sunt quarteria[110] quinque et unum dimidium. Quarterium unum debet in Nativitate Domini denarium I et dimidium cartallum[111] avene; medio maio

Im Lehen von Doncart (Doncourt) gibt es fünfeinhalb Quarterien. Ein Quarterium schuldet bei der Geburt des Herrn einen Denar und ein halbes Quartal Hafer; Mitte Mai

---

[106] Das Wort *vigilia* bedeutet ›Vigil, Vigilie‹, ›Nachtwache‹. Es bezeichnet eine nächtliche Zusammenkunft zu Gebeten, besonders vor bestimmten Festen, und im weiteren Sinn diesen Tag selbst.

[107] Der *hebdomadarius* ist der Kanoniker, der für die Messen sorgt und während einer ganzen Woche (›hebdomas‹) die Sakramente gibt.

[108] Wörtlich: »insofern sie *hebdomadarii* sind«.

[109] Zu diesem Thema siehe Charles-Edmond Perrin, *Recherches sur la seigneurie lorraine d'après les plus anciens censiers*, Paris 1935.

[110] Ein *quarterium* ist das Viertel eines Mansus (≈ 32,683 ha). (Als ›Manse‹ wird ein einem Herrenhof zehntpflichtiger landwirtschaftlicher Betrieb unterschiedlicher Größe bezeichnet [Anm. hs]).

[111] Das ›Quartal‹ ist ein Raummaß.

IIIIor denarios; ad festum Sancti Martini IIIIor denarios et villico obolum. Tribus temporibus tres croadas[112]; duabus earum debentur IIIIor panes. Debet etiam sarclatores duos, furcatorem I, messores II, secatorem I[113], cui debetur victus ea die; quod si[114] secare non potest, dabit denarium I. Debet etiam duas ancenges[115], unam de autumno, unam de tramoys vel decem gerbas. Si autem operantur ipsas ancenges, dabunt medietatem fructus earum.

Ch.-Edmond Perrin, Recherches sur la seigneurie rurale en Lorraine, Paris 1935, S. 737

vier Denare; an St. Martin vier Denare und dem Vorsteher einen Obolus. Drei Male [sind geschuldet] drei Lehnsarbeiten; an zweien davon sind vier Brote geschuldet. Pflicht ist auch, zwei *sarclatores* zu stellen, einen *furcator*, zwei *messores*, einen *secator*, dem an diesem Tag Verpflegung geschuldet ist; falls der aber nicht schneiden kann, mus er einen Denar geben. [Das Quarterium] schuldet auch zwei *andecingae* zu bebauen, eine im Herbst, eine im Dreimonat [Frühling], oder zehn Garben zu geben. Wenn sie aber die *andecingae* besorgen, sollen sie die Hälfte des Ertrags von ihnen geben.

5.2   Der Kirchenschatz einer Kathedrale

Kathedralen und Klosterkirchen bewahrten sorgsam die Objekte, Gewänder, Bücher, Kleiderstoffe, die in der Gottesdienstliturgie benötigt wurden. Dafür legten diese Inventarien an wie im Fall von Langres (Champagne-Ardenne) gegen 1155.

Notum sit omnibus fidelibus quo, vigilia sancti Sebastiani, episcopus Godefridus et Unbertus decanus cum archidiaconis et aliis canonicis multis numeraverunt in ecclesia beati Mammetis triginta cappas et unam bonas et magnas, et XIII alias cappas veteres et parvas, et octo casulas bonas et duas veteres. Numeraverunt etiam VII dalmaticas, octo tunicas, novem albas lineas optime paratas et unam siricam et tres stolas deauratas cum manipulis et balteis deauratis et unam stolam deargentatam cum manipulo et viginti duas albas

Es sei allen Gläubigen bekannt gemacht, dass am Vorabend des Festes des Hl. Sebastian der Bischof Godefridus und der Dekan Unbertus [Humbertus] mit den Erzdiakonen und vielen weiteren Kanonikern in der Kirche der Heiligen Mammes gezählt haben einunddreißig gute, große Rauchmäntel und weitere 13 alte, kleine Rauchmäntel und acht gute und zwei alte Messgewänder. Sie zählten auch 8 Dalmatiken,[116] acht Tuniken, neun linnene verzierte Kommunikantenkleider, eines aus Seide, drei goldverzierte Stolen mit Manipeln[117] und goldverzierten Gürteln, eine ver-

---

[112] Die *croada* oder *corvada* ist eine verpflichtende Arbeit.

[113] Der *sarclator* schneidet die schlechten Gräser im Getreide aus. Der *furcator* sorgt für das Einbringen des Heus, der *messor* mäht das Getreide, der *secator* mäht das Heu ab.

[114] *quod si: et si.*

[115] Die *andecinga* (*ancigia* und zehn weitere mögliche Schreibungen) ist ein Stück Land, das von den Bauern im Frondienst bestellt wurde und dessen Ertrag (im Allgemeinen) vollständig dem Fronherrn zukam.

[116] ursprünglich spätrömisches Obergewand aus (dalmatinischer) Wolle, dann liturgisches Gewand besonders der Diakone

[117] gesticktes Band am Messgewand, getragen am linken Unterarm

non paratas et decem stolas, VII cum manipulis, tres sine manipulis, et sex manipulos alios subdiaconorum et sex calices, unum magnum totum aureum et lapidibus preciosis ornatum et tres deauratos et duos argenteos, fistulam argenteam, duas acerras argenteas cum cocleari argenteo, duas vero ampullas argenteas, unam magnam, alteram parvam, et ciphum argenteum et minucias auri et argenti que ceciderunt de philacteriis[118] et textis, et triginta pallia tensibilia et quinque quae ponuntur super altaria et tria nova absque limbis et decem tapetia, quinque nova et totidem vetera, et cortinam ducisse in duas partes divisam, et aliam cortinam domni Guilenci episcopi et quatuor mantilia ad opus altarium optime parata, et duas alias cortinas quarum una tenditur in choro, altera ante altare super januas ferreas in Quadragesima et duo candelabra argentea et urceolum argenteum et septem textus cum auro et argento paratos. Computaverunt etiam triginta philacteria aurea, triginta duo argentea et decem alia diversae facturae et quatuor scrinia eburnea et septem cornea et tres parvas cruces, unam cum ligno Domini, alias vero duas similes.

L. Marcel, Les livres liturgiques du diocèse de Langres, étude bibliographique, Paris-Langres, 1892, S. 24, Nr. 1

silberte Stola mit Manipel, zweiundzwanzig nicht verzierte Kommunikantenkleider, zehn Stolen, 7 mit Manipeln, drei ohne Manipel, sechs weitere Manipel von Subdiakonen, sechs Kelche, einen großen, ganz goldenen und mit Edelsteinen geschmückt, drei vergoldete, zwei silberne, eine silberne Nadel, zwei silberne Weihrauchkästen mit silbernem Löffel, zwei silberne Ampullen, eine groß, die andere klein, eine silberne Schale, Stückchen von Gold und Silber, die von Reliquienkästen und Geweben abgefallen sind, dreißig Altardecken, auszubreiten, und fünf, die auf Altäre gelegt werden, drei weitere neue ohne Säume, zehn Decken, fünf neue und ebenso viele alte, den Vorhang der Herzogin, in zwei Teile geteilt, einen weiteren Vorhang von Monseigneur Bischof Guilenc, vier Tücher, bestens für den Altardienst verziert, zwei weitere Vorhänge, von denen einer im Chor ausgebreitet ist, der andere zur Fastenzeit vor dem Altar über den Eisentüren, zwei silberne Kandelaber, einen silbernen Krug, sieben mit Gold und Silber verzierte Stoffstücke. Sie zählten auch dreißig goldene Reliquienschreine, zweiunddreißig silberne und zehn weitere von verschiedener Machart, vier Elfenbeinschatullen, sieben hörnerne, drei kleine Kreuze, eines mit dem Holz des Herrn, die beiden anderen aber ähnlich.

---

[118] Diese *philacteria* enthalten Reliquien (›Reliquienschreine‹).

6   Korrespondenz

Der Austausch von Briefen erfolgte im Mittelalter sehr häufig. Unter den erhaltenen sind viele in fiktiven Sammlungen enthalten, die als Muster zu dienen bestimmt waren.

6.1   Brief eines Abtes an einen Bischof

Lupus Servatus (Loup de Ferrières), im 9. Jahrhundert Abt von Ferrières (im Gâtinais, einer alten französischen Grafschaft in Zentralfrankreich mit den Hauptorten Montargis und Nemours), hinterließ eine umfangreiche Sammlung von Korrespondenz. Der hier daraus wiedergegebene Brief bildet ein gutes Beispiel für seine Kurzbriefe, knapp und daher bisweilen kaum verständlich. Sie zeichnen ein Bild von den häufigen Beziehungen der großen Leute untereinander und zum Hof. Insbesondere sind die Bitten um gegenseitige Hilfe und Fürsprache bei Hofe sehr zahlreich.

Carissimo Ebroino[119] L(upus) perpetuam salutem.

Causas meas Hl(udowico)[120] nostro significavi; quas his litteris repetere superfluum duxi, cum eas, quae illi redditae sunt, vos lecturos et velim et sciam. Tantum postulo ut in omnibus ita mihi adesse dignemini, sicut me confidere illis etiam litteris cognoscetis. Misi vobis eburneum pectinem, quem quaeso ut in vestro retineatis usu, quo inter pectendum artior vobis mei memoria imprimatur. Bene vos valere cupio.

Loup de Ferrières, Correspondance, hgg. und übersetzt von Léon Levillain, Paris, 1964, n° 23, S. 114–115

An seinen sehr lieben Ebroin von Loup einen ewigen Gruß.

Ich habe meine Angelegenheiten unserem [Freund] Ludwig kundgetan; sie in diesem Brief zu wiederholen, hielt ich für überflüssig, denn ich wünsche und möchte wissen, dass Ihr den, welcher ihm übergeben wurde, lesen werdet. Ich verlange nur, dass Ihr mir in allem zu helfen geruht, wie Ihr auch aus dem Brief erkennen werdet, dass ich darauf vertraue. Ich habe Euch einen Elfenbeinkamm geschickt, den Ihr, bitte, für Euren Gebrauch behalten möget, damit Euch beim Kämmen der Gedanke an mich umso stärker bedrücke. Ich wünsche, dass es Euch gut gehe.

6.2   Brief eines Schülers an seinen Vater

Es existiert eine sog. ›Hildesheimer Briefsammlung‹, benannt nach der Herkunft der Schreiber und der häufigen Erwähnung dieser ehemals sächsischen (jetzt niedersächsischen) Bischofsstadt. Am Ende des 11. Jahrhunderts hatte das Kapitel dieser Stadt, die durch die gelehrten Bischöfe und Mäzene Bernward, Gotthard und Hezelon herausragte, eine Schule in seiner Obhut, deren Schüler ganz gemäß einer verbreiteten Praxis der klerikalen Gesellschaft des Mittelalters nach ihrer Fasson die römischen Saturnalien erneuerten, ein Fest, bei dem aus den Sklaven Herren und den Schülern entsprechend Lehrer wurden.

[119] Ebroin († 854) machte eine erfolgreiche Karriere als Bischof von Poitiers, dann als Abt von Saint-Germain-des-Prés und Erzkaplan Karls II. des Kahlen.

[120] Ludwig ist der Kanzler Karls II. des Kahlen. Dieser ehemalige Mönch von Ferrières wurde später Abt von Saint-Denis als Nachfolger Hilduins, der Ende 840 abgesetzt wurde.

Scolaris patri suo significans se eligendum episcopum puerorum:

Dilecto domino ac patri suo B. de H. Hildesheimensis ecclesie scolaris filialis devotionis obsequium.

Sicut non suae, sed alienae potestatis sunt pueri, ita non suae, sed alienae sollicitudinis qualitas laudem circa ipsos meretur vel vituperium. Talis autem circa me hactenus apparuit vestrae paternitatis diligentia, ut nec de posteris aliqua in parte vos incusare valeam et de futuris certiorem habeam fiduciam, quam ad presens experiri illa me cogit necessitas, que verum declarabit vestre paternitatis affectum. Juxta consuetudinem enim antiquam Hildesheimensis ecclesie scolares in festo beati Nicolai me designaverunt eligendum episcopum; quo, licet puerilis ludi verbo nuncupetur, sumptus tamen magnos non tantum jam in pueris, sed in dominis et universis clericis tocius civitatis faciendos requirit. Eapropter ad gratiam vestram recurro, pedibus vestris accumbo cum omni rogans devotione, quatinus in hoc negocio, quod non promovit nova voluntas, sed antiqua ecclesie inducit consuetudo, talem sentiam vestre dilectionis affectum, quod perpetuis debeam promereri obsequiis. Studeat etiam discretio vestra tam vobis quam mihi cavere a plurimis obloquiis in longam nobis verecundiam duraturis, si minori quam consuetum est diligentia, minori sumptu aut honore fuerit procuratum negotium.

Die jüngere Hildesheimer Briefsammlung, hgg. von Rolf de Kegel, München 1995, S. 168–169

Ein Schüler an seinen Vater, ihm kundzutun, dass er zum Knabenbischof gewählt wurde:

Dem geliebten Herrn und Vater (entrichtet) B. von H., Schüler der Kirche zu Hildesheim den Respekt der Ergebenheit des Sohnes.

So wie Jungen nicht ihrer eigenen, sondern einer fremden Gewalt unterstehen, so ist das, was an ihnen Lob oder Tadel hervorruft, nicht die Eigenart ihrer eigenen, sondern fremder Bemühung. Derart war nun bisher die Mühe eurer väterlichen Sorge um mich, dass ich bezüglich der vorherigen Zeit Euch in irgendeiner Hinsicht nichts vorwerfen kann und hinsichtlich der künftigen noch sichereres Vertrauen haben werde; dieses heute zu erproben drängt mich jene Notwendigkeit, welche die wahre Zuneigung Eurer väterlichen Sorge erweisen wird. Denn nach einem alten Brauch der Hildesheimer Kirche benannten mich die Schüler am Fest des heiligen Nikolaus zur Bischofswahl; das, obgleich es als kindliches Spiel bezeichnet werden kann, macht jedoch große Auslagen nicht nur bei den Jungen, sondern auch bei den Herren und allen Geistlichen der ganzen Stadt erforderlich. Daher beziehe ich mich auf Eure Güte, werfe mich zu Euren Füßen und bitte in aller Ergebenheit, dass ich in dieser Angelegenheit, die kein neuer Wunsch meinerseits fördert, sondern ein alter Brauch der Kirche veranlasst, ein solches Gefühl Eurer Zuneigung verspüre, dass ich Euch ewigen Gehorsam bezeugen darf. Möge Eure Entscheidung auch sowohl Euch als auch mich davor bewahren, dass zu viele Kritiken langwährende Unehre auf uns ziehen, falls mit geringerer Sorgfalt als üblich, mit geringerem Aufwand oder Pracht für die Angelegenheit Sorge getragen werden sollte.

7 Poetische Texte

Die Tradition der antiken lateinischen Dichtung bestand während des gesamten Mittelalters fort, die Verfasser wetteiferten oft um virtuose Vollendung. Die gelehrte mittelalterliche Dichtung übernimmt zumeist die quantitative Metrik der Antike, doch wird der Reim darin zu einem häufigen Mittel. Ihre verbreitetste Form ist der Endreim, der zwischen zwei Versen eine Homophonie bewirkt, wie man es im folgenden Gedicht sieht. Die ›volkstümliche‹ Dichtung hingegen ist silbenbetont, wie in dem Goliardengedicht weiter unten, das aus Achtsilblern besteht.

7.1 Ein satirisches Gedicht

Nikolaus von Bibra, Kapitular der Stiftskirche Bibra (Sachsen-Anhalt) und Lehrer in Erfurt (13. Jahrhundert), übt in seinem Carmen satiricum Kritik an den großen Leuten und am Klerus, geißelt den moralischen Verfall und schließt sein Gedicht mit einer Erinnerung an das Leben in Erfurt.

Hic fuit electus non propterea quia rectus	Er wurde gewählt, nicht weil er aufrecht ist,
Ex meritis morum, sed quia canonicorum	Nicht wegen seiner guten Sitten, sondern weil er die Herzen
Donis nummorum subvertit corda suorum	Seiner Kanoniker mit Geldgeschenken umdrehte,
Et tenet ecclesiae regimen vitio simoniae.	Und die Leitung seiner Kirche mit dem Laster der Simonie versieht.
Immo non attendit, quod spiritualia vendit	Nicht im geringsten schert er sich, geistliche Güter zu verkaufen,
Nec solet absque dare clerum vel templa sacrare	Und pflegt ohne Gabe nicht Klerus oder Kirchen zu weihen,
Et neque baptisma gratis confert neque crisma,	Weder Taufe leistet er gratis nach Salbung,
Sed per numisma fidei parat undique scisma.	Sondern mit der Münze bereitet er überall die Abspaltung vom Glauben.
Devorat et potat, natam cum conjuge dotat	Er frisst und säuft, stattet seine Frau[121] und seine Tochter aus,
Christe, tua dote, reputans quasi pro nichilo te.	Christus, mit deiner Mitgift, und hält dich für nichts.
Pro rege non orat, pro vana laude laborat,	Für den König betet er nicht, für eitlen Ruhm arbeitet er,
Missam non cantat, castrensia menia plantat,	Die Messe singt er nicht, doch pflanzt er Festungsmauern,
Militis arma gerit, que sunt sua non tua querit,	Des Ritters Waffen trägt er, strebt nach dem Seinen, nicht dem Deinen.
Armiger in castris non curat quid sit in astris,	Waffentragend in der Burg sorgt sich nicht um den Himmel,

[121] Dasselbe Wort bezeichnet die Hinterlassenschaft eines Mannes an seine Witwe und die Mitgift für eine zu verheiratende Tochter.

Numquam jejunat, discordes non coadunat,	Nie fastet er, die Zwieträchtigen vereint er nicht,
Sed discordare facit et lites renovare.	Sondern Zwietracht stiftet er und schürt neuen Streit.
Que per eum detur elemosina nulla videtur	Das Almosen, von ihm gegeben, nichts ist davon zu sehen,
Non mulcet flentem, non consolatur egentem,	Nicht spricht er dem Weinenden zu, nicht tröstet er den Bedürftigen,
Non vestit nudum, sed amat cum tessera ludum.	Nicht kleidet er den Nackten, sondern liebt das Spiel mit dem Würfel.

7.2   Ein Goliarden- (Vaganten-)gedicht

Der Ursprung des Wortes ›Goliarde‹ liegt im Dunkeln. Es bedeutet umherziehende Studenten und Kleriker auf der Suche nach einem Amt. Mit dem Begriff Goliardendichtung (häufiger: ›Vagantendichtung‹) bezeichnet man satirische Verse, die vorgeben, von deklassierten, sich herumtreibenden Klerikern geschrieben zu sein. Da die Autoren jedoch im Übrigen ausgesprochen offizielle Funktionen in Unterricht und Verwaltung einnahmen, handelt es sich faktisch um eine literarische Inszenierung entsprechend einem Vorbild und ohne Beziehung zu dem Leben, das der Autor dieser Texte in Wirklichkeit führte: Insofern besitzt der Goliarde eine rein dichterische Existenz.[122] Hugo von Orléans, dessen Bekanntheit ihm Titel und Beinamen eines Primas einbrachte (daher ›Hugo Primas‹), wurde im letzten Jahrzehnt des 11. Jahrhunderts geboren und ist einer der berühmtesten Vertreter der Goliarden- bzw. Vagantendichtung.[123]

Dives eram et dilectus	Reich war ich und sehr beliebt,
inter pares preelectus;	Unter Gleichen mehr als bevorzugt;
modo curvat me senectus,	Jetzt krümmt mich das Alter,
et etate sum confectus.	Und vom Alter bin ich erschöpft.
Paupertatis fero pondus;	Der Armut Last trage ich;
meus ager, meus fundus,	Mein Acker, mein Grund,
domus mea totus mundus,	Mein Haus sind die ganze Welt,
quem pererro vagabundus.	Die ich als Vagabund durchirre.
Quondam felix et facundus,	Einstmals glücklich und beredt,
movens jocos et jocundus,	Scherze machend und stets fröhlich,
quondam primus, nunc secundus	Einstmals erster und jetzt zweiter
victum quero verecundus.	Erbettle ich meinen Unterhalt ganz bescheiden,
Verecundus victum quero,	Ganz bescheiden erbettle ich meinen Unterhalt,
sum mendicus. Ubi vero	Bin ein Lügner. Wo aber
victum queram nisi clero,	Soll ich meinen Unterhalt suchen wenn nicht beim Klerus,

---

[122] Mit Gewinn zu konsultieren sind die Artikel »Goliards« und »Hugues d‹Orléans« im *Dictionnaire des Lettres françaises, Le Moyen Age*, 1992, S. 551–552 und 695.

[123] Ins Französische übersetzte Auszüge seines Werkes findet man in P. Bourgain, *Poésie lyrique du Moyen Âge*, Paris 1989.

enutritus in Piero,	Der ich in Pierien[124] aufwuchs
eruditus sub Homero?	Und unterrichtet wurde an Homer.
Sed dum mane victum quero	Doch während ich morgens meinen Unterhalt erbettle
et reverti cogor sero,	Und gezwungen bin, spätabends zurückzukehren,
jam in brevi (nam despero)	Werde ich Euch – ich bin am Verzweifeln –
onerosus vobis ero.	schon sehr bald zur Last fallen.
Onerosus et quo ibo?	Zur Last falle ich, doch wohin soll ich gehen?
Ad laïcos non transibo.	Zu den Laien kann ich nicht hingehen.
Parum edo, parum bibo.	Kaum esse ich etwas, kaum trinke ich.
Venter meus sine gibbo	Mein Bauch ist ohne Höcker,
et contentus parvo cibo	Und zufrieden mit geringer Speise
plenus erit parvo libo,	Wird er voll sein mit einem kleinen Kuchen,
et si fame deperibo	Und wenn ich hungers sterbe,
culpam vobis hanc scribo.	Schreibe ich euch das als Schuld zu.

7.3   Spielerische Dichtung

Die Dichter des Mittelalters suchten oft die verstechnische Meisterleistung und kultivierten so Akrostichon,[125] Telestichon,[126] Mesostichon[127] und andere Leipogramme,[128] die zu anderen Zeiten Surrealisten wie Queneau, Pérec und ihren Kollegen am ›Collège de 'Pataphysique‹[129] nicht missfallen hätten.

Hucbald von Saint-Amand: Gedicht auf die Kahlköpfigkeit

Hucbald (Hubaldus) von Saint-Amand bei Tournai (gegen 840–930) war Schüler des berühmten Heiric d'Auxerre (Heiricus Autissiodorensis) und lehrte selbst, insbesondere in Reims. Berühmt ist er für seine Kompositionen und Musikstudien (›De harmonica institutione‹, um 880) sowie durch manche seiner Verse, in denen er die unnatürliche Technik spielerisch bis ins Absurde treibt. Das ist etwa der Fall in einem Gedicht, das die Kahlköpfigkeit besingt und dessen

---

[124] Pierien: griechische Landschaft in Makedonien, Heimat der Musen, Töchter des Zeus. Ihren Beinamen ›Pieriden‹ erhielten sie nach den neun Töchtern des dortigen Königs Pieros: Diese forderten die Musen zum Wettstreit im Gesang heraus, unterlagen und wurden zur Strafe für ihren Hochmut in Vögel verwandelt; hier scheint *Pierus* die Bezeichnung der Landschaft zu sein (Anm. *hs*).

[125] Akrostichon: Die Anfangsbuchstaben der Verse ergeben in senkrechter Folge sinnvolle Wörter.

[126] Telestichon: Die senkrecht gelesenen letzten Buchstaben der Verse ergeben einen Sinn.

[127] Die mittleren Buchstaben jedes Verses ergeben in senkrechter Folge einen Sinn.

[128] Ein Leipogramm vermeidet die Verwendung eines oder mehrerer Buchstaben des Alphabets.

[129] Eine 1948 in Paris gegründete Künstlergruppe, die sich von dem gleichnamigen absurdistischen Philosophie- und Wissenschaftskonzept des französischen Schriftstellers Alfred Jarry (1873–1907) inspirieren ließ, das eine Nonsens-Parodie der Theoriebildungen und Methoden moderner Wissenschaft sein will (Anm. *hs*).

zwölf Kapitel, Prolog und Epilog nur Wörter, die mit dem Buchstaben c beginnen, enthalten. Wir geben davon hier das erste Kapitel wieder; bei den Versen handelt es sich um daktylische Hexameter.

Carmina clarisonae calvis cantate Camenae.	Ihr Camenen[130] mit der hellen Stimme, singt dieses Lied.
Cum crescit capitis cervicis calva corona,	Wenn am Nacken des Hauptes die kahle Krone wächst
Consortem cleri consignat confore calvum,	Verkündet sie, dass der Kahle der Kollege des Klerikers sein wird,
Capturum claram Christo cedente coronam.	Der mit Zustimmung Christi die berühmte Krone ergreifen wird.[131]
Ceu crines capitis convellens crimina cordis,	Und wie die Haare des Hauptes reißt er sich die Vergehen des Herzens aus
Corde creatorem conspectat, corpore caelum.	Und betrachtet vom Herzen den Schöpfer, vom Körper den Himmel.
Coelicolas cives cupiens contingere cultu,	Die Bewohner des Himmels wünscht er in Verehrung zu berühren,
Crimina cum curis contemnat cuncta caducis;	Alle Vergehen verachtet er mit vergänglichen Sorgen;
Coeli conscensum, concentu coelicolarum	Den Aufstieg zum Himmel mit begleitendem Sang der Himmelsbewohner
Concupiens cupide collaudat cuncta creantem.	Wünscht er sehnlich und lobt den Schöpfer aller Dinge.

MGH, Poetae Latini, IV, 1, hgg. von P. von Winterfeld, Verse 14–23

Ein Akrostichon von Paschasius Radbertus

Paschasius Radbertus (auch Ratpert oder Ratbert von Corbie, gegen 790–860) war Mönch, Lehrer und Abt von Corbie (Kloster im Tal der Somme). Neben seinem theologischen Werk kennt man von ihm einige Gedichte, insbesondere das folgende, bei dem es sich um eine Art Prolog zu seinem Prosawerk mit dem Titel De fide, spe et caritate handelt. Das Akrostichon ist oft eine Signatur, hier liest man RADBERTVS LEVITA, das heißt ›Radbert, der Levit‹ (≈ Diakon).

---

[130] Diesen Namen gaben die antiken Dichter den Musen, die sie gewöhnlich als Inspiratorinnen und Schützerinnen ihrer Werke anrufen.

[131] Bei einem Kleriker mit Tonsur wird die *corona* als spezielle Kennzeichnung wahrgenommen, denn sie bezeichnet seine Zugehörigkeit zu Christus (man sah eine symbolische Beziehung zwischen dem Haarkranz und der Krone, von der man meinte, die ersten Märtyrer hätten sie im Himmel erhalten); für den spottenden Dichter macht die zunehmende Glatzköpfigkeit daher nach und nach aus dem Kahlen ein Double des Klerikers.

De fide, spe et caritate[132]

Carmen ad Warinum Corbeiensem abbatem.

Rumpe, Camena, moras, virtutum federa pange,

Ad celi thalamos quo possim scandere perpes.

Dic nivei flores quo vernant cespite fosso

Bucolicosque relinque favos, sublimia carpe.

Excipiam vitae fontes aperire calentes,

Rauca licet[133] pueris celestia munera pandam.

Glaube, Hoffnung und Barmherzigkeit

Gedicht an Warin, Abt von Corbie.

Lass, Camena,[134] vom Zögern, besiegle den Pakt der Tugenden,[135]

Auf dass ich ins Himmelsgemach[136] steige auf Dauer.

Sag, wo die schneeweißen[137] Blumen auf gegrabenem Rasen aufblühen,

Lass ab vom Honig der Bukolik; pflücke höhere Früchte.

Ich werde mich daran machen, die warmen Quellen des Lebens[138] aufzudecken,

Auch wenn sie dunkel bleiben,[139] werde ich den Kindern[140] die himmlischen Geschenke ausbreiten.

---

[132] Glaube, Hoffnung, Barmherzigkeit, die drei göttlichen Tugenden, wurden sehr oft personifiziert. Vielleicht trugen drei jungfräuliche Märtyrerinnen, deren *Leiden* Hrotsvita von Gandersheim (10. Jh.) zu einem Drama inspirierten, tatsächlich diese Namen. Diese Dichtung stellt in allegorischer Weise die drei Zugenden dar, die das Prosawerk sich zu bestimmen und zu charakterisieren bemühen wird.

[133] *Rauca licet*: »wenn auch dumpf«, das heißt ›dunkel, undeutlich‹.

[134] *Camena* ≈ *Musa*. Siehe zum vorhergehenden Gedicht.

[135] Die Vieldeutigkeit des Ausdrucks *virtutum foedera pange* lässt sich in der Übersetzung unmöglich wiedergeben: 1) *foedus pangere* bedeutet ›einen Vertrag schließen‹. Im ersten Buch des Traktats *De fide, spe et caritate* definiert Paschasius Radbertus den Glauben mit diesen Begriffen: »*fides pactum est vel fedus inter Deum et homines*« (»der Glaube ist ein Vertrag oder eine Abmachung zwischen Gott und den Menschen«). Es handelt sich für den Verfasser also darum, eine Union mit Gott einzugehen und dabei auf die Themen der Inspiration der profanen Antike zu verzichten, die hier durch die Bukolik (von der die Dichtungen Vergils die illustersten Beispiele darstellen) symbolisiert sind, und so den Zugang zur Vermählung mit Christus zu verdienen, das heißt zum ewigen Leben. Der Ausdruck *pangere federa* wird in einem ähnlichen Sinn im vorletzten Vers durch *federe nectere* wiederaufgenommen. 2) Der Ausdruck *Camena (Musa), pange* ist ebenso der traditionelle Anruf des antiken Dichters an seine Muse: »Singe, Muse!«, denn das Verbum *pangere* kann ›verfassen, singen‹ bedeuten.

[136] *Thalamus*, das Schlafgemach, bezeichnet in übertragenem Sinn in der profanen Dichtung die Vermählung oder die Gattin; in der christlichen Dichtung bezeichnet das Wort insbesondere die Vereinigung mit dem Gemahl Christus.

[137] Sie symbolisieren die Jungfräulichkeit.

[138] Dieser in Syntax und Bedeutung dunkle Vers erklärt sich gleichwohl im Folgenden, wo gesagt wird, dass die drei göttlichen (theologischen) Tugenden aus einer selben Quelle stammen. Mit dieser Passage lässt sich ein Vers des Prudentius (*Cath.* 10, 1) vergleichen: *Deus, ignee fons animarum* – »Gott, feurige Quelle der Seelen«.

[139] *Rauca licet*: »wenngleich dumpf«, das heißt ›dunkel, schwer‹.

[140] Möglicherweise stellen die Kinder hier die Schüler dar, die der Dichter in göttliche Geheimnisse einzuweisen vorgibt, doch einfacher bedeutet der Vers, dass er jede Form von Schwierigkeiten beseitigen wird.

Tres sunt quae veniunt uno de fonte
    sorores,
Virgineo gressu, Christi de sanguine lotae,

Sed Caritas harum est cunctis precelsior
    una,
Laude Fides digna virtutum summa
    gubernat
Et petit arma prior, sancti quibus omnia
    vincunt,
Virgo beata Dei Spes tendit ad ardua
    gressum,
In solio recubans, Christi munimine tuta.

Tres istae nectunt virtutum federa
    quaeque,
Ad celi thalamos animam conscendere
    cogunt.

De fide, spe et caritate, Corpus Christianorum,
Continuatio mediaevalis 97,
Turnhout 1990, S. 3

Es sind drei Schwestern, die von einer Quelle
    kommen,
In jungfräulichem Schritt, gewaschen mit
    dem Blute Christi.[141]
Doch von ihnen ist Barmherzigkeit die vor
    allen herausragende Eine,
Glaube, des Lobes wert, lenkt als höchste der
    Tugenden
Und greift als Erste nach den Waffen, mit
    denen die Heiligen alles besiegen,
Die heilige Jungfrau Gottes, die Hoffnung,
    lenkt den Schritt in die Höhen,
Lehnt sich auf ihren Thron, geschützt von
    Christi Schutzwehr.
Diese drei knüpfen jede das Bündnis der
    Tugenden,[142]
Zu den Himmelsgemächern zwingen sie die
    Seele aufzusteigen.

---

[141] Die drei Jungfrauen sind nicht – wie die Sterblichen – vom Blut befleckt, das Christus vergossen hat, um die Verfehlungen der Menschheit zu sühnen.

[142] Wie die drei Parzen in der paganen Dichtung das menschliche Schicksal bestimmten, wachen die drei göttlichen Tugenden über jede Vereinigung, welche die heilige Seele mit den himmlischen Mächten eingeht, die wiederum ›Tugenden‹ genannt werden.

Wörterverzeichnis

In diesem alphabetischen Wörterverzeichnis finden Sie alle in den 23 Lektionen dieses Lehrgangs verwendeten Vokabeln.[143] Im Bemühen der Harmonisierung haben wir die Diphthonge -ae und -oe überall, wo sie im klassischen Latein existieren, wiederhergestellt: Man findet also die Wörter *cenobium/ coenobium* unter *coenobium, eternus, aeternus* unter *aeternus* usw. Ebenso haben wir die (klassische) Schreibung -ti- + Vokal derjenigen mit -ci- + Vokal vorgezogen; man muss also *ocium* unter *otium* nachsehen. Desgleichen ist ein Wort unter *imp-* zu suchen, das man nicht unter *inp-* findet und umgekehrt.

Nicht selten wird in manchen modernen Druckversionenen wie im Original anlautendes *v-* vor Vokal als *u-* geschrieben, d. h. statt beispielsweise *velle, volare* usw. findet sich dann *uelle, uolare* usw. (s. S. 15). Alle diese Wörter sind hier, wie in der Regel üblich, unter *v* aufgeführt. (Einzelne wenige Lexika führen auch alle mit u oder v anlautenden Wörter gemeinsam unter u auf.)

Beachten Sie: Während für die Sprecher des Mittellateinischen die Beachtung von Länge oder Kürze der Vokale in der Regel nicht von Belang war und vernachlässigt wurde (wenn davon überhaupt etwas bekannt war), ist die Unterscheidung von langem oder kurzem e bei Infinitiven, jedenfalls für die Betonung beim Sprechen, *unverzichtbar*. Daher werden in diesem Wörtverzeichnis die Infinitive des Typs *legere* (›lesen‹), also die mit kurzer und daher unbetontem e in der vorletzten Silbe nicht eigens gekennzeichnet, hingegen bei denen des Typs *monẹre* (›mahnen‹) bzw. auch den entsprechenden Deponentien (*confitẹri* ›bekennen‹), also den Infinitiven mit an dieser Stelle (ursprünglich langem und daher) betontem e dieses e mit Unterpunkt (-ẹ-) als Betonungshinweis gekennzeichnet. Gelegentlich wird der Unterpunkt auch in anderen Fällen als Hilfe verwendet.

Wichtig: Je nach Infinitivtyp werden die Verben unterschiedlich flektiert (gebeugt): *kurzes Infinitiv-e: konsonantische bzw. i-erweiterte Konjugation; langes e: e-Konjugation* (s. Lektion 3 und Lektion 7).

---

[143] Die Wörter der Lesetexte im Teil *Praktische Exerzitien zur Lektüre* sind im Lexikon nachzuschlagen, was in unseren Augen eine erste Einübung der Arbeit mit diesem Hilfsmittel darstellen soll.

A

a, ab, abs   von, von … her, ab, seit
abbas (abba), -atis, *m.*   Abt
abditus, -a, -um   zurückgezogen
abire, -eo, -ivi, -itum   fortgehen
abjicere, -io, -jeci, -jectum   fortwerfen,
   verwerfen
abnuere, -o, -nui, -nutum   ablehnen
absens, -entis   abwesend
absolvere, -o, -solvi, -solutum   loslösen,
   trennen
absque *(Präp. b. Abl.)*   ohne
abstrahere, -o, -traxi, -tractum   ablösen,
   loslösen
abesse, -sum, afui   abwesend sein
abundantia, -ae, *f.*   Überfluss, Reichtum
abundare, -o, -avi, -atum   im Überfluss dasein
abuti, -or, -usus/-a sum   missbrauchen
ac *(beiord. Konj.)*   sowie, und
accendere, -o, -cendi, -censum   anzünden,
   entzünden
acceptio, -onis, *f.*   Aufnahme; Ansehen
accidere, -o, accidi   geschehen
accipere, -io, -cepi, -ceptum   empfangen
accusare, -o, -avi, -atum   anklagen
acetum, -i, *n.*   Essig
acquirere, -o, -quisivi, -quisitum   erwerben
acriter *(Adv.)*   kräftig, heftig
acutus, -a, -um   spitz
ad *(Präp. b. Akk.)*   nach, zu … hin, an, bei; für
adaugere, -eo, -auxi, -auctum   vermehren
acclamare (adclamare), -o, -avi, -atum
   applaudieren, zujubeln
adcurrere, -o, -curri, -cursum   herbeilaufen
addere, -o, addidi, additum   hinzufügen
adducere, -o, -duxi, -ductum   hinführen
adesse, -sum, adfui, affui   dabei sein
adire, -eo, -ivi, -itum   gehen zu, nach
adhibere, -eo, -ui, -itum   anwenden
adhuc *(Adv.)*   noch, nunmehr
adimplere, -eo, -evi, -etum   anfüllen
adipisci, -or, adeptus/-a sum   erlangen
adjicere, -io, adjeci, adjectum   hinzufügen
administratrix, -icis, *f.*   Verwalterin
administrare, -o, -avi, -atum   verwalten
admodum *(Adv.)*   völlig
admonere, -eo, -monui, -monitum   mahnen
adpropinquare, -o, -avi, -atum   sich nähern
adquirere (acquirere), -o, -quisivi, -quisitum
   erwerben
adsensus (assensus), -us, *m.*   Zustimmung
adsolere, -eo   gewohnt sein

adstare, -o, -avi, -atum   bei jd. stehen, jd.
   beistehen
adstringere, -o, strinxi, strictum   befestigen
adulterium, -i, *n.*   Ehebruch
adunare, -o, -avi, -atum   vereinen
advehere, -o, -vexi, -vectum   herbeischaffen
advena, -ae, *m.*   Ankömmling, Fremder
adversus *(Präp. b. Akk.)*   gegen, gegenüber
adversus, -a, -um   entgegengesetzt
aedes, -is, *f.*   Haus, Kirche
aedificium, -i, *n.*   Gebäude
aedificare, -o, -avi, -atum   erbauen, errichten
aegrotare, -o, -avi, -atum   krank sein
aegrotus, -a, -um   krank
aeque *(Adv.)*   gleicherweise
aequor, -oris, *n.*   Meer, die Fluten
aequus, -a, -um   gleich, gleichwertig
aër, aëris, *m.*   Luft
aerumna, -ae, *f.*   Kummer, Ärger
aestimare, -o, -avi, -atum   schätzen
aetas, -atis, *f.*   Alter
aeternus, -a, -um   ewig
affabilis, -e   freundlich
affatus, -us, *m.*   Ansprache *an jd.*
affectio, -onis, *f.*   Leidenschaft
affectus, -us, *m.*   Krankheit, Gefühl
afferre, -fero, attuli, allatum   herbeibringen
ager, -ri, *m.*   Acker, Feld
agere, -o, -egi, actum   tun, führen, verbringen
   (Zeit)
aggredi, -ior, gressus/-a sum   hingehen,
   angreifen
agitare, -o, -avi, -atum   bewegen, diskutieren
agmen, -inis, *n.*   Heereszug *(im Marsch)*
agnoscere, -o, agnovi, agnitum   erkennen
agricola, -ae, *m.*   Bauer
albus, -a, -um   weiß
alea, -ae, *f.*   Würfel
alere, -o, -ui, -itum   ernähren
algor, -oris, *m.*   Schmerz
alia *(Adv.)*   anderswo
alias *(Adv.)*   sonst, ein andermal
alibi *(Adv.)*   anderswo
alienus, -a, -um   fremd
alimonia, -ae, *f.*   Nahrung
alio *(Adv.)*   anderswo hin
aliquandiu   einstmals
aliquando *(Adv.)*   irgendwann
aliquantus, -a, -um   eine bestimmte Zahl,
   Menge von …
aliquis, -a, -id   jemand, irgendeiner
alius, -a, -ud   ein anderer
aliunde *(Adv.)*   von woanders

allodium, -i, *n.*   Allod, Ganzeigentum
alloqui, -or, -locutus/-a sum   (an)sprechen
alodium   *s.* allodium
Alpes, -ium, (*f. Pl.*)   Gebirge, Berge
altare, -is, *n.*   Altar
alter, -era, -um   ein/der andere/r (*von zweien*)
altum, -i, *n.*   Höhe; hohes Meer
altus, -a, -um   hoch, tief
amare, -o, -avi, -atum   lieben
amaritudo, -inis, *f.*   Bitternis
amarus, -a, -um   bitter
amator, -oris, *m.*   Liebhaber, verliebt
ambo, -ae, -o   (alle) beide
ambulare, -o, -avi, -atum   spazierengehen
amicus, -i, *m.*   Freund
amittere, -o, -misi, -missum   verlieren
amor, -oris, *m.*   Liebe
amorosus, -a, -um   verliebt
amplectari, -or, -atus/-a sum   umarmen
amplius (*Adv.*)   mehr, länger
amplus, -a, -um   weit(räumig), groß
an (*Frageindikator*)   ...?
anathema, -atis, *n.*   Fluch, Bann, verfluchter
    Mensch
ancilla, -ae, *f.*   Magd, Dienerin
angelus, -i, *m.*   Engel
angere, -o   beengen, (*Kehle*) würgen
angustiae, -arum   Schwierigkeiten
anima, -ae, *f.*   Seele
animal, -alis, *n.*   Tier
animus, -i, m   Geist
anniti, -or, -nisus/-a (-nixus/-a) sum   sich
    stützen *auf etw.*, sich anstrengen
annus, -i, *m.*   Jahr
ante (*Präp. beim Akk.*)   vor
antea (*Adv.*)   zuvor
antecessor, -oris, *m.*   Vorgänger
antequam (*unterord. Konj.*)   bevor
aper, apri, *m.*   Eber, Wildschwein
aperire, -io, -ivi, -itum   öffnen
apex, -icis, *m.*   Spitze, Gipfel
apostolicus, -a, -um   apostolisch
apostolus, -i, *m.*   Apostel, Papst
apparere, -eo, apparui   erscheinen
apponere, -o, -sui, -situm   hinstellen,
    hinbringen
approbare, -o, -avi, -atum   billigen
aprilis, -is, *m.*   April
aptus, -a, -um   fähig, geeignet
apud (*Präp. beim Akk.*)   bei, zu
aqua, -ae, *f.*   Wasser
arabilis, -e   bestellbar (*Acker, Land*)
arare, -o, -avi, -atum   pflügen, auf dem Feld
    arbeiten
arator, -oris, *m.*   Pflüger
aratrum, -i, *n.*   Pflug
arbiter, ri, *m.*   Schiedsrichter
arbitrari, -or, -atus/-a sum   urteilen, meinen
arcere, -eo, cui   fernhalten, abwehren
archiepiscopatus, -us, *m.*   Erzbistum
archiepiscopus, -i, *m.*   Erzbischof
architectorius, -a, -um   architektonisch
arctus (≈ artus), -a, -um   knapp, streng
arcus, -us, *m.*   Bogen
ardens, -entis   glühend
ardere, -eo, arsi, arsum   glühen
ardor, -oris, *m.*   Glut, Feuersbrunst
arduus, -a, -um   steil, schwierig
arena, -ae, *f.*   Sand
argenteus, -a, -um   silbern
argilla, -ae, *f.*   Ton(-erde)
arguere, -o, -ui, -utum   beschuldigen
ariolus, -i, *m.*   Wahrsager
arma, -orum, *n. Pl.*   Waffen
arrogantia, -ae, *f.*   Anmaßung
ars, artis, *f.*   Kunst
artare (arctare), -o   zusammendrücken
artifex, -icis, *m.*   Handwerker
artificium, -i, *n.*   Kunstwerk, Täuschung
artus, -a, -um   eng
artus, -us, *m.*   Glied, Gliedmaßen
ascendere, -o, ascendi, ascensum
    hinaufsteigen, ersteigen
asper, -era, -erum   rau
aspicere (adspicere), -io, -spexi, -spectum
    betrachten
asserere, -o, -ui, -ertum   zusichern
assidue (*Adv.*)   beharrlich
assiduus, -a, -um   beharrlich
assare, -o, -avi, -atum   erhitzen, braten
assumere, -o, -sumpsi, -sumptum
    (an)nehmen
aster, ri, *m.*   Stern
at (*beiord. Konj.*)   aber
ater, -ra, -rum   schwarz
atque (*beiord. Konj.*)   sowie, und
atavus, -i, *m.*   Urgroßvater
attendere, -o, -tendi, -tentum   hinhalten,
    achgeben *auf etw.*
auctoritas, -atis, *f.*   Autorität
audere, -eo, ausus/-a sum   wagen
audire, -io, -ivi, -itum   hören
auditus, -us, *m.*   Hörsinn, Gehör
auferre, fero, abstuli, ablatum   fortbringen
augere, -eo, auxi, auctum   vermehren
augustus, -a, -um   erhaben

aula, -ae, *f.*   Hof
aulicus, -a, -um   vom Hof, höfisch
aurum, -i, *n.*   Gold
ausus, -us, *m.*   verwegen
aut *(beiord. Konj.)*   oder
autem *(beiord. Konj.)*   aber, andererseits
auxiliari, -or, -atus/-a sum   Hilfe bringen
auxilium, -i, *n.*   Hilfe
avaritia, -ae, *f.*   Geiz, Gier, Habsucht
avarus, -a, -um   geizig, gierig
avertere, -o, -verti, -versum   abwenden
avis, -is, *f.*   Vogel
avus, -i, *m.*   Großvater

B

baculus, -i, *m.*   Stab, Stock
balneum, -i, *n.*   Bad
baptismum, -i, *n.*   Taufe
barba, -ae, *f.*   Bart
barbarus, -a, -um   fremd(ländisch), barbarisch
baro, -onis, *m.*   Baron
basilica, -ae, *f.*   Basilika, Kirche
beatificare, -o, -avi, -atum   glücklich machen,
   seligsprechen
beatitudo, -inis, *f.*   Glück
beatus, -a, -um   glücklich, selig
bellum, -i, *n.*   Krieg, Kampf
bene *(Adv.)*   gut, wohl
benedicere, -o, -dixi, -dictum   segnen,
   benedeien
benedictio, -onis, *f.*   Segnung
beneficium, -i, *n.*   Wohltat
beneplacitum, -i, *n.*   Wohlgefallen,
   Wohlgeneigtheit
benignus, -a, -um   gütig
benivolentia, -ae, *f.*   Wohlwollen
bestia, -ae, *f.*   Bestie, Tier
bibere, -o   trinken
bibliotheca, -ae   Bibliothek
bini, -ae, -a   je zwei, zwei
bis *(Adv.)*   zweimal
blandus, -a, -um   angenehm, zärtlich
blasphemia, -ae, *f.*   Blasphemie
bonitas, -atis, *f.*   Güte
bonus, -a, -um: gut
bos, bovis, *m./f.*   Rind, Kuh
brevi *(Adv.)*   in Kürze
brevis, -e   kurz

C

cadere, -o, cecidi, casum   fallen
caecitas, -atis   Blindheit

caecus, -a, -um   blind
caedere, -o, caesi, caesum   töten
caelum, -i, *n.*   Himmel
calamitas, -atis, *f.*   Unglück, Katastrophe
calcaneum, -i, *n.*   Ferse, Hacke
calumnia, -ae, *f.*   Verleumdung, Anklage
calumniari, -or, -atus/-a sum   anklagen *oder*
   fälschlich anklagen
calumpn-   *s.* calumn-
calx, -cis, *f.*   Kalk
camera, -ae, *f.*   Kammer, Zimmer
camerarius, -i, *m.*   Kämmerer
campus, -i, *m.*   Feld
cancellarius, -i, *m.*   Kanzler
canis, -is, *m.*   Hund
canities, -i, *f.*   Weißhaarigkeit
canon, -onis, *m.*   Regel, Vorschrift
canonicus, -i, *m.*   Kanoniker
cantare, -o, -avi, -atum   singen
canus, -a, -um   weißhaarig, alt; cani, -orum,
   m.   weiße Haare
capere, -io, cepi, captum   nehmen, fangen
captivus, -a, -um   Gefangener
capucium, -i, *n.*   Kapuze
caput, -itis, *n.*   Kopf, Haupt
carcer, -is, *m.*   Gefängnis
carere, -eo, carui *(mit Abl.)*   *etw.* nicht haben,
   ermangeln
caritas, -atis, *f.*: christliche Liebe,
   Barmherzigkeit
caritative *(Adv.)*   aus Barmherzigkeit
carititativus, -a, -um   barmherzig
caro, carnis, *f.*   Fleisch
carta, -ae   Dokument, Urkunde
carus, -a, -um   lieb
castigare, -o, -avi, -atum   züchtigen
castitas, -atis, *f.*   Keuschheit
castra, -orum, *n. Pl.*   Lager *(militärisch)*
castrum, -i, *n.*   Schloss, Befestigung
castus, -a, -um   keusch
caterva, -ae, *f.*   Haufe, Truppe
catholicus, -a, -um   katholisch
causa, -ae, *f.*   Grund, Ursache; causa *beim*
   Gen.: wegen, um ... willen
cautus, -a, -um   vorsichtig
cavallus, -i, *m.*   Pferd
cavere, -eo, cavi, cautum   sich hüten,
   vorsichtig sein
cedere, -o, cessi, cessum   gehen, weichen
celebrare, -o, -avi, -atum   feiern
celeriter *(Adv.)*   schnell
cella, -ae, *f.*   Zelle, Klause *(im Kloster)*
cellerarius, -i, *m.*   Kellermeister

cellula, -ae, *f.* ≈ cella
cena, -ae, *f.* Mahlzeit, Abendessen
cendatum, -i, *n.* Sendal, Seidenstoff
census, -us, *m.* Steuer
centesimus, -a, -um hundertster
centum hundert
cerebrum, -i *n.* Hirn
certamen, -inis, *n.* Kampf
certus, -a, -um (sich e. *Sache, jds*) sicher
cervus, -i, *m.* Hirsch
cervix, -icis, *f.* Nacken
cesaries, -ei, *f.* langes Haar
cessare, -o, -avi, -atum weichen, frei sein
ceteri, -ae, -a: die übrigen
charta, -ae *s.* carta
charus *s.* carus
chorus, -i, *m.* Chor
cibus, -i, *m.* Speise, Nahrung
ciconia, -ae, *f.* Storch
cingulum, -i, *n.* Gürtel, Wehrgehänge
circa (*Präp. b. Akk.*) um ... herum, betreffs
circa (*Adv.*) ungefähr
circum (*Präp. beim Akk.*) um ... herum
circumcirca (*Adv.*) ringsum
circumdare, -o, dedi, datum umgeben, sich
  um *etw.* herum befinden
circumferre, -fero, -tuli, -latum
  herum-/umhertragen
circu(m)ire, -eo, -ivi, -itum (um ...)
  herumgehen
circumquaque (*Adv.*) überall ringsum
circumscribere, -o, -scripsi, -scriptum
  beschreiben
circumstare, -o, -steti, -statum umgeben,
  umstehen
cito (*Adv.*) schnell
civilis, -e zivil, bürgerlich
civis, -is, *m.* Bürger
civitas, -atis, *f.* Stadt
clam (*Adv.*) heimlich
clandestinus, -a, -um heimlich
clarus, -a, -um berühmt
claudere, -o, clausi, clausum einschließen
claudus, -a, -um lahm, humpelnd
claustralis, -e klösterlich
claustrum, -i, *n.* Kloster
clavis, -is, *f.* Schlüssel
clementia, -ae, *f.* Milde, Gnade
clericus, -a, -um klerikal, Kleriker; Student
clerus, -i, *m.* Klerus
clibanus, -i, *m.* (Back)Ofen
clippeus, -i, *m.* Schild (der)
coadunare, -o, -avi, -atum versammeln

codex, -icis, *m.* Buch
coena *s.* cena
coenobium, -i, *n.* Kloster
coepi (cepi) *s.* incipio
coepiscopus, -i, *m.* Mitbischof,
  Suffraganbischof
cogitare, -o, -avi, -atum denken
cognoscere, -o, novi, notum erkennen
cohibẹre, -eo, -ui, -itum hindern,
  unterdrücken
coire, -eo, -ivi, -itum zusammenkommen
colere, -o, colui, cultum pflegen, verehren
colligere, -o, legi, lectum (ver)sammeln
collis, -is, *f.* Hügel
collocare, -o, -avi, -atum aufstellen
colloquium, -i, *n.* Unterhaltung,
  Unterredung
colonia, -ae, *f.* Kolonie
coma, -ae, *f.* Haar
comedere, -o, comẹdi, comẹsum essen
comes, -itis, *m.* Graf; Gefährte
comitissa, -ae, *f.* Gräfin
commemoratio, -onis, *f.* Gedenken,
  Gedächtnisfeier
commendare, -o, -avi, -atum anvertrauen
commentum, -i, *n.* Plan
committere, -o, -misi, -missum anvertrauen,
  übertragen, (*Kampf*) beginnen
commodus, -a, -um leicht, zweckmäßig
communitas, -atis, *f.* Gemeinschaft
commutare, -o, -avi, -atum ändern,
  austauschen
comparare, -o, -avi, -atum vorbereiten
compellere, -o, -puli, -pulsum versammeln,
  zwingen
compendiose (*Adv.*) in Kürze,
  zusammengefasst
comperire, -io, -peri, -pertum erfahren
complẹre, -eo, -evi, -etum anfüllen
completorium, -i, *n.* Komplet
componere, -o, -posui, -positum
  zusammensetzen, versammeln
comprovincialis, -e aus derselben
  Kirchenprovinz
compungere, -o, -punxi, -punctum
  erschüttern, betrüben
concedere, -o, concessi, concessum geben,
  zugestehen
concertatio, -onis, *f.* Kampf, Streit
concessio, -onis, *f.* Gewährung
concipere, -io, -cepi, -ceptum empfangen
concors, -ordis einmütig, einhellig
condemnare, -o, -avi, -atum verurteilen

condere, -o, condidi, conditum   gründen

conditor, -oris, *m.*   Schöpfer

conferre, -fero, -tuli, -latum   zusammenbringen, vergleichen

confessio, -onis, *f.*   Bekenntnis; Aufbewahrungsort von Heiligenreliquien in einer Kirche

confessor, -oris   Bekenner, Zeuge Christi

confictus, -a, -um   erfunden, fiktiv

confidere, -o, fisus/-a sum   sich *jd.* anvertrauen

confinis, -e   Nachbar

confirmare, -o, -avi, -atum   bestätigen

confiteri, -eor, confessus/-a sum   gestehen, versichern

conflictus, -us, *m.*   Zusammenstoß, Aufeinandertreffen

conflare, -o, -avi, -atum   (*Metall*) zusammengießen

confoederare, -o, -avi, -atum   vereinigen

confortare, -o, -avi, -atum   kräftigen, stärken

confundare, -o, -avi, -atum   verwechseln

congregatio, -onis, *f.*   Gemeinde, Kongregation

congregare, -o, -avi, -atum   versammeln

congruus, -a, -um   passend

conjugium, -i, *n.*   Heirat

conjunx (conjux), -ugis, *m. oder f.*   Gatte *oder* Gattin

conpassio, -onis, *f.*   Mitgefühl, Mitleid

conprobare (comprobare) -o, -avi, -atum   zustimmen, bestätigen

consanguineus, -a, -um   (Bluts)Verwandter

consanguinitas, -atis, *f.*   (Bluts)Verwandschaft

consensus, -us, *m.*   Zustimmung, Übereinstimmung

consignare, -o, -avi, -atum   mit Zeichen oder Siegel markieren

consiliarius, -i, *m.*   Ratgeber

consiliari, -or, -atus/-a sum   raten

consilium, -i, *n.*   Rat, Beschluss

consobrinus, -i, *m.*   Cousin, Vetter

consolare, -o, -avi, -atum (*oder* consolari, -or, -atus/-a sum)   trösten

consolatio, -onis, *f.*   Trost, Tröstung

consors, ortis, *m.*   Partner, Genosse, Schicksalsgenosse

conspectus, -us, *m.*   Ansicht

conspicere, -io, spexi, spectum   betrachten

constare, -o, stiti, statum   existieren (constat es steht fest)

constituere, -o, -ui, -utum   beschließen

constringere, -o, strixi, strictum   zusammenziehen, -drücken

construere, -o, struxi, structum   errichten

consul, -is, *m.*   Konsul

consulere, -o, -ui, ultum   beratschlagen, raten

consuere, -o, sui, sutum   zusammennähen

consumere, -o, -sumpsi, -sumptum   verbrauchen, verbrennen

contem(p)nere, -o, -empsi, -emptum   verachten

contendere, -o, tendi, tentum   streiten

contentio, -onis, *f.*   Kampf, Anstrengung

continentia, -ae, *f.*   Enthaltsamkeit

contingere, -o, -tigi, -tactum   berühren (contingit es geschieht)

continuo (*Adv.*)   unverzüglich

continuus, -a, -um   stetig

contra (*Präp. beim Akk.*)   gegen, gegenüber, im Gegensatz zu

contrarius, -a, -um   gegnerisch, gegensätzlich

contristare, -o, -avi, -atum   betrüben

convenire, -io, -veni, -ventum   sich versammeln, zusammenkommen

conventum, -i, *n.*   Versammlung, Einvernehmen

conversatio, -onis, *f.*   Lebensweise, Unterhaltung

convivium, -i, *n.*   Mahlzeit, Bankett

coquina, -ae, *f.*   Küche

cor, cordis, *n.*   Herz

coram (*mit Abl.*)   in Gegenwart von

cordetenus (*Adv.*)   bis ins Herz

cornu, -us, *n.*   Horn

corona, -ae, *f.*   Krone

coronare, -o, -avi, -atum   krönen

corpus, -oris, *n.*   Körper, Leib

corrigere, -o, rexi, rectum   korrigieren

corripere, -io, ripui, reptum   *etw.* ergreifen

corroborare, -o, -avi, -atum   bestätigen

corruere, -o, -ui, -utum   umstürzen, zusammensacken

corrumpere, -o, -rupi, -ruptum   verderben, korrumpieren

coruscare, -o, -avi, -atum   glänzen

costumia, -ae, *f.*   Brauch

cotidianus, -a, -um   täglich

cotidie, cottidie, cotidianus, cottidianus   *s.* quotid-

cras (*Adv.*)   morgen

crastinus, -a, -um   morgendlich, Morgen-

creare, -o, -avi, -atum   erschaffen, schöpfen

creator, -oris, *m.*   Schöpfer

crebro (*Adv.*)   häufig

credere, -o, credidi, creditum   glauben

cripta, -ae, *f.*   Krypta
crisma, -atis, *n.*   Salbung
cruciare, -o, -avi, -atum   kreuzigen, martern
crux, crucis, *f.*   Kreuz
cubiculum, -i, *n.*   Schlafzimmer
cudere, -o   schmieden
culmen, -inis, *n.*   Gipfel
culpa, -ae, *f.*   Schuld
culter, ri, *m.*   Messer
cultus, -a, -um   bebaut, bestellt, anbaufähig
cultus, -us, *m.*   Tracht, Schmuck; Kult,
    Religionsausübung
cum *(unterord. Konj.) mit Indikativ*   als; *mit*
    Konjunktiv   als, da, obwohl; *(Präp. beim*
    Abl)   mit; cum ... tum ...   einerseits ...
    andererseits ..., wenn ..., dann ...
cumulare, -o, -avi, -atum   aufhäufen
cunctari, -or, -atus/-a sum   (ver)zögern
cunctatio, -onis, *f.*   Zögern, Verzögerung
cunctus, -a, -um   all, ganz (insgesamt); cuncti,
    -ae, -a   alle
cupere, -io, -ivi, -itum   begehren, wünschen
cupidus, -a, -um   begierig, mit dem Wunsch
cur *(Fragepron.)*   warum?
cura, -ae, *f.*   Sorge, Sorgfalt
curare, -o, -avi, -atum   sich um ... sorgen,
    kümmern
curia, -ae, *f.*   Kurie, Hof
curialis, -e   von der Kurie *oder* vom Hofe;
    Höfling
curiosus, -a, -um   neugierig
currere, -o, cucurri, cursum   laufen
custodia, -ae, *f.*   Wache, Gefängnis
custodire, -io, -ivi, -itum   im Gefängnis
    bewachen
custos, -dis, *m.*   Wächter

D

damnare, -o, -avi, -atum   verurteilen,
    verdammen
damnum, -i, *n.*   Schade, Schädigung
dampn-   *s.* damn-
dare, do, dedi, datum   geben
de *(Präp. b. Abl.)*   von ... herab, ... her; über
    (ein Thema)
debere, -eo, -ui, -itum   müssen, schulden
debilis, -e   schwach
decanus, -i, *m.*   Dekan
decedere, -o, decessi, decessum   fortgehen;
    verscheiden (sterben)
decem   zehn
decembris, -is   Dezember
decernere, -o, decrevi, decretum   entscheiden

decet   es gehört sich
decidere, -o, -cidi   abkommen von *etw.*,
    aufgeben
decies *(Adv.)*   zehnmal
decima, -ae, *f.*   Zehnt
decimus, -a, -um   zehnter
decipere, -io, -cepi, -ceptum   täuschen
declarare, -o, -avi, -atum   erklären
decrepitus, -a, -um   gebrechlich
decretum, -i, *n.*   Dekret
decurrere, -o, decursi, decursum   ablaufen
    (zum Beispiel die Tage)
decus, -oris, *n.*   Zier, Zierde, Ruhm
deesse, -sum, -fui   fehlen, abhanden sein
defensare, -o, -avi, -atum   verteidigen
defensor, -oris, *m.*   Verteidiger
deferre, -fero, -tuli, -latum   bringen,
    übertragen, darreichen
definger, -o, -fixi, -fixum   befestigen,
    unbeweglich machen
defluere, -o, -fluxi, -fluctum   (herab)fließen
degere, -o, degi   verbringen *(Zeit)*
dein, deinde, deinceps *(Adv.)*   darauf
delere, -eo, -evi, -etum   zerstören
deliberare, -o, -avi, -atum   überlegen
deligere, -o, -legi, -lectum   (er)wählen
demergere, -o, -mersi, -mersum   verschlingen
demum *(Adv.)*   endlich
denarius, -ii, *m.*   Denar
denegare, -o, -avi, -atum   ableugnen
denique *(Adv.)*   schließlich
depingere, -o, -pinxi, -pictum   beschreiben,
    ausmalen
deponere, -o, -posui, -positum   hin-, ablegen
deportare, -o, -avi, -atum   wegschaffen
depraedatio, -onis, *f.*   Plünderung
depraedare, -o, -avi, -atum   (aus)plündern
deprimere, -o, premi, pressum   herunter-,
    niederdrücken
desaevire, -io, -ii, -itum   wüten
descendere, -o, -scendi, -scensum
    herabsteigen
describere, -o, -psi, -ptum   beschreiben
deserere, -o, -serui, -sertum   verlassen
desertum, -i, *n.*   Wüste
desiderium, -i, *n.*   Verlangen, Wunsch
desiderare, -o, -avi, -atum   wünschen,
    begehren
desolatio, -onis, *f.*   Betrübnis
despicere, -io, -spexi, -spectum   herabsehen,
    verachten
despoliare, -o, -avi, -atum   berauben
desponsare, -o, -avi, -atum   heiraten

destinare, -o, -avi, -atum   bestimmen,
    ausersehen
destituere, -o, -ui, -utum   im Stich lassen,
    absetzen
destruere, -o, -uxi, -uctum   zerstören
detrimentum, -i, *n.*   Schaden
devehere, -o, -vexi, -vectum   fortschaffen
deviare, -o, -avi, -atum   (vom [rechten] Weg)
    abkommen
devitare, -o, -avi, -atum   vermeiden
devotio, -onis, *f.*: Frömmigkeit, Ergebenheit
devotus, -a, -um   fromm, ergeben
devorare, -o, -avi, -atum   fressen
diabolus, -i, *m.*   Teufel
diadema, -atis, *n.*   Diadem
dialecticus, -a, -um   dialektisch
dicere, -o, dixi, dictum   sagen, sprechen
dies, -ei, *m. oder f.*   Tag, Termin
differre, -fero, distuli, dilatum   sich
    unterscheiden
difficilis, -e   schwer, schwierig
digerere, -o, gessi, gestum   verdauen
digitus, -i, *n.*   Finger
dignari, -or, -atus/-a sum   für würdig
    erachten, geruhen
dignitas, -atis, *f.*   Würde
dignus, -a, -um   würdig
dilectio, -onis, *f.*   Liebe, Zuneigung
diligenter *(Adv.)*   aufmerksam
diligere, -o, -exi, -ectum   lieben
diluculum, -i, *n.*   Tagesanbruch
dimidius, -a, -um   halb
diocesis (dyocesis), -is   Diözese
dirigere, -o, -rexi, -rectum   leiten, lenken
diripere, -io, -ripui, -reptum   rauben
discedere, -o, -cessi, -cessum   fortgehen
discere, -o, didici   lernen
disciplina, -ae, *f.*   Disziplin
discordia, -ae, *f.*   Zwietracht, Uneinigkeit
discordare, -o, -avi, -atum   uneins sein
discors, -ordis   uneinig
discretio, -onis, *f.*   Unterscheidungszeichen,
    Unterschied, Urteil
discurrere, -o, -curri, -cursum
    auseinanderlaufen
discus, -i, *m.*   Scheibe, Platte
dispar, aris   ungleich
dispensator, -oris, *m.*   Verwalter
disperire, -eo, -ii   umkommen
dispergere, -o, -persi, -persum   zer-, verstreuen
disrumpere, -o, -rupi, -ruptum   zerbrechen
distribuere, -o, distribui, distributum   aus-,
    verteilen

diu *(Adv.)*   lange (Zeit)
diversari (deversari), -or, -atus/-a sum   wo
    bleiben, einkehren
diversus, -a, -um   verschieden
diverticulum, -i, *n.*   Vergnügen
dives, -itis   reich
dividere, -o, -si, -sum   teilen
divinitus *(Adv.)*   auf göttliche Weise
divinus, -a, -um   göttlich
divitiae, -arum, *f. Pl.*   Reichtümer
docere, -eo, docui   lehren
docilis, -is   folgsam, gelehrt
doctrina, -ae, *f.*   Doktrin, Wissenschaft
doctus, -a, -um   gelehrt
dolare, -o, -avi, -atum   formen, gestalten
dolere, -eo, dolui   leiden, Schmerz empfinden
dolor, -oris, *m.*   Schmerz
dolus, -i, *m.*   List
domesticus, -a, -um   häuslich, Haus-
domicilium, -i, *n.*   Domizil
dominicus, -a, -um   herrschaftlich, Herren-
dominium, -i, *n.*   Macht, Herrschaft
dominare, -o, -avi, -atum (*oder* dominari, -or, -
    atus/-a sum) *mit Dat.*   leiten, beherrschen
dominus (domnus), -i, *m.*   Herr, Meister
    (auch von einem Mönch *oder* Geistlichen)
domus, -us (*oder* -i), *f.*   Haus
donare, -o, -avi, -atum   schenken
donec (*unterord. Konj.*): bis
donum, -i, *n.*   Geschenk, Schenkung
dormire, -io, -ivi, -itum   schlafen
dos, dotis, *f.*   Mitgift
dotare, -o, -avi, -atum   Mitgift geben
dubitare, -o, -avi, -atum   zweifeln, zögern
dubius, -a, -um   zweifelhaft
ducentesimus, -a, -um   zweihundertster
ducenti, -ae, -a   zweihundert
ducere, -o, duxi, ductum   führen, betrachten
    als *etw.*; uxorem (conjugem) ducere
    heiraten
dulcis, -e   süß, lieblich
dum (*unterord. Konj.*)   während, bis dass
duo, -ae, -a   zwei
duodecim   zwölf
duodecimus, -a, -um   zwölfter
duodevicesimus, -a, -um   achtzehnter
duodeviginti   achtzehn
duplex, -icis   doppelt
durus, -a, -um   hart, schwierig
dux, ducis, *m.*   (An)Führer, Herzog
dyocesis   *s.* diocesis

E

e, ex (Präp. beim Abl.)   aus ... heraus, von ... her

ea (Adv.)   dort

eadem (Adv.)   am selben Ort

ecce (Adv.)   sieh da!

ecclesia, -ae, f.   Kirche

ecclesiasticus, -a, -um   kirchlich

edax, acis   gefräßig

edere, -o, -didi, -ditum   hervorbringen

ediscere, -o, edidici   auswendig lernen

educare, -o, -avi, -atum   erziehen

efferre, -fero   hinausbringen

efficere, -io, effeci, effectum   bewirken, erledigen

effringere, -o, -fregi, -fractum   zerbrechen

effugere, -io, -fugi, -fugitum   flüchten

egenus, -a, -um   arm

egere, -eo, -ui   nicht haben, ermangeln

egi   Perfekt zu ago

ego   ich

egregius, -a, -um   hervorragend

eia! Interjektion   oh! hei!

ejicere, -io, -jeci, -jectum   zurückwerfen

elatus, -a, -um   hoch, erhaben

electio, -onis, f.   Wahl

electus, -a, -um   (aus)gewählt

elegans, -antis   elegant, gewandt, geschickt

elemosina (elemosyna), -ae   Almosen

elemosinarius, -a, -um.   generös

elevare, -o, -avi, -atum   aufrichten, erhöhen

eligere, -o, elegi, electum   (aus)wählen

eloquium, -i   Wort, Sprache

eminens, -ntis,   herausragend, erhaben

emortuus, -a, -um   (ganz) tot

enim (beiord. Konj.)   denn

eo (Adv.)   dorthin; eo ... quod   deswegen ..., weil

eodem (Adv.)   am selben Ort

episcopatus, -us, m.   Bistum, Bischofsamt, Bischofssitz

episcopus, -i, m.   Bischof

equus, -i, m.   Pferd

eremus, -i, m. oder f.   Wüste

erga (Präp. beim Akk.)   gegenüber

ergo (Adv.)   also

eripere, -io, -ripui, -reptum   entreißen

errare, -o, -avi, -atum   sich irren, sich täuschen

error, -oris, m.   Irrtum

erudire, -io, -ivi, -itum   unterweisen

eruditio, -onis, f.   Gelehrsamkeit

eruditus, -a, -um   gelehrt

et (beiord. Konj.)   und

etenim (beiord. Konj.)   und tatsächlich

etiam (Adv.):   auch, ebenfalls

etiamsi (unterord. Konj.)   auch wenn

etsi (unterord. Konj.)   wenn auch, obgleich

evadere, -o, -vasi, -vasum   entfliehen

evanescere, -o, evanui   verschwinden

evangelizare, -o, -avi, -atum   das Evangelium verkünden

evenire, -io, -veni, -ventum   herauskommen, kommen von (evenit   es passiert)

evidens, -entis   augenfällig

exactio, -onis, f.   Vertreibung, Einkassieren, Beanstandung, Fertigstellung

exaltare, -o, -avi, -atum   erhöhen, verherrlichen

exaltatio, -onis, f.   Erhöhung

excedere, -o, -cedi, -cessum   hinausgehen

excellens, -entis   hervorragend

excolere, -o, -colui, -cultum   bebauen, kultivieren

excommunicatio, -onis, f.   Exkommunikation

excreatio, -onis, f.   Ausspucken

excubatrix, -icis, f.   die eine Vigilie feiernde Frau

exemplar, -aris, n.   Muster(stück), Beispiel

exemplum, -i, n.   Beispiel

exire, -eo, -ivi, -itum   hinausgehen

exercitus, -us, m.   Armee, Heer

exhibere, -eo, -hibui, -hibitum   darlegen

exiguere (exigere), -o, -egi, -actum   vertreiben, verlangen

exilium, -i, n.   Exil

eximius, -a, -um   herausnehmend

exinde (Adv.)   von daher

existere, -o, -stiti   existieren, sein

exitus, -us, m.   Ausgang, Ende, Ergebnis

exorare, -o   bitten, beten

expavere, -eo   erschrecken, Schreck bekommen

expediens, -entis   passend, vorteilhaft

expedire, -io, -ivi, -itum   entbinden (expedit es ist vorteilhaft)

expellere, -o, -puli, -pulsum   vertreiben

expendere, -o, -endi, -pensum   ausbreiten, ausstellen; bezahlen

expensum, -i, n.   Ausgabe

expers, -ertis   nicht im Besitz von etw.

expetere, -o, -ivi, -itum   verlangen

explere, -eo, -evi, -etum   anfüllen

exponere, -o, posui, positum   ausstellen, darlegen

exposcere, -o, -poposci   einfordern

expugnator, -oris, *m.*   der im Sturm nehmende Kämpfer

expugnare, -o, -avi, -atum   im Sturm erkämpfen

expurgare, -o, -avi, -atum   reinigen

exquirere, -o, -sivi, -situm   sich erkundigen

exterius *(Adv.)*   außerhalb

extinguere, -o, extinxi, extinctum   auslöschen

extorquere, -eo, torsi, tortum   durch Folter herauspressen

extra *(Präp. beim Akk.)*   außerhalb (von ...); *(Adv.)*   außerhalb

extremus, -a, -um   äußerster, letzter

extruere, -o, -strui, -structum   errichten

F

fabrica, -ae, *f.*   Werkstatt

fabricare, -o, -avi, -atum   herstellen, fertigen

facere, -io, feci, factum   machen, tun

facies, -ei, *f.*   Gesicht

facilis, -e   leicht

facultas, -atis, *f.*   Gelegenheit

facundia, -ae, *f.*   Redegewandtheit

fagus, -i, *f.*   Buche

fama, -ae, *f.*   Ruf, Ansehen

fames, -is, *f.*   Hunger

famulari, -or, -atus/-a sum *(mit Dat.)*   dienen (bei)

famulus, -i, *m.*   Diener, Leibeigener

fas *(nicht dekliniert)*   göttliches Recht; fas est   es ist erlaubt (göttlicherseits)

favere, -eo, favi, fautum   begünstigen, beifällig aufnehmen

febris, -is, *f.*   Fieber

februarius, -i   Februar

fecundus, -a, -um   fruchtbar

feliciter *(Adv.)*   glücklich, mit Erfolg

femina, -ae, *f.*   Frau

femineus, -a, -um   weiblich

fere *(Adv.)*   fast, fast immer

feria, -ae   *christliche Benennung der Wochentage*

feritas, -atis, *f.*   Wildheit, Grausamkeit

ferox, -ocis   wild, grausam

ferre, fero, tuli, latum   tragen, bringen

fervens, -entis   inbrünstig, leidenschaftlich

festivitas, -atis, *f.*   Festlichkeit

festuca, -ae, *f.*   Strohhalm

festum, -i, *n.*   Festtag

ficus, -i (*oder* -us), *f.*   Feige(nbaum)

fidelis, -e   treu

fidelitas, -atis, *f.*   Treue

fides, -ei, *f.*   Glauben, Treue

fieri, fio, factus/-a sum   werden, gemacht werden

figmentum, -i, *n.*   Erfindung, Schöpfung

figura, -ae, *f.*   Gestalt

filia, -ae, *f.*   Tochter

filius, -i, *m.*   Sohn

fingere, -o, finxi, fictum   erschaffen, erfinden

finire, -io, -ivi, -itum   beenden, vollenden

finis, -is, *f.*   Ende, Ziel; fines, -ium   Grenzen

firmus, -a, -um   sicher fest

flagitare, -o, -avi, -atum   verlangen

flere, -eo, flevi, fletum   weinen

flexio, -onis, *f.*   Biegung, Beugung

florere, -eo, -ui, -itum   blühen

floridus, -a, -um   blühend

flos, -oris, *m.*   Blume

fluctus, -us, *m.*   Flut

flumen, -inis, *n.*   Fluss, Strom

fluere, -o, fluxi, fluxum   fließen

fons, fontis, *m.*   Quelle, Brunnen

foras *(Adv.)*   nach draußen

fore ≈ futurum, -am, -um esse

forem, -es, -etc. ≈ essem, esses *usw.*

foris *(Adv.)*   draußen

forma, -ae, *f.*   Form, Geschöpf, Schönheit

formidare, -o, -avi, -atum   fürchten

formidolosus, -a, -um   furchtsam

formosus, -a, -um   schön

forratura, -ae, *f.*   Pelz

forsitan *(Adv.)*   vielleicht

forte *(Adv.)*   zufällig

fortis, -e   stark, mutig

fortiter *(Adv.)*   mutig

fragmentum, -i, *n.*   Bruchstück; fragmenta, -orum   Reste

frater, tris, *m.*   Bruder; Mönch

frequens, -entis   ständig wiederkehrend

frequentare, -o, -avi, -atum   häufig besuchen, wiederholen

frigidus, -a, -um   kalt

frigor, -oris, *m.*   Kälte

fructus; us, *m.*   Frucht, Ertrag, Genuss

frui, -or, fructus/-a sum   genießen

fugere, -io, fugi, fugitum   fliehen

fulgere, -eo, fulsi   glänzen, strahlen

fulmen, -inis, *n.*   Blitz

fumus, -i, *m.*   Rauch

fundare, -o, -avi, -atum   gründen

funditus *(Adv.)*   von Grund auf, vollständig

funis, -is, *m.*   Seil

fur, furis, *m.*   Dieb

furari, -or, -atus/-a sum   stehlen

furor, -oris, *m.* Verrücktheit, Raserei
furtum, -i, *n.* Diebstahl

G

galea, -ae, *f.* Helm
gaudere, -eo, gavisus/-a sum sich freuen
gaudium, -i, *n.* Freude
gehenna, -ae, *f.* Hölle
gelu, -us, *n.* Frost
gemma, -ae, *f.* Gemme, Edelstein
genitrix, -icis, *f.* Erzeugerin, Mutter
genitus, -a, -um *s.* gignere
gens, gentis, *f.* Suppe, Familie
genu, -us, *n.* Knie
genus, -eris, *n.* Geschlecht, Art
gerere, -o, gessi, gestum tragen
germinare, -o, -avi, -atum keimen
gestus, -us, *m.* Geste
gignere, -o, genui, genitum erzeugen,
    hervorbringen
glacies, -ei, *f.* Eis
gladius, -ii, *n.* Schwert
gloria, -ae, *f.* Ruhm
gloriari, -or, -atus/-a sum sich rühmen
    (*super* + *Abl.*)
gloriosus, -a, -um ruhmreich
gradi, -ior, gressus/-a sum gehen, schreiten
gradus, -us, *m.* Schritt
grammatica, -ae, *f.* Grammatik
grammaticus, -i Grammatik(lehr)er
gratanter *(Adv.)* dankbar
grates, *f. Pl.* Dank
gratia, -ae, *f.* Gunst, Dank
gratis *(Adv.)* umsonst
gratus, -a, -um angenehm, willkommen
gravare, -o, -avi, -atum beschweren
gravitas, -atis, *f.* Würde, Ernst
gressus, -us, *m.* Schritt, Gang
grex, gregis, *m.* Herde, Truppe
grisius, -i, *m.* gräulich (Pelz)
gubernare, -o, -avi, -atum lenken, steuern
gula, -ae, *f.* Kehle, Fressgier
gustare, -o, -avi, -atum schmecken
guttatim *(Adv.)* tropfenweise

H

habere, -eo, habui, habitum haben,
    innehaben, besitzen; halten für
habitare, -o, -avi, -atum (be)wohnen
habitator, -oris, *m.* Bewohner
hac *(Adv.)* von hier
habitus, -us, *m.* Verhalten; Kleidung

habundare, -o, -avi, -atum reich vorhanden
    sein
helmus, -i, *m.* Helm
hera, -ae, *f.* (≈ era, -ae) Herrin
herba, -ae, *f.* Gras
hereditas, -atis, *f.* Erbe, Erbschaft
heres, -edis Erbe (der)
heri *(Adv.)* gestern
herus, -i, *m.* (≈ erus, -i) Herr
hic *(Adv.):* hier, jetzt
hiems (hyems), hiemis, *f.* Winter
hilaris, -e heiter, lächelnd
hilaritas, -atis, *f.* Fröhlichkeit
hinc *(Adv.)* von hier
historia, -ae, *f.* Geschichte
histrio, -onis, *m.* Schauspieler, Gaukler
hodie *(Adv.)* heute
homicidium, -i, *n.* Mord
homo, -inis, *m.* Mensch (menschliches
    Geschöpf)
honestas, -atis, *f.* Ehre, Ansehen
honestus, -a, -um ehrenhaft
honorifice *(Adv.)* ehrenvoll
honorare, -o, -avi, -atum ehren
honos (honor), -oris, *m.* Ehre
hora, -ae, *f.* Stunde, Uhr (*als Zeitangabe*)
horrendus, -a, -um schrecklich
horribilis, -e fürchterlich
horridus, -a, -um fürchterlich
hortulanus, -i, *m.* Gärtner
hortus, -i, *m.* Garten
hospes, -itis, *m. oder f.* Gast
hospitalis, -is gast(freund)lich
hospitium, -ii, *n.* Gastlichkeit, Unterkunft
hostiarius, -i *s.* ostiarius
hostis, -is, *m.* Feind
huc *(Adv.)* hierher
humanitas, -atis, *f.* Menschlichkeit,
    Menschenart
humanus, -a, -um menschlich
humerus, -i, *m.* Schulter
humiliare, -o, -avi, -atum erniedrigen
humilis, -e demütig, bescheiden
humilitas, -atis, *f.* Ergebenheit,
    Bescheidenheit
humiliter *(Adv.)* demütig
humus, -i, *f.* Erdboden, Erde

I

ibi *(Adv.):* dort
ibidem *(Adv.)* an eben diesem Ort
ideo *(Adv.)* daher; ideo ... quod aus dem
    Grund ..., weil

idiota, -ae, *m.*   Laie; Stümper

idolum, -i, *n.*   Götze

idus, -us, *f. Pl.*   Iden

igitur *(Adv.)*   also

ignis, -is, *m.*   Feuer

ignominia, -ae, *f.*   Schande, Schmach

ignorare, -o, -avi, -atum   nicht wissen

ignotus, -a, -um: unbekannt

illac *(Adv.)*   dort, dorthin

ille, -illa, -illud   dieser, jener

illic *(Adv.):* dort

illinc *(Adv.)*   von dort

illo *(Adv.)*   dorthin

illuc *(Adv.)*   dort

imber, ris, *m.*   Regen

imbuere, -o, -ui, -utum   durchtränken, in sich
    aufnehmen

imitari, -or, -atus/-a sum   nachahmen

immensus, -a, -um   ungeheuer, immens

imminere, -eo   drohen, unmittelbar
    bevorstehen

immo *(Adv.)*   ja sogar

immortalis, -e   unsterblich

immortalitas, -atis, *f.*   Unsterblichkeit

immundus, -a, -um   unsauber

immunitas, -atis, *f.*   Freiraum, Schutz,
    Abgabenfreiheit

immutare, -o, -avi, -atum   verändern

impatiens, -entis   ungeduldig

impedire, -io, -ivi, -itum   hindern

impendere, -o, pendi, pensum   ausgeben

impense *(Adv.)*   mit großen Kosten

imperare, -o, -avi, -atum   befehlen

imperator, -oris, *m.*   Kaiser

imperialis, -e   kaiserlich

imperitare, -o, -avi, -atum   befehlen

imperpetuum (in perpetuum) *(Adv.)*   auf
    ewig, auf immer

impetere, -o   angreifen

impius, -a, -um   gottlos

implere, -eo, implevi, impletum   (an)füllen

imponere, -o, posui, positum   auf *etw.* legen,
    auferlegen

impressio, -onis, *f.*   Druck, Aufdruck,
    Eindruck, Zeichen

imprimis (in primis) *(Adv.)*   zuallererst

improbe *(Adv.)*   unehrenhaft

imprudenter *(Adv.)*   unklug

impudicus, -a, -um   schamlos

in   in, auf *(Präp. beim Akk. oder Abl.)*; nach ...
    hin, gegen *(Präp. beim Akk.)*

incarnatio, -onis, *f.*   Fleischwerdung

incedere, -o, cedi, cessum   hinein-,
    vorangehen

incendium, -i, *n.*   Brand

incertus, -a, -um   ungewiss, zweifelhaft

incessus, -us, *m.*   Gang, Vorstoß

incidere, -o, -cidi, -cisum   schneiden,
    zuschneiden

incipere, -io, coepi (cepi), -inceptum
    anfangen

inclitus, -a, -um   berühmt

incolumis, -e   unversehrt

inconstans, -antis   unbeständig

incredibilis, -is   unglaublich

increpare, -o, -avi, -atum   anschreien,
    abkanzeln

incultus, -a, -um   unbebaut, ungebildet

inde *(Adv.)*   von dort, daher

indecens, -entis   unschicklich

indicium, -i, *n.*   Indiz, Anzeichen

indigere, -eo, indigui *(mit Abl.)*   benötigen

indoctus, -a, -um   ungebildet

indoles, -is, *f.*   Art, Charakter

inducere, -o, duxi, ductum   hineinführen,
    schließen auf

indulgentia, -ae, *f.*   Nachsicht, Milde

industria, -ae, *f.*   Eifer, Fleiß

inedia, -ae, *f.*   Hunger, Entzug

ineffabilis, -e   unaussprechlich

infamis, -e   ruhmlos, niederträchtig

infans, antis, *m. oder f.*   Kind, Säugling

infantulus, -i, *m.*   kleines Kind

infensus, -a, -um   feindselig, gereizt

infernus, -a, -um   höllenhaft, höllisch

inferre, -fero, -tuli, -latum   hineintragen

infinitus, -a, -um   unendlich

infirmitas, -atis, *f.*   Krankheit

infirmus, -a, -um   krank

inflammare, -o, -avi, -atum   in Flammen
    setzen

infligere, -o, flixi, flictum   *jd. etwas* zufügen,
    beibringen

informare, -o, -avi, -atum   formen,
    unterweisen

infra *(Präp. beim Akk.)*   unterhalb von

ingemiscere, -o, -mui, -mitum   stöhnen

ingenium, -ii, *n.*   Klugheit, Einfall, List

ingenuus, -a, -um   von freier Geburt, adlig

ingerere, -o, -gessi, -gestum   einblasen,
    einschärfen

ingredi, -ior, gressus/-a sum   hineingehen

ingressus, -us, *m.*   Gang, Vorstoß

inhabitare, -o, -avi, -atum   bewohnen

inhonestus, -a, -um   unehrenhaft

inibi *(Adv.)*   dort drinnen

iniquitas, -atis, *f.*　Ungerechtigkeit, Härte
iniquus, -a, -um　ungleich, ungerecht
inire, -eo, -ivi, -itum　hineingehen
initium, -i, *n.*　Anfang
injuria, -ae, *f.*　Unrecht, Fehler,
　Ungerechtigkeit
injuriosus, -a, -um　schädlich, unzuträglich
injustus, -a, -um　ungerecht
inlaesus, -a, -um　unverletzt
innocentia, -ae, *f.*　Unschuld
innotescere, -o, notui　bekannt machen,
　bekannt werden
innumerabilis, -is　unzählig
innumerus, -a, -um　unzählig
inopia, -ae, *f.*　Mangel, Entzug
inops, -opis　mittellos, emangelnd
inpeditus (impeditus), -a, -um　gehindert
inquam (*unvollstdg. Verb, eingeschoben*)　sagte
　ich
inquietare, -o, -avi, -atum: beunruhigen,
　aufrühren
inseparabilis, -e　untrennbar
inserere, -o, rui, rtum　einfügen
insidiae, -arum, *f.*　Hinterhalt
insistere, -o, stiti　beharren
insons, -ontis　unschuldig
inspicere, -io, -inspexi, -inspectum: ansehen,
　betrachten
inspirare, -o, -avi, -atum　blasen, einblasen
instantia, -ae, *f.*　Beharrlichkeit
institutio, -onis, *f.*　Einrichtung, Regelung
instructura, -ae, *f.*　Konstruktion
instruere, -o, -strui, -structum　errichten,
　unterrichten
insula, -ae, *f.*　Insel
insuper *(Adv.)*　darüber hinaus
intactus, -a, -um　unberührt
integer, -gra, -grum　ganz, vollständig; ad
　integrum　in vollem Umfang
integraliter *(Adv.)*　in vollem Umfang
integre *(Adv.)*　insgesamt
intellectus, -us, *m.*　Erkennen, Verständnis
intelligere, -o, -exi, -ectum　verstehen
intendere, -o, -tendi, -tentum *(mit Dat.)*　sich
　auf etw. richten
inter *(Präp. beim Akk.)*　zwischen, unter
interdicere, -o, dixi, dictum　untersagen
interdiu *(Adv.)*　tags, bei Tage
interdum *(Adv.)*　unterdessen
interea *(Adv.)*　inzwischen
interemere (interimere), -o, -emi, -emptum
　töten
interesse, -sum, -fui　dabeisein; mea interest

mich geht an
interim *(Adv.)*　inzwischen, derweil
interimere　*s.* interemere
interior, -ius　innerer
interire, -eo, -ivi, -itum　umkommen
interventus, -us, *m.*　Dazwischenkunft,
　Vermittlung, Beistand
intimus, -a, -um　innig, vertraut
intolerabilis, -e　unerträglich
intra *(Präp. beim Akk.)*　innerhalb von *(räuml.,
　zeitl.)*; *(Adv.)*　innen
intrare, -o, -avi, -atum　eintreten
intro *(Adv.)*　hinein
introire, -eo, -ivi, -itum　hineingehen
intus *(Adv.)*　drinnen, hinein
inundantia, -ae, *f.*　Überschwemmung
invenire, -io, -veni, -ventum　finden
invidia, -ae, *f.*　Neid
invidus, -a, -um　neidisch
invisus, -a, -um　verhasst
invitus, -a, -um　gegen den Willen,
　gezwungen, lästig
ipse, -a, -um　selber, selbst
iracundia, -ae, *f.*　Zorn, Wut
irasci, -or, -iratus/-a sum　(er)zürnen
iratus, -a, -um　erzürnt
ire, eo, -i(v)i, itum　gehen
irridere, -eo, -irrisi, -irrisum　verspotten
irruere, -o, -rui, -rutum　eindringen
istac *(Adv.)*　dort, dorthin
istic *(Adv.)*　dort
istinc *(Adv.)*　von dort
isto *(Adv.)*　dorthin
istuc *(Adv.)*　dort
ita *(Adv.)*　so, auf die Weise
itaque *(Adv.)*　daher
item *(Adv.)*　ebenso
iter, itineris, *n.*　Weg, Reise
iterum *(Adv.)*　wiederum, erneut
itidem *(Adv.)*　ebenso

J

jaculum, -i, *n.*　Wurfspeer
jam *(Adv.)*　schon; non jam　noch nicht
jamdiu, jamdudum, jampridem *(Adv.)*　schon
　lange
janua, -ae, *f.*　Tür
januarius, -i, *m.*　Januar
jejunium, -i, *n.*　Fasten
jejunare, -o, -avi, -atum　fasten
jocare, -o, -avi, -atum　scherzen, spaßen
jubere, -eo, jussi, jussum　befehlen
jucundus, -a, -um　erfreulich

judex, -icis, *m.*   Richter
judicium, -i, *n.*   Urteil
judicare, -o, -avi, -atum   richten, urteilen
jugis, -e   fortgesetzt
jugiter *(Adv.)*   beständig
jugulare, -o, -avi, -atum   strangulieren, erdrosseln
julius, -i, *m.*   Juli
jungere, -o, junxi, junctum   verbinden
junius, -i, *m.*   Juni
jurare, -o, -avi, -atum   schwören
jus, juris, *n.*   Recht, Rechtstitel, Abgabe
jussio, -onis, *f.*   Befehl
jussum, -i, *n.*   Befehl
justitia, -ae, *f.*   Gerechtigkeit
justus, -a, -um   gerecht, richtig
juvenis, -is, *m.*   junger Mann
juventus, -utis, *f.*   Jugend
juvare, -o, juvi, jutum   helfen (juvat   es ist eine Freude zu ...)
juxta *(Präp. beim Akk.)*   nach, gemäß

K

kalendae, -arum, *f.*   Kalenden

L

labi, -or, lapsus/-a sum   gleiten, schwanken
labor, -oris, *m.*   Arbeit, Mühe
laborare, -o, -avi, -atum   arbeiten, leiden
lacrima, -ae, *f.*   Träne
lacrimare, -o, -avi, -atum   weinen
lacrimosus, -a, -um   weinerlich, rührselig
lacus, -us, *m.*   See
laetificare, -o, -avi, -atum   erfreuen
laetitia, -ae; *f.*   Freude
laetus, -a, -um   fröhlich, glücklich
laïcus, -a, -um   weltlich, Laien-
lamentatio, -onis, *f.*   Klage, Jammern
languere, -eo, -i   schwach sein
languor, -oris, *f.*   Krankheit *(aus Schwäche)*
lapis, -idis, *f.*   Stein
largiri, -ior, -itus/-a sum   schenken
largus, -a, -um   freigiebig
latere, -eo, -ui   verborgen sein
latus, -eris, *n.*   Seite
laus, -dis, *f.*   Lob
lectio, -onis, *f.*   Lektüre, Lesen
legatus, -i, *m.*   (päpstlicher) Legat
legere, -o, legi, lectum   lesen
lenis, -e   sanft, angenehm
leo, -onis, *m.*   Löwe
levis, -e   leicht

levitas, -atis, *f.*   Leichtigkeit
lex, legis, *f.*   Gesetz
libens, -entis   geneigt, willig, zufrieden
liber, -ri, *m.*   Buch
liber, -era, -erum   frei
liberalis, -e   freiheitlich, edel großzügig; liberales litterae   Wissenschaften
liberi, -orum *m. Pl.*   Kinder *(als Verwandte)*
libertas, -atis, *f.*   Freiheit; Privileg, Befreiung
libet   es beliebt
licentia, -ae, *f.*   Freiheit *(zu etw.)*, Erlaubnis
licet   es ist erlaubt; *(Konjunktion mit Konjunktiv)*   obwohl
lignum, -i, *n.*   Holz
lingua, -ae, *f.*   Sprache
limen, -inis, *n.*   Schwelle; *Pl.* limina   Grab *oder* Basilika der Apostel Peter und Paul in Rom
lis, litis, *f.*   Streit, Rechtsstreit, Prozess
litigare, -o, -avi, -atum   sich steiten, plädieren
littera, -ae, *f.*   Buchstabe *(Pl.*   Brief)
litus, -oris, *n.*   Ufer, Gestade
lividus, -a, -um   fahl, bleich
locus, -i (*Pl.* loci *oder* loca)   Ort; Kloster
longe *(Adv.)*   lange (Zeit), von fern
longinquus, -a, -um   weit (entfernt)
loqui, -or, locutus/-a sum   sprechen
lorica, -ae, *f.*   Kürass, Harnisch
lucidus, -a, -um   leuchtend
ludere, -o, ludi, lusum   spielen
ludus, -i, *m.*   Spiel
lugere, -eo, luxi, luctum   trauern
luminarium, -i, *n.*   Leuchte
luere, -o, lui, luiturum   waschen
lupus, -i, *m.*   Wolf
lux, lucis, *f.*   Licht

M

macerare, -o, -avi, -atum   mürbe machen, schwächen
machinatio, -onis, *f.*   Ränkespiel
magestas (majestas), -atis, *f.*   Majestät, Größe
magnitudo, -inis, *f.*   Größe
magnus, -a, -um   groß
magus, -i, *m.*   Magier
maius, -i, *m.*   Mai
majestas   *s.* magestas
malle, malo, malui   lieber wollen, vorziehen
malum, -i, *n.*   Apfel
malus, -a, -um   schlecht, böse
mancus, -a, -um   Einarmiger, Krüppel
manducare, -o, -avi, -atum   essen
mane *(Adv.)*   morgens

manęre, -eo, mansi, mansum   bleiben
manifeste *(Adv.)*   offen
mansus, -i, *m.*   Bleibe, Manse (Bauernhof)
manus, -us, *f.*   Hand
mare, -is, *n.*   Meer
marmor, -oris, *n.*   Marmor
marmoreus, -a, -um   marmorn
martius, -i   März
martyr, -is, *m.*   Märtyrer
massa, -ae, *m.*   Haufen, Masse
mater, ris, *f.*   Mutter
materia, -ae, *f.*   Materie
matrix, -icis   Mutterkirche
maturus, -a, -um   reif
matutinus, -a, -um   morgendlich
medietas, -atis, *f.*   Hälfte
medicamen, -inis, *n.*   Heilmittel
mediocritas, -atis *f.*   Mittelmaß,
   Mittelmäßigkeit
meditari, -or, -atus/-a sum   nachdenken
medius, -a, -um   mittlerer
melior, or, -ius   besser *(Komp. zu* bonus)
meliorare, -o, -avi, -atum   verbessern
meminere ≈ meminisse (*s.* memini)
memini, -isse   sich erinnern
memor, -oris   eingedenk, denkend an ...
memoria, -ae, *f.*   Gedächtnis, Erinnerung
memorare, -o, -avi, -atum   sich erinnern,
   erzählen
mendax, -acis   Lügner, lügnerisch
mendicare, -o, -avi, -atum   lügen
mens, tis, *f.*   Verstand, Geist
mensa, -ae, *f.*   Tisch
mensis, -is, *m.*   Monat
mensurate *(Adv.)*   maßvoll
mentio, -onis, *f.*   Erwähnung
mentiri, -ior,-itus/-a sum (mentire, -io)   lügen
mercari, -or, mercatus/-a sum   handeln,
   erwerben
meręri, -eor, meritus/-a sum   verdienen
meridies, -ei, *f.*   Mittag
meritum, -i, *n.*   Verdienst
metallum, -i, *n.*   Metall
metere, -o, messui, messum   messen
metuere, -o, -ui, -utum   fürchten
migrare, -o, -avi, -atum   gehen, auswandern
miles, -itis, *m.*   Soldat, Ritter
militia, -ae, *f.*   Soldatenhandwerk, Ritterdienst
militare, -o, -avi, -atum   als Soldat dienen
mille   tausend
millesimus, -a, -um   tausendster
minare, -o, -avi, -atum   bringen, führen
minime *(Adv.)*   keineswegs

ministerialis, -is, *m.*   ministerial
ministrare, -o, -avi, -atum   dienen
minus... quam   weniger ... als
minutus, -a, -um   ganz klein, gering
mirabilis, -is   wunderbar
miraculum, -i   Wunder
mirari, -or, -atus/-a sum   sich wundern,
   staunen
mirus, -a, -um   erstaunlich, wunderbar
miscęre, -eo, miscui, mixtum   mischen
miser, -a, -um   elend, unglücklich
miseratio, -onis, *f.*   Erbarmen
miseręri, -eor, miseritus/-a (misertus/-a) sum
   sich erbarmen, Mitleid haben
miseret *(unpersönl.)*   me miseret   ich habe
   Mitleid mit ...
miseria, -ae, *f.*   Elend, Kummer
misericordia, -ae, *f.*   Barmherzigkeit
misericorditer *(Adv.)*   aus Barmherzigkeit
misericors, -rdis   barmherzig, voll Mitleid
missa, -ae, *f.*   Messe
mittere, -o, misi, missum   schicken
moderantia, -ae, *f.*   Mäßigung, Zurückhaltung
modestus, -a, -um   bescheiden
modo *(Adv.)*   soeben
modus, -i, *m.*   Maß, Art und Weise
moenia, -ium, *n. Pl.*   Wehrmauern
molendinum, -i, *n.*   Mahlstein, Mühle
molestus, -a, -um   lästig, unangenehm
molior, -iris, -iri, -itus/-a sum   sich
   ausdenken, anzetteln
mollis, -e   weich
monachari, -or, -atus/-a sum   als Mönch
   leben
monachus, -i, *m.*   Mönch
monasterium, -ii, *n.*   Kloster, Kirche
mons, -ontis, *m.*   Berg
monstrare, -o, -avi, -atum   zeigen
mora, -ae, *f.*   Verzögerung, Verspätung
morbus, -i, *m.*   Krankheit
mori, -ior, mortuus/-a sum, moriturus/-a sum
   sterben
morari, -or, -atus/-a sum   sich verspäten
mors, tis, *f.*   Tod
mortalis, -is   sterblich
mortuus, -a, -um   tot, gestorben
mos, moris, *m.*   Sitte; mores, -um   Sitten
motus, -us, *m.*   Bewegung
movęre, -eo, movi, motum   bewegen
mox *(Adv.)*   bald
mucro, -onis, *m.*   Dolch
mula, -ae, *f.*   Maultier *(weibl.)*, Mauleselin
mulcęre, -eo, -lsi, -lsum   besänftigen

mulier, -is, *f.* Frau

multiplex, -icis vielfach

multare (mulctare), -o, -avi, -atum bestrafen

multitudo, -inis, *f.* Menge

mulus, -i, *m.* Maultier, Maulesel

mundus, -i, *m.* Welt

munificus, -a, -um freigiebig, großzügig

munimentum, -i; *n.* Befestigung(sanlage)

munire, -io, -ivi, -itum befestigen

munus, -eris, *n.* Geschenk

murus, -i, *m.* Mauer

N

namque *(Konj.)* denn

naris, -is, *f.* Nasenloch

narratio, -onis, *f.* Erzählung

nasci, -or, natus/-a sum geboren werden

nasum, -i, *n.* (*oder* nasus, -i *m.*) Nase

natio, -onis, *f.* Volk

natura, -ae, *f.* Natur

navigare, -o, -avi, -atum zu Schiff fahren

navis, -is, *f.* Schiff

ne (*Negation*) nicht; (*Konjunktion mit Konjunktiv*) damit nicht; ne ... quidem nicht einmal

nec, neque (*beiordn. Konj.*) und nicht

necessarius, -a, -um notwendig

necesse (*undekliniert*) nötig

necessitas, -atis, *f.* Notwendigkeit, Bedarf

necnon *(Adv.)* und auch; (*beiordn. Konj.*) und

necare, -o, -avi, -atum töten

negligere (neglegere), -o, -exi, -ectum vernachlässigen

negare, -o, -avi, -atum verneinen, leugnen; ablehnen

negotium, -i, *n.* Geschäft, Angelegenheit

nemo, -inis niemand (*Indefinitpron.*)

nepos, -otis, *m.* Neffe

nequire, -eo, -ivi, -itum nicht können

nescire, -io, -ivi, -itum nicht wissen

neuter, -tra, -trum keiner (von beiden)

nex, necis Gewalttod, Mord

nexus, -us, *m.* Knoten

nichil *s.* nihil

niger, gra, grum schwarz

nihil (nichil) nichts (*Indefinitpron.*)

nihilominus *(Adv.)* nichtsdestoweniger

nimis *(Adv.):* zu sehr

nimium *s.* nimis

nimius, -a, -um über das Maß hinausgehend: zu groß, zu stark

nisi (*unterord. Konj.*) wenn ... nicht; außer wenn

nobilis, -e adlig, vornehmen

nobilitas, -atis, *f.* Adel

nocere, -eo, nocui, nocitum schaden

nocturnus, -a, -um nächtlich

nolle, nolo, nolui nicht wollen

nomen, -inis, *n.* Name

non *(Adv.)* nicht

nonae, -arum, *f. Pl.* Nonen (5. *oder* 7. Tag des Monats)

nonagesimus, -a, -um neunzigster

nonaginta neunzig

nondum *(Adv.)* noch nicht

nongenti, -ae, -a neunhundert

nonne ...? ... ? (*Frageindikator*)

nonnunquam *(Adv.)* bisweilen

nonus, -a, -um neunter

noscere, -o, novi, notum kennen lernen (novi: ich kenne)

noster, -tra, -trum unser

notus, -a, -um bekannt

novem neun

novembris, -is November

novies *(Adv.)* neunmal

novus, -a, -um neu, fremd

nox, noctis, *f.* Nacht

nubere, -o, nupsi, nuptum sich verheiraten (*von der Frau*)

nudus, -a, -um nackt

nullus, -a, -um keiner

num ...? etwa ...? (*Frageindikator*)

numerus, -i, *m.* Zahl

nummus, -i, *m.* Münze

nunc *(Adv.)* jetzt

nuncupare, -o, -avi, -atum nennen

nunquam *(Adv.)* niemals

nuntiare, -o, -avi, -atum melden, verkünden

nuntius, -i, *m.* Bote

nuper *(Adv.)* neulich

nutrire, -io, -ivi, -itum ernähren

nutritor, -oris, *m.* Ernährer

O

ob (*Präp. beim Akk.*) wegen

obesse, -sum schaden

obire, -eo, -ivi, -itum entgegengehen; sterben

objurgare, -o, -avi, -atum tadeln

oblatio, -onis, *f.* Opfer(gabe)

oblivisci, -or, -itus/-a sum vergessen

obnoxius, -a, -um verfallen, unterworfen

oboedire, -io, -ivi, -itum gehorchen

oboedientia, -ae, *f.* Gehorsam

obp- *s.* oppr-

obrepere, -o, repsi, reptum   unvermerkt eindringen, täuschen

observare, -o, -avi, -atum   bewachen, bewahren

obsidere, -eo, sedi, sessum   belagern

obviam *(Adv. und Präp. beim Dat.)*   entgegen *(unterwegs)*

obviare, -o, -avi, -atum   begegnen, treffen

occidere, -o, occidi, occisum   töten; untergehen *(Stern)*

occulte *(Adv.)*   insgeheim

occurrere, -o, curri, cursum   entgegenlaufen; in den Sinn kommen

octavus, -a, -um   achter

octies *(Adv.)*   achtmal

octingentesimus, -a, -um   achthundertster

octingenti, -ae, -a   achthundert

octo   acht

octobris, -is   Oktober

octoginta   achtzig

oculus, -i, *m.*   Auge

odisse, odi   hassen

offerre, -fero, obtuli, oblatum   darreichen, anbieten

officium, -i, *n.*   Amt, Aufgabe

oleum, -i, *n.*   Öl

olim *(Adv.)*   einstmals

omnipotens, -entis   allmächtig

omnis, -e   jeder, ganz; *Pl.* alle

onus, -eris, *n.*   Last, Bürde

opera, -ae, *f.*   Arbeit, Mühe

operarius, -i, *m.*   Arbeiter

oportet *(unpersönl.)*   es ist nötig

opprimere, -o, oppressi, oppressum   unterdrücken, bedrücken

oppugnare, -o, -avi, -atum   angreifen

ops, -is, *f.*   Reichtum

optimus, -a, -um   bester, sehr gut *(Superlativ zu* bonus*)*

optare, -o, -avi, -atum   wünschen

opus, -eris, *n.*   Aufgabe; opus est   es ist nötig, wird gebraucht *(mit Abl.)*

ora, -ae   Küste

orare, -o, -avi, -atum   bitten, beten

oratio, -onis, *f.*   Gebet

orbare, -o, -avi, -atum   zum Waisen machen

orbis, -is, *f.*   Welt

ordinare, -o, -avi, -atum   in Ordnung bringen

ordo, -inis, *m.*   ordnen

orientalis, -e   östlich

oriri, -ior, ortus/-a sum   entstehen, geboren werden

ornamentum, -i, *n.*   Verzierung

ornare, -o, -avi, -atum   schmücken

orphanus, -a, -um   Waise

os, -oris, *n.*   Mund

osculum, -i, *n.*   Kuss

ostendere, -o, -ndi, -nsum (-ntum)   zeigen

ostiarius, -i, *m.*   Pförtner

ostiatim *(Adv.)*   von Tür zu Tür

ostium, -i, *n.*   Öffnung, Tür

otiosus, -a, -um   müßig, untätig

otium (ocium), -i, *n.*   Ruhe, Muße, Frieden

ovile, -is, *n.*   Herde, Gehege, Stall

ovis, -is, *f.*   Schaf

P

pacificus, -a, -um   friedlich

paene (pene) *(Adv.)*   fast

paenitet (penitet) *(unpersönl.)*   me paenitet ich bedaure *jd. / etw.*

pagina, -ae, *f.*   Seite, Schriftstück

pagus, -i, *m.*   Dorf

palam *(Adv.)*   öffentlich

palatium, -i   Palast

pallium, -i, *n.*   Mantel, *Pallium*

pallor, -oris, *m.*   Blässe

palma, -ae, *f.*   Palme; Handfläche

panis, -is *m.*   Brot

papa, -ae, *m.*   Papst

paradisus, -i, *m. oder f.*   Paradies

paralisis, -is, *m.*   Lähmung, Ohnmacht

parasitus, -i, *m.*   Parasit, Schmarotzer

parcere, -o, perperci, parsum *(mit Dat.)*   verschonen

parcus, -a, -um   sparsam, spärlich

parens, -entis, *m. oder f.*   Verwandte(r)

parere, -eo, parui, -itum   gehorchen

parere, -io, peperi, partum   gebären

pariter *(Adv.)*   anscheinend

parare, -o, -avi, -atum   vorbereiten

parricida, -ae, *m. oder f.*   Mord

parrochia, -ae, *f.*   Gemeinde, Pfarrei

pars, partis, *f.*   Teil

parvitas, -atis, *f.*   Kleinheit

parvus, -a, -um   klein

pascha, -ae, *f.*   Ostern

pascere, -o, pavi, pastum   weiden (lassen)

passim *(Adv.)*   hier und da

passus, -us, *m.*   Schritt

pastinare, -o, -avi, -atum   behauen

pastor, -oris, *m.*   Hirt

patefacere, -io, patefeci, patefactum   öffentlich machen

pater, -tris, *m.*   Vater

paterfamilias (*oder:* pater familias [*alter Genitiv*]), *m.* Familienvater

patibulum, -i, *n.* Galgen

patiens, tis geduldig

patienter *(Adv.)* geduldsam

patientia, -ae, *f.* Geduld

patina, -ae, *f.* Tablett

pati, -ior, passus/-a sum (er)leiden

patruus, -i, *m.* Onkel (väterlicherseits)

patulus, -a, -um breit, weit

pauci, -ae, -a wenige, ein paar

paulisper *(Adv.)* einen kleinen Augenblick

paululum *(Adv.):* ein wenig

pauper, -eris arm, bedürftig

pavęre, -eo, pavi sich fürchten

pax, pacis, *f.* Friede

peccator, -oris, *m.* Sünder

peccatum, -i, *n.* Sünde

peccare, -o, -avi, -atum sündigen, falsch machen

pectus, -oris, *n.* Brust, Herz

pecunia, -ae, *f.* Geld, Vermögen

pecus, -oris, *n.* Vieh(herde)

pellere, -o, pepuli, pulsum vertreiben

pendęre, -eo, pependi, pensurus hängen

pendere, -o, pependi, pensum wiegen, abwiegen, urteilen

pendęre, -eo, pependi (ex) abhängen von

pene *s.* paene

penes *(Präp. b. Akk.)* bei

penetrare, -o, -avi, -atum eindringen

penitus *(Adv.)* im Innersten

pentecosten *(nicht dekliniert)* Pfingsten

penuria, -ae, *f.* Mangel, Knappheit

per *(Präp. beim Akk.)* durch (... hindurch), mittels

peragere, -o, -egi, -actum durchlaufen, erfüllen

percutere, -io, -cussi, -cussum durchstoßen

perditio, -onis, *f.* Verlust, Ruin

perditus, -a, -um verloren

perdere, -o, perdidi, perditum vernichten, ruinieren, verlieren

perdurare, -o, -avi, -atum fortdauern, bleiben

peregrinus, -i, *m.* Pilger, Fremder

perennis, -e ewig

perire, -eo, -ivi, -itum umkommen

perfecte *(Adv.)* vollkommen

perfectus, -a, -um perfekt, vollendet

perferre, -fero, -tuli, -latum ertragen

perficere, -io, feci, fectum vollenden (perficere ut bewirken, dass ...)

pergere, -o, perrexi, perrectum hingehen, erreichen

periculosus, -a, -um gefährlich

peritus, -a, -um erfahren, geschickt

perjurare, -o, -avi, -atum Meineid schwören

permittere, -o, -misi, permissum erlauben

permixtus, -a, -um ge-, vermischt

pernoctare, -o, -avi, -aturum übernachten

perpetrare, -o, -avi, -atum durchsetzen, ausführen

perpetuus, -a, -um fortwährend, ewig

perplurimi, -ae, -a überaus viele

perrexi *s.* porrigo

persequi, -or, secutus/-a sum befolgen, erlangen

perseverare, -o, -avi, -atum beharren

persolvere, -o, -solvi, -solutum einlösen

persona, -ae, *f.* Person

pertinęre, -eo, pertinui gelangen zu

pertractare (-trectare), -o, -avi, -atum handhaben, umgehen mit

perturbatio, -onis, *f.* Störung, Unruhe

pervolare, -o, -avi, -atum durchfliegen

pes, pedis, *m.* Fuß

pessimus, -a, -um schlechtester (*Superlativ zu* malus)

petitio, -onis, *f.* Bitte, Ersuchen

petere, -o, -ivi, -itum suchen, erbitten

philosophia, -ae, *f.* Philosophie

philosophus, -i, *m.* Philosoph

pietas, -atis, *f.* Frömmigkeit

piger, -gra, -grum faul, nichtsnützig

piget *(unpersönl.)* me piget mich ekelt

pitonissa, -ae, *f.* Wahrsagerin

pius, -a, -um fromm

placęre, -eo, -ui, -itum gefallen

placitum, *n.* Beschluss, Verhandlung

plantare, -o, -avi, -atum pflanzen

planus, -a, -um eben

plaustrum, -i, *n.* Karren

plebs, plebis, *f.* Volk, Gemeine, Laien

plectere, -o schlagen

pleniter *(Adv.)* völlig

plenus, -a, -um voll

plerique, -aeque, -aque die meisten

plerumque *(Adv.)* meistens

pluralitas, -atis, *f.* Vielzahl, Vielheit

plures, -a *Komparativ zu* multi

poena, -ae, *f.* Strafe

poenitentia, -ae, *f.* Buße

poeta, -ae, *m.* Dichter

polire, -io, -ivi, -itum glätten, polieren

pollicęre, -eo, pollicitum versprechen

polluere, -o, -ui, -utum besudeln,

beschmutzen

ponere, -o, posui, positum   setzen, stellen, legen

pons, -ontis, *m.*   Brücke

pontifex, -icis   Papst, Bischof

populus, -i, *m.*   Volk

populus, -i, *f.*   Pappel

porrectus, -a, -um   hingestreckt, länglich

porro *(Adv.)*   des Weiteren, dazu

porta, -ae, *f.*   Tor, Pforte

porticus, -us, *f.*   Portikus (die)

portio, -onis, *f.*   Anteil, Teil

portare, -o, -avi, -atum   tragen

portus, -us, *m.*   Hafen

posse, possum, potui   können

possessio, -onis, *f.*   Besitz

possidere, -eo, possedi, possessum   besitzen

possum *s.* posse

post *(Präp. beim Akk.)*   nach, hinter

postea *(Adv.)*   darauf

posthac *(Adv.)*   von jetzt, in Zukunft

postremo *(Adv.)*   schließlich, endlich

postridie *(Adv.)*   am folgenden Tag

potentia, -ae, *f.*   Macht

potestas, -atis, *f.*   Macht, Vermögen

potius *(Adv.)*   lieber, eher

potare, -o, -avi, -atum   trinken

prae *(Präp. beim Abl.)*   vor, angesichts

praebenda (prebenda), *f.*   Pfründe

praebere, -eo, -ui, -itum   anbieten

praeceptum, -i, *n.*   Vorschrift, Lehre

praecidere, -o, -cidi, -cisum   vorn abhauen

praecipere (precipere), -io, -cepi, -ceptum   vorschreiben

praecipitium, -i, *n.*   Abgrund

praecipuus, -a, -um   vornehmlich, hauptsächlich

praeclarus, -a, -um   hochberühmt

praecordialis, -e   herzlich lieb

praeda, -ae, *f.*   Beute

praedestinare, -o, -avi, -atum   vorbestimmen

praedicator, -oris, *m.*   Prediger

praedicere, -o, dixi, dictum   voraussagen

praedictus, -a, -um   vorgenannt

praedium, -i, *n.*   Landgut, Landbesitz

praedo, -onis, *m.*   Räuber

praeelectus, -a, -um   bevorzugt erwählt

praeesse (preesse), -sum, -fui   Vorsitz führen, befehligen

praeferre, -fero, -tuli, -latum   vor sich her tragen, vorbringen

praegrandis, -e   überaus groß

praegravare, -o, -avi, -atum   überlasten

praelatio, -onis, *f.*;   Amt des Prälaten

praelibatus, -a, -um   oben genannt

praemittere, -o, -misi, -missum   vorausschicken

praemium, -i, *n.*   Belohnung, Lohn

praeparare, -o, -avi, -atum   vorbereiten

praepositus, -i, *m.*   vorgesetzt

praesens, -entis   anwesend, gegenwärtig

praesentia, -ae, *f.*   Anwesenheit

praestat, -stitit *(unpersönl.)*   es ist besser

praestare, -o, -stiti   übertreffen; praestat   es ist von Vorteil

praesul, -lis, *m.*   Prälat, Bischof

praesumere, -o, sumpsi, sumptum   vorwegnehmen, recht überheblich sein

praetaxare, -o, -avi, -atum   festlegen

praeter *(Präp. beim Akk.)*   entlang, außerhalb, im Gegensatz zu, außer

praeterea *(Adv.)*   außerdem

praeterire, -eo, -ivi, -itum   vorbeigehen, übergehen

praevalere, -eo, valui   besser sein, obsiegen, können

praevidere, -eo, vidi, visum   vorhersehen

pre- *s.* prae-

precari, -or, precatus/-a sum   jd. bitten

prelio *s.* proelio

premere, -o, pressi, pressum   drücken

presbiter, -i, *m.*   Priester

pretiosus, -a, -um   kostbar

prex, precis, *f.*   Bitte

pridem *(Adv.)*   unlängst

pridie *(Adv.)*   am Tag zuvor

primo *(Adv.)*   erstens

primum *(Adv.)*   zuerst, quam primum *(unterord. Konj.)*   sobald

primus, -a, -um   erster

princeps, -cipis   erster; Fürst

principium, -i, *n.*   Beginn, Ursprung

prior, -ius   vorheriger, erster

prior, -oris, *m.*   Prior

prius *(Adv.)*   zuvor

priusquam *(unterord. Konj.)*   bevor

pro *(Präp. beim Abl.)*   vor, für, im Verhältnis zu

probitas, -atis, *f.*   Redlichkeit

probare, -o, -avi, -atum   prüfen

procedere, -o, cessi, cessum   voranschreiten, herkommen von

procella, -ae, *f.*   Sturm

procerus, -a, -um   hoch, groß

procreare, -o, -avi, -atum   zeigen, gebären

prodesse, prosum, profui   nützen

prodire, -eo, -ivi, -itum   vorangehen

prodigus, -a, -um   verschwenderisch

proditor, ris, *m.*   Verräter, Enthüller

proeliare, -o, (*oder* proeliari, -or, atus/-a sum)
   kämpfen

proelium, -i, *n.*   Kampf

profectio, -onis, *f.*   Abreise, Aufbruch

profecto *(Adv.)*   tatsächlich

profectus, -us, *m.*   Zuwachs, Gewinn

proferre, -fero, -tuli, -latum   vorbringen,
   vorführen

proficisci, -or, profectus/-a sum   aufbrechen

profiteri, -eor, fessus/-a sum   öffentlich
   erklären

prohibere, -eo, -ui, -itum   verbieten

promittere, -o, misi, missum   versprechen

promovere, -eo, movi, motum   vorrücken
   lassen

promulgare, -o, -avi, -atum   verkünden

pronus, -a, -um   nach vorn geneigt

prope *(Präp. beim Akk.).*   bei

properare, -o, -avi, -atum   sich beeilen

proponere, -o, -posui, -positum   vorsetzen,
   vorschlagen, vorziehen

propositum, -i, *n.*   Vorsatz

proprietas, -atis, *f.*   Eigentum

proprius, -a, -um   eigen (≈ suus), besonderer

propter *(Präp. beim Akk.)*   dicht bei, wegen

propterea *(Adv.)*   aus diesem Grund

propulsare, -o, -avi, -atum   beiseite schieben,
   zurückstoßen

prosperitas, -atis, f;   Wohlstand

prosperus, -a, -um   blühend, gutgehend

protectio, -onis, *f.*   Schutz

prout *(unterord. Konj.)*   je nachdem

provehere, -o, provexi, provectum
   voranbringen; provecta aetate   im
   vorgerückten Alter

proverbium, -ii, *n.*   Sprichwort

providus, -a, -um   vorausschauend

proximus, -a, -um (*Superlativ zu* propinquus)
   nächster; proximus, -i   der Nächste

psalmus, -i, *m.*   Psalm

pudet *(unpersönl.)*   ich schäme mich (*wg. etw.*)

puer, -eri, *m.*   Kind, Junge

pueritia, -ae, *f.*   Kindheit

pugna, -ae, *f.*   Kampf

pugnare, -o, -avi, -atum   kämpfen

pulcher, -chra, -chrum   schön

pulsus *s.* pello

pupillus, -i, *m.*   Mündel, Waise

purgare, -o, -avi, -atum   reinigen

puritas, -atis, *f.*   Reinheit

purpureus, -a, -um   purpurn, rot

purus, -a, -um   rein

pustula, -ae, *f.*   Pustel

putare, -o, -avi, -atum   glauben, meinen

Q

qua *(Adv.)*   von wo

quadragesima, -ae, *f.*   Fastenzeit,
   Quadragesima

quadragesimalis, -e   Fasten-

quadragesimus, -a, -um   vierzigster

quadraginta   vierzig

quadringentesimus, .a, -um   vierhundertster

quadringenti, -ae, -a   vierhundert

quaerere (querere), -o, quaesivi, quaesitum
   suchen, fragen

quaestio, -onis, *f.*   Frage

qualis, -e   welcher

qualiter *(Adv.)*   auf welche Weise;
   (*Konjunktion mit Konjunktiv*)   wie, dass

quam (*Konjunktion mit Konjunktiv*)   als ...;
   (*mit Adjektiv*) möglichst ..., sehr ...; *in Frage
   oder Ausruf*   wie

quamdiu *(Adv.)*   wie lange?

quamobrem *(Adv.)*   weswegen, deswegen

quamvis *(unterord. Konj.)*   obgleich

quando *(Adv.) (unterord. Konj.)*   als, da

quandoquidem *(unterord. Konj.)*   da

quantum *(Adv.)*   so viel wie

quantus, -a, -um   wie groß, wie viel

quapropter *(Adv.)*   weswegen

quaquaversum *(Adv.)*   in alle Richtungen

quare *(Adv.).*   warum?

quartus, -a, -um   vierter

quasi *(unterord. Konj.)*   so als ob

quatenus (quatinus) *(unterord. Konj.)*   damit

quater *(Adv.)*   viermal

quatuor   vier

quemadmodum *(fragend)*   wie?

quire, -eo, -ivi, -itum   können

quercus, -us, *f.*   Eiche

querulari, -or, -atus/-a sum   Streit suchen

qui, quae, quod *(Relativpron.)*   der, die, das

quia *(unterord. Konj.)*   weil

quid *(Adv.)*   warum? wieso?; quid est quod ...
   welchen Grund gibt es dafür, dass ...?

quidam, quaedam, quiddam   ein gewisser

quidem *(Adv.)*   zwar

quies, -etis, *f.*   Ruhe

quiescere, -o, quievi, quietum   ruhen

quietus, -a, -um   ruhig, still

quilibet, quaelibet, quidlibet   gleich wer

quingentesimus, -a, -um   fünfhundertster

quingenti, -ae, -a   fünfhundert

quinquagesima, -ae, f.   Pfingsten

quinquagesimus, -a, -um   fünfzigster

quinquaginta   fünfzig

quinque   fünf

quintus, -a, -um   fünfter

quis, -ae, quid   wer?

quisquam, quaequam, quidquam (quicquam)
   jemand, irgendeiner

quisque, quaeque, quidque   jeder

quivis, quaevis, quidvis (quodvis)   gleich wer

quo (Adv.)   wo; (Konjunktion)   damit

quoad (unterord. Konj.)   bis dass

quod (unterord. Konj.)   weil

quomodo (Frage, Adv.)   wie

quoniam (unterord. Konj.)   da ja, dass ja

quoque (Adv.)   auch

quot (nicht dekliniert)   wie viele?

quotannis (Adv.)   jährlich

quotidie (Adv.)   täglich

quotidianus, -a, -um   täglich

quoties (Adv.)   wievielmal?

quousque (Adv.)   bis wohin?

R

rabies, -ei, f.   Wut

radix, cis f.   Wurzel

raro (Adv.)   selten

ratio, -onis, f.   Berechnung, Art und Weise

rationabiliter (Adv.)   vernunftgemäß

recedere, -o, -cessi, -cessum   zurückgehen,
   -weichen

reaedificare, -o, -avi, -atum   wiedererrichten

recipere, -io, cepi, ceptum   bekommen

reclamare, -o, -avi, -atum   Einspruch erheben

recludere, -o, reclusi, reclusum   einschließen

recolere, -o, recolui, recultum   bedenken, sich
   erinnern

recolligere, -o, -lexi, -lectum   versammeln

recordatio, -onis, f.   Rückerinnerung

recreare, -o, -avi, -atum   wiedererschaffen

recte (Adv.)   auf richtige, rechte Weise; wohl

rector, -oris, m.   Lenker; Führer, Anführer

rectus, -a, -um   richtig, gerecht

recusare, -o, -avi, -atum   zurück-, abweisen

redditio, -onis, f.   Erstattung

reddere, -o, reddi, redditum   zurückgeben

redire, -eo, -ivi, -itum   zurückgehen, -
   kommen

redimere, -o, -emi, -emptum   zurück-,
   freikaufen; sühnen

reducere, -o, duxi, ductum   zurückführen

refectio, -onis, f.   Entschädigung, Erholung,
Mahlzeit

referre, fero, tuli, latum   zurückbringen

refovere, -eo, -fovi, -fotum   aufwärmen,
   aufrichten, trösten

refrigerare, -o, -avi, -atum   (ab)kühlen (lassen)

refulgere, -o, refulsi   strahlen, glänzen

refutare, -o, -avi, -atum   widerlegen

regere, -o, rexi, rectum   lenken, regieren

regimen, -inis, n.   Lenkung, Führung

regio, -onis, f.   Region

regius, -a, -um   königlich

regnare, -o, -avi, -atum   herrschen

regnum, -i, n.   Reich, Königreich

regredi, -or, gressus/-a sum   zurückgehen, -
   kommen

relatu   s. refero

relaxare, -o, -avi, -atum   lockern, entspannen

relegare, -o, -avi, -atum   verbannen

relevare, -o, -avi, -atum   erleichtern,
   besänftigen

religiosus, -a, -um   fromm

relinquere, -o, reliqui, relictum   zurück-,
   verlassen

reliquae, -arum, f.   Reliquien

reliqui, -ae, -a   die verbleibenden, übrigen

remanere, -eo, -mansi, -mansum   bleiben,
   verweilen

remedium, -i, n.   Hilfs-, Heilmittel

remissio, -onis, f.   Vegebung

reniti, -or, nisus/-a sum   widerstehen

renovare, -o, -avi, -atum   erneuern

renuntiare, -o, -avi, -atum   berichten, melden

repedare, -o, -avi, -atum   entgegnen

repellere, -o, reppuli, repulsum   vertreiben

rependere, -o, -pendi, -pensum   ausgleichen

repente (Adv.)   plötzlich

reperire, -io, repperi, repertum   entdecken,
   finden

reponere, -o, posui, positum   beiseitelegen,
   zurücklegen, zurückgeben

reportare, -o, -avi, -atum   zurückbringen

reposco, -is, -ere   verlangen, geltend machen

reputare, -o, -avi, -atum   erwägen, überlegen

requiescere, -o, -quievi, -quietum   ruhen

requirere, -o, -sivi, -situm   suchen, fragen

res, -ei, f.   Sache

resfamiliaris, -is, f.   Erbgut

reservare, -o, -avi, -atum   (auf)bewahren

respondere, -eo, -ndi, -nsum   antworten

respublica, -ae, f.   Staat, öffentliche
   Angelegenheiten

restauratio, -onis, f.   Wiederherstellung

restinguere, -o   (aus)löschen

restituere, -o, -ui, -utum zurückerstatten

restringere, -o, strinxi, strictum festziehen, verstärken

resuscitare, -o, -avi, -atum aufwecken

retributio, -onis, *f.* Vergütung, Entlohnung

retro *(Adv.)* zurück, hinten

reverentia, -ae, *f.* Ehrfurcht, Ehrerbietung

revertere, -o, verti, versum umdrehen

revocare, -o, -avi, -atum zurückrufen, entfernen

rex, regis, *m.* König

rhetorica, -ae, *f.* Rhetorik

ridere, -eo, risi, risum lachen

rivatim *(Adv.)* nach Weise eines Flusses

rixari, -or, -atus/-a sum (sich) streiten

roborare, -o, -avi, -atum bestätigen

robustus, -a, -um stark, fest

rogare, -o, -avi, -atum fragen

rotundus, -a, -um rund

rubeus, -a, -um rot

ruina, -ae, *f.* Einsturz, Ruine

ruere, -o, rui, rutum stürzen

rursus *(Adv.)* erneut, wiederum

rus, ruris, *n.* Land *(Ggs. zur Stadt) (Lok.* ruri)

S

sabbatum, -i, *n.* Samstag

sabulus, -i, *m.* Sand

sacer, -cra, -crum geheiligt, heilig

sacerdotium, -i, *n.* Priestertum

sacramentum, -i, *n.* Sakrament

sacrificare, -o, -avi, -atum opfern

sacrare, -o, -avi, -atum weihen, konsekrieren

saecularis, -e weltlich, säkular

saeculum (seculum), -i, *n.* Jahrhundert, (Lebens)Welt

saepe *(Adv.)* oft

saepes (sepes *oder* seps), -is, *f.* Hecke

saetosus, -a, -um behaart, bedeckt

saevire, -io, saevi, saevitum toben, wüten

saevus, -a, -um grausam

sagitta, -ae, *f.* Bogen *(zum Schießen)*

saltem *(Adv.)* wenigstens

salus, -utis, *f.* Heil, Wohl

saluare, -o, -avi, -atum grüßen

salutatio, -onis, *f.* Gruß

salvus, -a, -um wohlbehalten

sanctus, -a, -um heilig, geheiligt

sane *(Adv.)* in der Tat, allerdings

sanguis, -inis, *m.* Blut

sanitas, -atis, *f.* Gesundheit

sanus, -a, -um gesund

sapiens, -entis weise

sapientia, -ae, *f.* Weisheit

satiare, -o, -avi, -atum sättigen

saxum, -i, *n.* Fels, Stein

sceleratus, -a, -um verbrecherisch

scelus, -eris, *n.* Verbrechen

scientia, -ae, *f.* Wissenschaft, Wissen

scilicet *(Adv.)* das heißt

scire, -io, scivi, scitum wissen

scolasticus, -i, *m.* Student, Gelehrter

scoria, -ae, *f.* Schlacke

scribere, -o, scripsi, scriptum schreiben

scrinium, -i, *n.* Schatulle, Kassette

scriptum, -i, *n.* Schreiben

scriptura, ae; *f.* Schrift

sculpere, -o, sculpsi, sculptum skulptieren

scurra, -ae, *m.* Narr

secundum *(Präp. beim Akk.)* gemäß, infolge

secundus, -a, -um zweiter

securis, -is, *f.* Beil

sed *(unterord. Konj.)* aber

sedere, -eo, sedi setzen

sedes, -is, *f.* Sitz; Amt(ssitz)

seditio, -onis, *f.* Aufstand

segregare, -o, -avi, -atum trennen

semel *(Adv.)* einmal

semen, -inis, *n.* Samen

seminare, -o, -avi, -atum säen

semita, -ae, *f.* Pfad

semper *(Adv.)* immer

senectus, -utis, *f.* Alter (das)

senex, -is, *m.* Alter, Greis

sententia, -ae, *f.* Meinung, Ansicht

sentire, -io, sensi, sensum fühlen, spüren

sepelire, -io, -ivi, -itum begraben

septem sieben

septembris, -is September

septies *(Adv.)* siebenmal

septimus, -a, -um siebter

septingenti, -ae, -a siebenhundert

septingentesimus, -a, -um siebenhundertster

septuagesima, -ae, *f.* (Sonntag) Septuagesma

septuagesimus, -a, -um siebzigster

septuaginta siebzig

sequi, -or, secutus/-a sum folgen

serenus, -a, -um heiter

serenitas, -atis, *f.* (innere) Heiterkeit

sermo, -onis, *m.* Rede

sero *(Adv.)* spät, zu spät

servator, -oris, *m.* Retter, Bewahrer

servire, -io, -ivi, -itum jd. dienen

servitus, -utis, *f.* Knechtschaft

servare, -o, -avi, -atum bewahren, retten

servus, -i, *m.* Leibeigener, Diener

sex   sechs
sexagentesimus, -a, -um   sechshundertster
sexagesimus, -a, -um   sechzigster
sexaginta   sechzig
sexcenti, -ae, -a   sechshundert
sexties *(Adv.)*   sechsmal
sextus, -a, -um   sechster
sexus, -us, *f.*   Geschlecht (*biologisch*)
si *(unterord. Konj.)*   wenn, falls
sic *(Adv.)*   so
sicut *(unterord. Konj.).*   wie, so wie
sigillum, -i, *n.*   Siegel
signaculum, -i, *n.*   Zeichen
signare, -o, -avi, -atum   bezeichnen, siegeln
signum, -i, *n.*   Zeichen, Signal (*Uhr*),
    Unterschrift, Siegel
silv- *s. sylv-*
simplicitas, -atis, *f.*   Einfachheit
simul *(Adv.)*   zugleich
sine *(Präp. beim Abl.)*   ohne
sinere, -o, sivi, situm   zulassen, erlauben
singuli, -ae, -a   als einzelne
siquidem *(unterord. Konj.)*   wenn jedenfalls,
    da nun einmal
sitire, -io, -ivi, -itum   dürsten, Durst haben
sitis, -is, *f.*   Durst (*Akk.* sitim)
situs, -a, -um   gelegen
sive *(beiord. Konj.)*   sei es dass
sobrius, -a, -um   nüchtern
sociare, -o, -avi, -atum   beteiligen,
    zusammentun
socius, -a, -um   Freund, Partner
sol, -is, *m.*   Sonne
solatio, -onis, *f.*   Tröstung
solatium, -i, *n.*   Trost
solere, -eo, -itus/-a sum   gewohnt sein
solidus, -i, *m.*   Solidus (*Münze*; ›Sou‹)
solitudo, -inis, *f.*   Einsamkeit, Wüste
solium, -i, *n.*   Thron
sollertia, -ae, *f.*   Geschick(lichkeit)
sollicitudo, -inis, *f.*   Fürsorge
solum, -i, *n.*   Boden, Heimatboden
solus, -a, -um   allein
solvere, -o, solui, solutum   (los)lösen, zahlen
somnus, -i, *m.*   Schlaf
sordere, -eo   schmutzig sein
soror, -oris, *f.*   Schwester
sospes, -itis   wohlbehalten
sospitas, -atis, *f.*   Wohlergehen, Gesundheit
spatium, -i, *n.*   Raum
species, -i, *f.*   Äußeres, Gestalt, Erscheinung
spectare, -o, -avi, -atum   schauen, betrachten
spelunca, -ae, *f.*   Höhle, Grotte

spernere, -o, sprevi, spretum   verachten
spes, -ei, *f.*   Hoffnung
spiritualis, -e   spirituell
spiritus, -us, *m.*   Atem, Geist
splendere, -eo, didi, ditum   glänzen
splendidus, -a, -um   glänzend
spoliare, -o, -avi, -atum   berauben
stabilire, -io, -ivi, -itum   stabil machen
statim *(Adv.)*   sofort
statuere, -o, -ui, -utum   entscheiden
statura, -ae, *f.*   Wuchs, Gestalt, Statur
status, -us, *m.*   Stand, Situation
stercus, -oris, *n.*   Mist
stipendium, -i, *n.*   Sold, Entlohnung, Dienst
stips, stipis, *f.*   Bettelei, Almosen
stipare, -o, -avi, -atum   drängen, umdrängen,
    umgeben
stirpator, -oris, *m.*   wer ausrottet, Zerstörer
stirps, -is, *f.*   Wurzel, Ursprung, Sippe
stare, -o, steti, statum   stehen
stola, -ae, *f.*   Stola, Robe
strenuitas, -atis, *f.*   Stärke, Kraft
studere, -eo, -ui (*mit Dat.*)   sich e. Sache
    hingeben, studieren
studium, -i, *n.*   Fleiß, Eifer, Studium
stultitia, -ae, *f.*   Dummheit
stultus, -a, -um   dumm
suadere, -eo, suasi, suasum   überreden
suavis, -is   süß, angenehm
sub   unter, am Fuß von, unter hin, gegen
    (*beim Akk. oder Abl.*)
subdare, -o, didi, ditum   unterwerfen
subire, -eo, -ivi, -itum   unter … gehen,
    durchmachen
subito *(Adv.)*   plötzlich
subjicere, -io, -jeci, -jectum   unterwerfen
sublatum, *s.* tollo
sublimitas, -atis, *f.*   hohe Stellung, Adel
sublimare, -o, -avi, -atum   erheben, preisen
subplantator, -oris, *m.*   Betrüger
subsecutus, -a, -um   *s.* subsequor
subsistere, -o, stiti   bestehen, vorhanden sein
substantia, -ae, *f.*   Substanz
subter *(Adv.)*   unter
subtiliter *(Adv.)*   subtil, fein
suburbanus, -a, -um   in, aus der Vorstadt
subvenire, -io, veni, ventum   dazukommen,
    beistehen
succedere, -o, successi, successum
    nachfolgen
succendere, -o, cendi, censum   anheizen
successor, -oris, *m.*   Nachfolger
succidere, -o, -cidi, -cisum   abschneiden

sufficere, -io, -feci, -fectum   fähig sein,
   genügen
summitas, -atis, f.   Spitze, Gipfel
summus, -a, -um   höchster
super   auf, über (beim Akk. oder Abl.)
superare, -o, -avi, -atum   überwinden, siegen
superbus, -a, -um   hochmütig, stolz
superius (Adv.)   höher
supernus, -a, -um   oben befindlich,
   himmlisch
superstitio, -onis, f.   Aberglaube
superesse, -sum, -fui   überleben
supertunicale, -is, n.   Überwurf, Mantel
supervenire, -io, -veni, -ventum
   dazukommen, zu Hilfe kommen
supra (Präp. beim Akk.)   über
supradictus, -a, -um   oben genannt
surdus, -a, -um   taub
surgere, -o, surrexi, surrectum   sich erheben,
   aufstehen
suscipere, -io, suscepi, susceptum
   aufnehmen, empfangen
suscitare, -o, -avi, -atum,   wieder erwecken
suspendere, -o, -pensi, -pensum   aufhängen,
   aussetzen
suspirium, -i, n.   Seufzer
suspirare, -o, -avi, -atum   seufzen
sustuli, s. tollere
sustentare, -o, -avi, -atum   (unter)stützen
sylva, -ae, f.   Wald
sylvestris, -e   Wald-

T

tabernaculum, -i, n.   Zelt, Tabernakel
tacere, -eo, tacui, tacitum   schweigen
taedet (tedet) (unpersönl.)   me taedet   mich
   ekelt etw.
taliter (Adv.)   auf solche Weise, so
tam ... quam ...   so ... wie ...
tamdiu (Adv.)   so lange
tamen (beiord. Konj.)   dennoch, indes
tametsi   obwohl, selbst wenn
tamquam (unterord. Konj.)   wie wenn
tandem (Adv.)   endlich
tangere, -o, tetigi, tactum   berühren
tanto .... quanto ...   um soviel ... als ...
tantum (Adv.)   nur
tardus, -a, -um   spät, langsam
taxillus, -i, m.   eine Art Würfel
tectum, -i, n.   Dach
tela, -ae, f.   Stoff, Tuch
temerarius, -a, -um   leichtsinnig
temere (Adv.)   leichtsinnigerweise

temperies, -ei, f.   milde Wärme
temperare, -o, -avi, -atum   mildern
templum, -i, n.   heiliger Bezirk, Tempel,
   Kirche
temptare, -o, -avi, -atum   versuchen
tempus, -oris, n.   Zeit
temulentus, -a, -um   betrunken
tenebrosus, -a, -um   dunkel, finster
tenere, -eo, -ui, -entum   halten, haben,
   besitzen
tentare   s. temptare
-tenus (nachgestellte Präp. mit Substantiv
   verschmolzen): bis (s. cordetenus)
ter (Adv)   dreimal
terra, -ae, f.   Erde, Land; terrae, -arum   Welt
terragium, -i, n.   Ernteabgabe
terrenus, -a, -um   irdisch; Land-, Feld-
terrere, -eo, terrui, territum   erschrecken
territorium, -i, n.   Territorium, Gebiet
tertius, -a, -um   dritter
testamentum, -i, n.   Testament
testimonium, -i, n.   Zeugnis
testis, -is, m.   Zeuge
texere, -o, texi, textum   weben
timere, -eo, -ui   fürchten
timor, -oris, f.   Furcht
tolerare, -o, -avi, -atum   ertragen
tollere, -o, sustuli, sublatum   hochheben, auf
   sich nehmen
tonitruum, -i, n.   Donner
tonare, -o, tonui   donnern
tormentum, -i, n.   Qual, Pein
tot ... quot ...   so viele ... wie ...
totus, -a, -um   ganz, gesamt
tractare, -o   behandeln, arbeiten
tradere, -o, tradidi, traditum   übergeben,
   überlassen
tragoedia, -ae, f.   Tragödie
trames, -itis, m.   Weg, Pfad
trans (Präp. beim Akk.)   jenseits von
transcendere, -o, -ndi, -nsum   hinübersteigen,
   überschreiten
transferre, -fero, -tuli, -latum   hinüberbringen
transgredior, -eis, -i, gressus/-a sum
   überschreiten
transigere, -o, -egi, -actum   durchtreiben,
   durchführen, beenden
transire, -eo, -ivi, -itum   hinübergehen
transversus, -a, -um   quer liegend, in
   die Quere kommend   (ex transverso
   unerwartet)
transvolare, -o, -avi, -atum   hinüberfliegen
trecentesimus, -a, -um   dreihundertster

trecenti, -ae, -a   dreihundert

tres, tria   drei

tribulatio, -onis, *f.*   Bedrückung, Verlorenheit

tribulare, -o, -avi, -atum   bedrängen, quälen

tribuere, -o, -ui, -utum   zuweisen

tribus, -us, *f.*   Stamm (*sozial*)

tributus, -i, *m.*   Tribut

tricesimus (-gesimus), -a, -um   dreißigster

triennium, -i, *n.*   Raum von drei Jahren

triginta   dreißig

trivium, -i, *n.*   Kreuzung; ›Trivium‹ (›Dreiweg‹
   aus Grammatik, Rhetorik, Dialektik)

trucidare, -o, -avi, -atum   töten

tum *(Adv.)*   damals, da

tumulus, -i, *m.*   Grab(mal)

tunc *(Adv.)*   damals

tunica, -ae, *f.*   Tunika

turbare, -o, -avi, -atum   verwirren

turbulentus, -a, -um   unruhig, erregt

turpis, -e   schändlich

turtur, uris, *m. oder f.*   Turteltaube

tussis, -is, *f.*   Husten (*Akk.* tussim)

tutamentum, -i, *n.*   Schutz, Verteidigung

U

ubi *(Adv.)*   wo (*örtlich*); (*Konjunktion mit
   Konjunktiv*) als (*zeitlich*)

ubicumque *(Adv.)*   wo es auch sei

ubique *(Adv.)*   überall

ultimus, -a, -um   letzter

ultra *(Präp. beim Akk.)*   jenseits von

unanimis, -e   einmütig

unanimitas, -atis, *f.*   Einmütigkeit

unde *(Adv.)*   von wo

undique *(Adv.)*   von allen Seiten

unguere, -o, unxi, unctum   salben

unicus, -a, -um   einzig

unio, -onis, *f.*   Vereinigung

unio, -is, -ire   vereinen, vereinigen

universus, -a, -um   gesamt, alles

unus, -a, -um   einer

unusquisque, -quaeque, -quaque   jeder
   einzelne

urbanus, -a, -um   städtisch, erlesen

urbs, -is, *f.*   Stadt

urere, -o, ussi, ustum   verbrennen

usque ad *(Präp. beim Akk.)*   bis (hin zu)

usuarium, -i, *n.*   Nießbrauch, Nutzungsrecht

usurpare, -o, -avi, -atum   sich anmaßen,
   aneignen

usus, -us, *m.*   Gebrauch, Nutzung

usus, -a, -um   *s.* utor

ut *(unterord. Konj.)*   dass, damit, als

uter, utra, utrum   wer von beiden?

uterque, utraque, utrumque   beide

uterus, -i, *m.*   Mutterleib; ab utero   von
   Geburt an

uti, -or, -usus/-a sum (*mit Abl.*)   gebrauchen,
   verwenden, (*e. Haltung*) zeigen

utilis, -e   nützlich

utilitas, -atis, *f.*   Nützlichkeit

utique *(Adv.)*   in jedem Fall

utpote *(Adv.)*   angesichts dessen, dass ...

utrum ... an ...?   ... oder ...? (*Doppelfrage*)

uxor, -oris, *f.*   Frau, Gattin; uxorem ducere
   heiraten

V

vacuus, -a, -um   leer

vadere, -o   gehen

vagari, -or, -atus/-a sum   umherziehen

vagus, -a, -um   umherirrend

valde *(Adv.)*   sehr, vollkommen

valens, -entis   stark, mächtig

valere, -eo, valui   taugen, leisten, können

vallis, -is, *f.*   Tal

vanus, -a, -um   nichtig, vergeblich

varius, -a, -um   verschieden

varium, -i, *n.*   (weißgrauer) Pelz, Fell

vas, vasis, *n.*   Gefäß

vegetus, -a, -um   lebhaft

vehemens, -entis   heftig

vehere, -o, vexi, vectum   fahren (*etwas*)

vel (*beiord. Konj.*)   oder

velare, -o, -avi, -atum   verhüllen

velle, volo, volui   wollen

velut (*beiord. Konj.*)   (ebenso) wie

venalis, -e   käuflich

venatio, -onis, *f.*   Jagd

venator, -oris *m.*   Jäger

vendicare (vindicare), -o, -avi, -atum   fordern,
   rächen

vendere, -o, vendidi, venditum   verkaufen

venenum, -i, *n.*   Gift

venerabilis, -is, -e,   verehrenswürdig

venerandus, -a, -um   verehrenswürdig

veneratio, -onis, *f.*   Verehrung

venerare, -o, -avi, -atum   verehren

venia, -ae, *f.*   Verzeihung

venire, -io, veni, ventum   kommen

ventus, -i, *m.*   Wind

venustus, -a, -um   schön, voll Liebreiz

ver, veris, *n.*   Frühling

verberare, -o, -avi, -atum   schlagen

verbum, -i, *n.*   Wort

vere *(Adv.)*   wirklich

vereri, -eor, veritus/-a sum   fürchten
vernalis, -is Frühlings-
vero *(Adv.)*   nun, nun aber
versus, -us, *m.*   Vers
verum *(Adv.)*   aber
verus, -a, -um   wahr, wahrhaftig
vesper, -eris *(oder* eri), *m.*   Abend
vespera, -ae, *f.*   Abend; *Pl.*:
   Vesper(gottesdienst)
vespere *(Adv.)*   abends
vestigium, -i, *n.*   Spur, Rest
vestigare, -o, -avi, -atum   aufspüren, einer
   Spur folgen
vestire, -io, -ivi, -itum   kleiden, bedecken
vestis, -is, *f.*   Kleidung
vetare, -o, -avi, -atum   verbieten
vetulus, -a, -um   ältlich
vetus, -eris   alt
vexatio, -onis, *f.*   Qual, Pein
via, -ae, *f.*   Weg, Straße
viator, -oris, *m.*   Reisender, Wanderer
vicesimus (vigesimus), -a, -um   zwanzigster
vicinus, -a, -um   benachbart
victoria, -ae, *f.*   Sieg
vicus, -i, *m.*   Dorf
videlicet *(Adv.)*   natürlich, das heißt
videre, -eo, vidi, visum   sehen
viduatus, -a, -um   verwitwet
viduus, -a, -um   verwitwet; Witwer, Witwe
vigilia, -ae, *f.*   Nachtwache, Vigilie
viginti *(nicht dekliniert)*   zwanzig
vilis, -e   nichtswürdig, nichts wert
villa, -ae, *f.*   Herrengut, Villa
vincere, -o, vici, victum   besiegen
vinum, -i, *n.*   Wein
violentia, -ae, *f.*   Gewalt

violare, -o, -avi, -atum   verletzen
vir, -i, *m.*   Mann
virginitas, -atis, *f.*   Jungfräulichkeit
virgo, -inis, *f.*   Jungfrau
viridis, -e   grün
virtus, -utis, *f.*   Tugend; Kraft, Macht
virus, -i, *n.*   Gift
vis *(Gen. ungebräuchlich)*   Kraft
visitatio, -onis, *f.*   Besuch
visitator, -oris, *m.*   Besucher
visitare, -o, -avi, -atum   besuchen
visere, -o, visi, visum   besuchen gehen
visus, -us, *m.*   Sehkraft
vita, -ae, *f.*   Lenen
vitis, -is, *f.*   Weinrebe
vitium, -i, *n.*   Fehler
vitare, -o, -avi, -atum   vermeiden
vituperare, -o, -avi, -atum   tadeln
vivarium, -i, *n.*   Fischteich
vividus, -a, -um   lebendig
vix *(Adv.)*   kaum, mit Mühe
vociferare, -o, -avi, -atum   laut rufen
vocare, -o, -avi, -atum   rufen, nennen
voluntas, -atis, *f.*   Willen
voluptas, -atis, *f.*   Vergnügen
vovere, -eo, vovi, votum   geloben
vox, vocis, *f.*   Stimme
vulgus, -i, *n.*   Volk
vultus, -us, *m.*   Gesicht
vulnus, -eris, *n.*   Wunde

X

xenodochium, -i, *n.*   Herberge, Pilgerhaus,
   Hospital

Verzeichnis der Eigennamen und geografischen Namen

Die Form von Familiennamen und Ortsnamen ist, je nach Herkunft der Autoren, die sie verwenden, im mittelalterlichen Latein oft variabel. Wir führen hier die Eigennamen in der Form an, wie sie in den Übungen und Beispieltexten vorkommen, lassen aber diejenigen aus, deren Identifikation keinerlei Probleme macht (*Roma, Ravenna...*). Außerdem vermerken wir nur solche Personen- oder Ortsnamen, die einen gewissen Bekanntheitsgrad aufweisen und/oder deren Übersetzung durch den Gebrauch gefestigt ist. In den übrigen Fällen kann man den Namen in der lateinischen Form beibehalten oder an deutsche Lautkonventionen anpassen (etwa *Trohannus*: Trohannus oder Trohann; *Gundofredus*: Gundofredus oder Gundefried). Die Eigennamen der Lesetexte im Leseteil, die in der Übersetzungsspalte ggf. angepasst sind, werden in diesem Verzeichnis nicht aufgeführt. (In der Regel werden sie dort dem im deutschen Sprachraum am meisten üblichen angepasst; hs).

Unverzichtbares Hilfsmittel für die geografischen Namen ist das Wörterbuch von T. Graesse, *Orbis latinus*, 3 Bde., Amsterdam, 1972.

Adalpertus, -i, *m.*   Adalbert
Albricus, -i, *m.*   Albrich
Aldenburch   Altenburg (*historisches* Sachsen)
Amandus, -i, *m.*   (St./Hl.) Amandus
Amatus, -i, *m.*   Aimé *oder* Amé
Ambianus, -a, -um   aus Amiens
Ansgarius, -i, *m.*   (St./Hl.) Ansgar, Bischof von Hamburg (9. Jh.)
Aquisgranum, -i, *n.*   Aachen
Arnulfus, -i, *m.*   Arnulf
Argentina, -ae, *f.*   Straßburg
Andreas, -ae, *m.*   (St./Hl.) Andreas
Albricus, -i, *m.*   Aubry
Ansgarius, -i, *m.*   (St./Hl.) Ansgar
Augusta, -ae, *f.*   Augsburg

Basile(i)a, -ae, *f.*   Basel
Beccus, -i   (Kloster) Bec (Eure)
Brandanus (Brendanus)   (St./Hl.) Brendan

Cameracensis, -e   aus Cambrai
Cantuaria, -ae, *f.*   Canterbury
Cantuariensis, -is   aus Canterbury

Cella (*f.*) Meginradi   Kloster Einsiedeln
Cisterciensis, -e   Zisterzienser
Cluniacensis, -is   aus Cluny
Colonia, -ae, *f.*   Köln

Danus, -a, -um   Däne
Duacum, -i, *n.*   Douai (Nordfrankreich)

Eberhardus, -i   Eberhard
Einhardus, -i, *m.*   Einhard

Floriacensis, -is   aus Fleury (Abtei an der Loire)
Fons Ebraldus, *m.*   Fontevrault (Kloster an der Loire)
Francia, -ae, f;   Frankenreich, Frankreich
Franciscus, -i, *m.*   (St./Hl.) Franziskus
Friso, -onis   Friese

Gallicus, -a, -um   gallisch
Gallia, -ae, *f.*   Gallien
Gallus, -i, *m.*   (St./Hl.) Gallus
Goslaria, -ae, *f.*   Goslar (*historisches* Sachsen)

Hammarburg, -is   Hamburg
Henricus, -i, *m.*   Heinrich
Hierosolima, -orum   Jerusalem
Hispania, -ae, *f.*   Spanien
Hlotharius, -i, *m.*   Lothar
Hludowicus, -i, *m.*   Ludwig, Louis
Hugo, -onis, *m.*   Hugo
Horrea, -ae, *f.*   Oeren (Flandern)

Johannes *oder* Johannis, -is, *m.*   Johannes
Junianus, -i, *m.*   (St./Hl.) Junian

Karolus, -i, *m.*   Karl

Lanfrancus, -i   Lanfrank von Bec (aus Pavia,
   wirkte in Burgund)
Lemovicinus, -a, -um   aus Limoges
Leodegarius, -i, *m.*   (St./Hl.) Leodegar, Léger
Lugdunum, -i, *n.*   Lyon

Machu, -utis *und* Machutus, -i, *m.*   (St./Hl.)
   Malo
Majus Monasterium, *n.*   Marmoutier
Martialis, -is, *m.*   (St./Hl.) Martial
Martinus, -i, *m.*   (St./Hl.) Martin
Meginradi (cella)   Kloster Einsiedeln
Meldensis, -e   aus Meaux (Dpmt. Seine-
   Marne)
Mettis, -is, *f.*   Metz
Mogontia, -ae, *f.*   Mainz

Nortmannus , -a, -um   Normanne,
   normannisch

Nantcaruan *(nicht dekliniert)*   Nantcaruan
   (Britannien)

Otto, -onis, *m.*   Otto

Parisiensis, -e   aus Paris
Parisius *(nicht dekliniert)*   Paris
Petrus, -i, *m.*   (St./Hl.) Peter, Petrus
Pictavus, -a, -um   aus Poitiers

Regievallis, -is, *f.*   Riéval (bei Nancy)
Rhenus, -i, *m.*   Rhein

Saxo, -onis   Sachse
Sequana, -ae, *m.*   Seine
Stephanus, -i, *m.*   Stefan, Stephanus

Teutonicus, -a, -um   germanisch, deutsch
Treveris, -is, *f.*   Trier
Tullum, -i, *n.*   Tull (Lothringen)
Turonus *(nicht dekliniert)*   Tours

Ungrus, -a, -um   Ungar, ungarisch

Walo, -onis, *m.*   Walo
Wangio, -onis, *f.*   Worms
Wirceburg *oder* Wirzeburg   Würzburg
Wormatia, -ae, f;   Worms

Zuendibolch   Zwentibold (König von
   Lothringen)

Grammatischer Index

Die Ziffern bezeichnen Seitenzahlen.
◻ Zu Pronomina und anderen Wörtern wie Konjunktionen oder Präposition vgl. grundsätzlich auch das Wörterverzeichnis.

A

Ablativ
  als Locativus 78
  eigentlicher Ablativ 76
  Instrumentalis 77
  semantische Funktionen 76
Ablativus absolutus 72
AcI
  Siehe Akkusativ mit Infinitiv
Adjektive
  Steigerung, Vergleich 53
  Superlativ 54
    Elativ 54
Adverbien 55
  Bildung 55
  der Art und Weise 55
  relativische 67
Akkusativ mit Infinitiv
  Personalpronomina und Possessiv-
    pronomina im AcI 85
aliquis (...) 128
alius, alia, aliud 113
alter 113
anaphorisches Pronomen
  Siehe is, ea, id
Apposition 56
Aussprache 12

B

berichtete Rede 160
  im Deutschen 163
  ›Pronominalverschiebung‹ 163
  Syntax 162
  Tempora und Zeitenfolge 163
Besitz
  Siehe Pronomina, Possessivpronomina

C

cum (Zusammenfassung) 145

D

Deklination
  Adjektive 26
    der a- und o-Deklination 26
    der 3. Deklination 51
  Begriff 22
  Bestimmung von Substantiven 47
  Substantive
    der 1. und 2. (a- und o-)Deklination
      24–26
    der 1. Deklination auf -er 26
    der 3. Deklination 45
    e-Deklination (4. Dekl.) 101
    u-Deklination (5. Dekl.) 100
  Genus 48
  Kongruenz von Subjekt und Prädikats-
    nomen 27
  Kongruenz von Substantiv und Adjektiv
    27
Deponentien. *Siehe* Verb

E

Ergänzungssätze (Objektsätze) 87, 149, 153,
    161
esse
  Siehe Konjugation: esse

F

ferre 89
fieri 93
Finalsätze 143
Fragesätze 152
  Frageadverbien 152
  Fragepartikeln 153
  indirekte Frage (Ergänzungssätze) 153
Futur II
  Siehe Perfektfutur

G

Gerundium 96
Gerundivum 97
  Gerundivum als Ersatz des Gerundiums 98

H

hic, haec, hoc 107

I

idem, eadem, idem 109
Imperativ
  Siehe Verb
  Befehlen und Verbieten 157
Imperfekt (Funktion) 30, 42
indirekte Rede
  Siehe berichtete Rede
Infinitiv 81
  Akkusativ mit Infinitiv 84
  Formen 81
  im Satz 83
  persönlicher Infinitivsatz im Passiv 86
  NcI 86
ille, illa, illud 108
ipse, ipsa, ipsum 110
ire 90
is, ea, id 59
iste, ista, istud 107

K

Kalender 123
  Datum 124
Kasus
  Funktionen 23
  Funktionen im Satz 101
    Akkusativ 101
    Dativ 103
    Genitiv 102
    Siehe Ablativ
Kausalsätze 142
Konditionalsätze 143
Konjugation 30
  a- (1.) und e- (2.) Konjugation 30
  i- (3.) und kons. (4.) Konjugation 63
    Tempora des Präsensstammes 30
    Tempora des Perfekt- und des
      Supinstamms 38
    KNG-Kongruenz 42
    Perfektformen 39
    esse (›sein‹) 39
      Komposita von esse 41
Konjunktionalsätze 141
  Modi und Tempora 144
Konjunktionen
  beiordnende 34
  unterordnende (mit Indikativ) 43
  Siehe einzeln im Wörterverzeichnis
Konjunktiv 133, 136

als Subjunktiv 138
deliberativer Konjunktiv 138
der Gleichzeitigkeit I 133
der Gleichzeitigkeit II 135
der Vorzeitigkeit I 135
der Vorzeitigkeit II 136
Ergänzungssätze 148
Konditionalsätze 137
Relativsätze 149
Wunsch und Wille 136
Konjunktiv der Gleichzeitigkeit 133
Konjunktiv der Vorzeitigkeit 133
  Konjunktiv Imperfekt 133 *(Anm.)*
  Konjunktiv Perfekt 133 *(Anm.)*
  Konjunktiv Plusquamperfekt 133 *(Anm.)*
  Konjunktiv Präsens 133 *(Anm.)*
Konsekutivsätze 144
Konzessivsätze 143

M

malle 89

N

nd-Formen
  Siehe Gerundium *und* Gerundivum
Negation 48
nemo 129
nescio quis (...) 128
neuter, neutra, neutrum 130
nihil 130
nolle 89

O

Objektsatz
  Siehe Ergänzungssätze
Ortsadverbien 116
Ortsangaben 114
Ortsergänzungen 115

P

Participium coniunctum 71 f.
Partizipien 70
  Siehe auch Ablativus absolutus
  Form 70
  Nominativus und
    Accusativus absolutus 73
  Verwendung 71
    substantivische P. 71
Perfekt 30 (Funktion), 38
Perfektfutur 38
plerique, pleraeque, pleraque 130
Plusquamperfekt 38
Präpositionen 22, 23, 44, 54, 66, 76, 77, 78,

83, 95, 96, 98, 101, 102, 103, 114, 115, 116, 121
Siehe einzeln
  – im Wörterverzeichnis
  – im Lernvokabular L 9 und L 13
  – 121
Pronomina
  Demonstrativpronomina 107
    hic, haec, hoc 107
    ille, illa, illud 108
    iste, ista, istud 107
    Demonstrativpronomina im Satz 108
  Exklamativpronomina 127
  Identitätspronomina 109
    idem, eadem, idem 109
    ipse, ipsa, ipsum 110
  Indefinitpronomina 127
  Interrogativpronomina 127
  is, ea, id 59
  Personalpronomina 58
  Possessivpronomina 60
  Pronomina im Satz 59
  Reflexivpronomina
    Siehe Reflexivität
  Relativpronomen 65
    Beziehungswort des R. 67
    Kongruenz 65
    unbestimmtes R. 67
  weitere unbestimmte Pronomina 129

Q

qui, quae, quod 65
quidam, quaedam, quiddam 128
quilibet, quaelibet, quidlibet 128
quisquam, quaequam, quidquam 128
quisque, quaeque, quidque 128
quivis, quaevis, quidvis 128

R

Reflexivität, Reflexivpronomina 58 f. 60 f., 74, 84 f.
relativischer Anschluss
  Siehe Relativsatz
Relativsatz 65
  im Konjunktiv 149
  Kasus des Relativpronomens 66
  relativischer Anschluss 67

S

solus, -a, -um 129
Sprechzeitpunkt 38
Substantive
  Siehe Deklination
Supinum 95

T

Tempus, Tempora 30 ff., 38 ff.
Temporalsätze 141
Thema–Rhema 21

U

unpersönliche Verben 91
unvollständige Verben 92
ut(i) (Zusammenfassung) 145
uterque, utraque, utrumque 130

V

velle 89
Verb
  Analyse einer Verbform 42
  Deponentien 75
  im Deutschen 31
  im Lateinischen 31
  Imperativ 156
  Stammformenreihe 32
  Siehe auch Konjugation
  Siehe auch Infinitiv
  Siehe auch unpersönliche Verben
  Siehe auch unvollständige Verben
Vergleichssätze 142
Verneinung
  Siehe Negation
Vokativ 24

Z

Zahlen 118
  Kardinalzahlen 118
  Ordnungszahlen 119
Zeitangaben 120
  Zeitadverbien 122
Zeitverhältnisse 70, 72, 81, 84, 132

TIRO
Curriculum breve Latinum

Ein Lehrwerk für Erwachsene

Von Dieter Kolschöwsky. Unter Mitarbeit
von Torsten Koske.
Band 1: Texte | Grammatik | Übungen
Band 2: Vokabularien | Übersichten | Lösungen

2008. Beide Bde. zus. 494 zweifarbige Seiten.
978-3-87548-529-5. Kartoniert

Zielgruppe: Erwachsene, Studierende, Schüler in Oberstufenkursen,
Autodidakten. Vorkenntnisse sind
nicht erforderlich.
   Lernziele: Übersetzungskompe-
tenz für lateinische Texte mittleren
Schwierigkeitsgrades (Latinums-
anforderungen), solide Grammatik-
kenntnisse.

Konzeption: Zu Beginn des ersten
Bandes werden in einem **Funda-
mentum** auf dem Wege vom Wort
zum Satz grundlegende Gramma-
tikkenntnisse vermittelt. Die darauf
aufbauenden 14 einheitlich geglie-
derten Kapitel des **Curriculums** sind
thematisch konzipiert: Bearbeitete
Originaltexte bilden die Grundlage zur Erarbeitung und Übung
des grammatischen Stoffes; der

Schwerpunkt liegt auf der für einen
lateinisch-deutschen Kurzlehrgang
erforderlichen Grammatik und einem
entsprechenden Grundwortschatz.
Zudem enthalten die Kapitel ausführliche Erläuterungen und Hinweise
zur Texterschließung, zusammenfas-
sende Übersichten und zahlreiche
Übungen. Die interessanten Texte
aus Antike, Mittelalter und Neuzeit,
knappe Zusatzinformationen und
ein ansprechendes Layout erhalten
und fördern die Motivation. **Satura**
ergänzen und vertiefen die im Curriculum behandelte Grammatik.
   Band 2 umfasst alle während
der Textarbeit notwendigen Infor-
mationsquellen: Lese-, Lern- und
Gesamtvokabular, Stammformenver-
zeichnis, Formentabellen und den
Lösungsteil.

BUSKE

Die romanischen Sprachen

Von Georg Bossong

Eine vergleichende Einführung.
2008. 380 Seiten mit Audio-CD
978-3-87548-518-9. Kartoniert

Lese- und Hörprobe auf www.buske.de!

Zielgruppe: Studierende und Lehrende der Romanistik, der vergleichenden Sprachwissenschaft und anderer philologischer Fächer sowie alle an den romanischen Sprachen Interessierte.

Konzeption: Die Romania in 144 Fragen und Antworten! Anhand eines Rasters werden die neun romanischen Sprachen Portugiesisch, Spanisch, Katalanisch, Okzitanisch, Französisch, Rätoromanisch, Italienisch, Sardisch und Rumänisch miteinander verglichen und anschaulich beschrieben. Zu jeder dieser Sprachen gibt das Buch ausführliche Informationen über Verbreitung, Sprecherzahl, Status, Vokalsystem, Nasalvokale, Akzentsystem, Geminierung, Palatalisierung, Kasus, Differentielle Objektmarkierung, Artikel, Partitiv, Präteritum, Auxiliarien, Subjektklitika und Anredeformen. Dank der klaren Systematik ergibt sich so ein aktuelles Bild der Romania, welches die unterschiedlichen Idiome typologisch vergleichbar macht und aufschlussreiche Zusammenhänge aufzeigt.

Der Anhang bietet übersetzte Auszüge aus der »Universalen Erklärung der Menschenrechte« sowie eine Gedichtanthologie in allen behandelten Sprachen und Varietäten, eine Bibliographie, Karten, ein kurzes Glossar linguistischer Fachbegriffe sowie ein ausführliches Sprachenregister.

Das Buch ist insbesondere als Grundlage eines sprachwissenschaftlichen Einführungskurses sowie – auch ohne linguistische Vorkenntnisse – als private Lektüre geeignet.

Die beigegebene Audio-CD enthält Sprachbeispiele, Texte und alle Gedichte der Anthologie von Muttersprachlern gesprochen.

Georg Bossong (Jg. 1948) habilitierte sich 1977 in Heidelberg für Romanistik und Allgemeine Linguistik. Nach Stationen in Paris, München und Mannheim lehrt er seit 1994 als Ordinarius für Romanische Philologie an der Universität Zürich und nimmt überdies Gastdozenturen in der europäischen Romania sowie in den USA und Lateinamerika wahr.

Seine Forschungsschwerpunkte sind Sprachtypologie und Universalienforschung, Vergleichende Romanische Sprachwissenschaft, Hispano-Arabistik sowie Sprachkontakt und Soziolinguistik.

BUSKE